北京汉阅传播
Beijing Han-read Culture

西方传统 经典与解释
Classici et Commentarii
HERMES
智术师集

张文涛●主编

古典希腊的智术师修辞
Sophistical Rhetoric in
Classical Greece

[美]约翰·波拉克斯（John Poulakos）●著

胥瑾●译

吉林出版集团有限责任公司

出版说明

柏拉图对话没有一篇以诗人命名，却有好些篇以智术师命名，似乎智术师是柏拉图更大的敌手。柏拉图哲学堪称对公元前5世纪雅典启蒙运动最为深刻的批判，旨在收拾启蒙运动导致的礼崩乐坏残局——古希腊的智术师们是雅典启蒙和民主运动的思想引领者，要理解柏拉图甚至深入理解古希腊思想史，必须认识智术师。现代哲学可谓现代启蒙运动的结果，认识古希腊智术师的思想也为我们理解现代哲学提供了极好的参照，因为，从某种意义上说，现代启蒙不过是雅典启蒙的翻版，柏拉图的处境仍然是我们今天的处境……

本系列将提供古希腊智术师派全部今存文本(含残篇)的笺注体汉译，亦选译西方学界的相关解读及研究成果，以期为我国学人研究雅典启蒙打下基本的文献基础。

古典文明研究工作坊
西方典籍编译部戊组
2010年8月

目 录

中译本说明 …………………………………………… 1
题旨 …………………………………………………… 1
导论 …………………………………………………… 1
第一章　智术师修辞及其环境 …………………… 13
第二章　智术师修辞之术语 ……………………… 61
第三章　柏拉图对智术师的接受 ………………… 87
第四章　伊索克拉底对智术师的接受 …………… 131
第五章　亚里士多德对智术师的接受 …………… 173
结语 …………………………………………………… 215
参考文献 ……………………………………………… 233
译名对照表 …………………………………………… 253
索引 …………………………………………………… 263

中译本说明

本书在当代智术师研究中也颇具特点。作者波拉克斯（John Poulakos）是晚近西方智术师研究热潮中的另一位代表人物，美国匹兹堡大学修辞学教授，在古典修辞学研究方面颇有建树，曾荣获"埃弗雷特·李·亨特"（Everett Lee Hunt）修辞学杰出学术奖等多种重要学术荣誉。作为其代表作，本书体现了晚近西方智术师研究的另一路径。

与收入本丛书中的《普罗塔戈拉与逻各斯》一书的作者夏帕（Edward Schiappa）不同，波拉克斯反对对智术师进行以恢复客观原貌为意图的历史重构，主张采取历史主义的方法，对智术师的形象进行另外一番描绘。

具体而言，作者相当程度地借用了当代接受理论的立场和方法，认为智术师修辞的产生是智术师对其所处时代的文化-政治环境的特定接受的产物，而随后柏拉图、伊索克拉底和亚里士多德这三位古典思想家也同样基于新的历史困境对智术师及其修辞做了各自不同的反应或接受。作者不仅对公元前5世纪智术师修辞的产生、特别是其若干关键特征做了很好概括和阐述（颇有助于我们看清智术师思想活动的内在理路），更着力就公元前4世纪对智术师进行的三大批判进行了详细检视。这种基于历史处境的接受性考察，为作者的历史主义方法赋予的最大特点，便是同情理解的态度——既同情地理解公元前5世纪的智术师，也同情地理解公元前4世纪对智术师的集体批判。

其实，在这种历史同情态度的背后，还潜藏着作者这样一种当下关怀的心态：从今天面临的时代困境出发，无论是智术师还是对智术师的批判，我们都应该站在新的历史境遇中进行我们自己的接受。智术师的想法有其历史理由，柏拉图等人对智术师的批判有其历史理由，同样，我们今天应怎样接受智术师以及对智术师的古典批判，也有我们自己的历史理由。这种以史为鉴和古为今用的态度使得作者成为所谓的"当代挪用"派（夏帕语），也被夏帕归入当今的"新智术师"之列。

尽管作者的写作根本上透露出一种相对主义底色，但抛开这一当今随处可见的时代性情色彩不管，我们不妨把本书视为对智术师及其古代批判者置于时代环境进行广阔描绘的一幅多彩的历史画卷。这幅全景式画卷生动鲜活，细节丰富，充满时代感。仅就这点来说，本书也颇值一读。

另外，就作者考察的古典时代的三大智术师批判者而言，柏拉图和亚里士多德我们已很熟悉，值得注意一下的是较为陌生的伊索克拉底。伊索克拉底对智术师虽有极大批评，不过作为高尔吉亚的学生，他与智术师的矛盾说到底是内部矛盾，不像柏拉图，后者与智术师的矛盾那才是本质不同的敌我矛盾。

本书的译者是西南石油大学外国语学院英语系的胥瑾副教授，她的译笔生动流畅，细致严谨，翻译过程中还为中文读者添加了不少有用的注释。谨此对译者为本书所付出的辛勤劳作深表谢意。

张文涛
2013年7月
于重庆大学人文社会科学高等研究院

题　旨

　　大体而言，本书论述人们的修辞能力和修辞对人们产生的影响。多少世纪以来，这两个特性在多数时候都被当成了不利因素，偶尔才会看作天赋异禀。自前苏格拉底（pre-Socratics）时代以来，学校教育人们，你若口若悬河，要么就会口不择言，要么就会废话连篇，要么就是为了自我陶醉。而且，人们早就被训练得相信，折服于他人美妙的言辞是一种弱点，必须借助于公认的理性、用以辩证的实际技能以及事物的客观性等强大的力量加以克服。人们的这种认识逻辑源于一条训诫，即人性具有缺陷因而必须加以改善。在那些自以为是的教会人士、奸诈狡猾的暴君、有失偏颇的思想家那里，所谓改善人性，就是指你要拥护他们的道学说教，追随他们的政治宣言，采用他们的逾越逻辑的思想纲领。在他们看来，人性的改进就是你变得越来越有知识、有理性、有道德，与此同时，这要求你必须克服无知、非理性和语言中所展现出来的恶。最简单地说，这种要求意味着有些话可以说，有些话不可以说。这一点是显而易见的，只要你留意那些改进了人性的人，他们的经验就在于一般都诉求于命运、神启或清晰的观念，以便为自己开解；而且这一点也很显而易见，只要你发现，大多数改进者始终如一地告诫人们：要小心那些纵容澎湃激情、莫名欲望或者建构美好生活的任何言语。他们把这样的言语同妖魔化术语"智术"（sophistry）相提并论，致使言语恐怖症（logophobia）蔓延滋生，致使人们担心说话稍有不慎就会招致灾难，担心说话一不留神就会导致人类的又一次堕落。对言语的恐怖导致对倾听的警戒，因为他们一再告诫人们要区别各种声音，只听那种真正包含知识的声音，只听具有宇宙神秘力量之权威的声音。于是，修辞陷入左右为难的尴尬境地：一边是有必要听取那模糊不清的、永远相对的或默默无声的言说，一边是被要求只能用心听取逻各斯的权威之声。唯其如此，修辞不得不一再重申自己的立场，不得不一再表明自己的不可或缺。

与在学校养成的言语恐怖症完全相反的是，人们一再得到宽慰，说他们的修辞能力把他们与动物区别开来，修辞创造了人类文明。这剂宽心药是否真的让人更加坚信自己是人类而非动物，很值得怀疑。同样值得怀疑的是：我们相信自己可以凌驾于动物之上，相信自己拥有创造文明的天赋，难道有了这种信念，我们就对我们存在的价值不加置疑？不难看出，我们身上的很多东西都是动物性的。不难看出，人类文明远非什么了不起的成就，远非大家可以心满意足、心安理得享受其愉悦的成就。所以，当有人想要凌驾于他者之上时，你对他说"你已经凌驾于动物之上了"，这种安抚毫无意义；当有人对自己在世上的位置犯迷糊时，你提醒他"文明已经取得了巨大进步"，这只会让他产生自我怀疑，从而更加疏离于他人。

有人曾说，假如花一百年的时间不断地告诉人们他们是犬类，他们最终会发出吠声。同理，如果花几百年的时间告诉人们，说话的欲望几近于侵犯沉默，他们就会缄口不言。之后，你又告诉他们，言论自由是受到宪法保护的。这样一来，你就实现了对他们的双重控制：首先，他们会克制自己不发表说服性的言论；其次，对那少数几个雄辩的沉默之侵犯者，他们将报之以不信任的态度。你实际上是让人们相信他们自己是（教会的）言辞（the Word）的忠实仆从、是（国家的）言辞（the Words）的忠实追随者。但是，随着时间的流逝，慢慢养成的怀疑态度变成了冷漠，强制性的奴性引发最为大胆的自由梦想。最后我们将遭遇这样一个时代：即便是官方认可的言辞，人们也会充耳不闻。不管你如何解读我们当下的困境，我们可能就在经历这样一个时代。

犬吠人这种假说的另一面是，它时不时地提醒我们人类很伟大，具有无限之潜力，包括修辞的潜力。这种假说还意味着，你偶尔告诉人们，说他们不是犬类，而是高贵的生灵，这时，他们或许会长舒一口气，而且，还会像希腊神话中的美少年那喀索斯（Narcissus）*一样，站在那里欣赏自己的形象。但是，施与暂时的宽慰通常只是为维持平静的绥靖策略。换一个角度看，生活在自己很高贵的虚幻中通常意味着无视人对语言的影响，也无视语言对人的影响，只看见语言本身或人自身。这样做与那喀索斯所犯下的错误有何不同呢？那喀索斯花费太多的时间欣赏自己水中的倒影，致使他不仅认识不到自己的处境，而且也忘了爱恋自己的厄科（Echo）**和林中其他仙子。

鉴于任何论述都是针对其他著述而言，本书针对的是一种虚假承诺，即涤除了各种修辞杂质的纯粹话语。因此，笔者试图摆脱修辞实践中形形色色的"主义"，尤其是这样一类"主义"：它们让那么多人深信宇宙的图谱已经构想绘制完成，余下的不过是找到大大小小的道路，顺路而行罢了。本书还针对那些声称超越了语言的人，声称只与诸如概念、观念、真理等非语言实体（languageless entities）打交道的人。同时，本书把矛头指向这

---

* 那喀索斯（Narcissus），希腊神话中的美少年，对任何姑娘都不动心，只对自己的水中倒影爱慕不已，最终在顾影自怜中抑郁死去，化作水仙花，仍留在水边守望着自己的影子。

** 厄科（Echo），希腊神话中居于山林水泽的仙女，爱恋那喀索斯，因遭到拒绝而憔悴消损，最后只留下声音，成为回声女神。

样一些人的老生常谈，他们总是过早地赞美人类抽象的概括能力，太急于躲进"世间万物莫非修辞"这一简单化格言之中。其实，这帮人类的赞美者，被拖进了另一帮扬言对真理拥有绝对制控权的人的游戏中。就像游戏中他们的对手一样，他们自己也看不见，修辞并非是绝对肯定或绝对否定的命题，看不见修辞只是一个没有确定结果的无数次推导构成的命题。他们看不见这一点，其实也和对手一样，是在妨碍修辞。

　　但是反驳性的书写，总比捍卫性的书写要容易一些。眼光敏锐、一眼就能看出瑕疵的批评者不在少数，因为只要你捍卫什么并付诸文字，就难免被人挑出纰漏。即便如此，捍卫性书写还是可圈可点的，只要作者愿意承认自己的不足，而不是寻找借口托词，如缪斯女神没有给予灵感、完美无缺的时刻尚未到来，等等。本书即是捍卫对修辞的挚爱、捍卫语言所玩之游戏、捍卫对具有命名力量和转义力量的词句之迷恋。本书还要捍卫为让他人理解而作出的不懈努力，以及被他人理解的那种愿望，捍卫说服他人以及被他人说服的愿望，捍卫获得他人首肯和邀请他人合作的愿望。此外，我还要捍卫那种敢于披露隐藏之事、敢于重讲必须重讲之事、敢于发现论据以赢得一场至关重要的案例，或让一个重要的日子称心如意的决心。我还要捍卫那种敢于反驳、敢于表达异议、敢于表示反对、敢于揭露"真理"（Truth）中的谎言（untruths）的勇气。最为重要的是，我要捍卫那种想把符号世界变得更加宜人、更加惬意的意志，捍卫探索新的话语以表达尚未表达之事、以创造诱人空间邀人居住的努力。

　　有些人把言辞世界看作狭隘学究的专属领地，有些人千方百计通过所谓的语言外公理（extralinguistic postulates）和几何模型来控制并规范言辞世界——但遗憾的是，逾越出语言之外并非一个可行的选择，测量地球也测不出该如何对人讲话。显然，笔者不会和这两类人站在一边。只要是基于语言而生发的事情，

【xiv】

有些人随时准备着给予同等赞誉。但是，随时准备赞誉可能导致盲区，话语的可耻结果他们看不见。这一类人，我也不会和他们站在一边。我与之站在一边的是这样一类人：他们把语言看作一种威力强大的工具，从我们对语言有意识的那一刻到我们退出世界的那一刻，我们都在形塑语言，并为语言所形塑。就像其他威力强大的工具一样，语言可以用来产生令人钦佩和令人恐惧的结果。是令人钦佩还是令人恐惧，取决于我们如何运用它，取决于我们知不知道我们自己和他人把它用于哪些用途。

　　狭义而言，本书面向曾经研究过修辞及其不计其数的用法、其悠久历史和各种理论的人，书中不少内容即来自于他们对该领域的贡献，同时也表达了我回报他们的渴望。广义而言，本书面向知识不那么渊博的群体，其智识品位和学科感知力，我无从得知，我只能大胆假设，他们中的有些人可能对当下的修辞研究有些兴趣。大而言之，本书并无特别的读者群体，毋宁说，它试图创造一个读者群体。无论在哪种意义上，我都希望读者喜欢，希望能引起他们的思考。

导　论

在过去的24个世纪，希腊智术师的故事被历史学家、哲学家、语文学家，以及其他学家们一再演绎。就古希腊早期修辞学家而进行的叙事包括这样一些故事：一种令人怀疑的认识论学说和道德学说（柏拉图），一个哲学史上的必然阶段（黑格尔），独一无二的文化现象（尼采），一场深刻的思想运动［耶格尔（Jaeger）* 和柯费尔德（Kerferd）**］。从一开始，智术师故事的多种版本就有些让人不知所从。但之所以有这么多版本，可能是因为作者们各自都有先入之见和思想取向，也可能是作者和他们的读者所生活时代的关注点所致。但是，这个故事最非凡之处在于，虽然多灾多难——原文本遗失，冷漠的评论者充满敌意的评论，学术界要么一板一眼，完全没有想象力，要么夸大其词，妄加阐释——尽管如此，这个故事的吸引力仍经久不衰，依

---

* （译按）耶格尔（Werner Wilhelm Jaeger, 1888—1961），20世纪古典学家。出生于莱茵普鲁士（Rhenish Prussia），1936年移居美国。代表作有《教化：希腊文化之理想》（*Paideia: The Ideals of Greek Culture*）。

** （译按）柯费尔德（George Briscoe Kerferd, 1915—1997），古典学者。出生于澳大利亚墨尔本。曾任教于悉尼大学和曼彻斯特大学。著有《智术师运动》（*The Sophistic Movement*, Cambridge: Cambridge University Press, 1981, 有刘开会、徐名驹中译本《智者运动》，兰州大学出版社，1996）等。

然那么令人着迷。

公元前5世纪的智术师,尽管他们故事的每一种版本,都是凸显某些方面而掩盖另外一些方面,但所有的版本都汇聚于一点——这个故事的重要性足以引起重视。虽然每一个版本都服务于不同的利益,但智术师被一再证明具有很强的挑衅性,既有人站出来诽谤他们,也有人站出来维护他们。目前,智术师相当受欢迎,拥护者似乎超过了诽谤者。历史上并非总是如此。但晚近150年的学术研究似乎修复了他们智识上不诚实、道德上不正派的坏名声。譬如,柏拉图随性地对智术师嗤之以鼻,但这种做法的问题性一再遭到揭露[哈夫洛克(Havelock),* 欧文(Irwin),** 维克斯(Vickers)***]。另一方面,智术师的某些残篇被证明具有思想价值,值得称赞[翁特斯泰纳(Untersteiner),**** 格思理(Guthrie),***** 柯费尔德]。总的说来,由于思想解放,学术自由,今天的读者比起过去更愿意接纳智术师。事实上,这使得智术正陷于变成希腊修辞学及其他修辞学研究的新正统的危险之中。

---

* 哈夫洛克(Eric Alfred Havelock, 1903—1988),英国古典学者,曾任教于多伦多大学、哈佛大学和耶鲁大学。著有《柏拉图绪论》(*Preface to Plato*, Cambridge, Mass: Harvard University Press, 1982)等。

** 欧文(Elizabeth Irwin, 1969—),美国当代学者,主要研究古希腊诗歌、政治与历史。著作有《梭伦与早期希腊诗歌:说服的政治》(*Solon and Early Greek Poetry: The Politics of Exhortation*)等。

*** 维克斯(Brian Vickers, 1937—),英国学者,著作等身。研究领域有修辞史、莎士比亚、弗朗西斯·培根等,著作有《弗朗西斯·培根与文艺复兴散文》(*Francis Bacon and Renaissance Prose*)、《莎士比亚散文的艺术性》(*The Artistry of Shakespeare's Prose*)、《捍卫智术师》(*In Defense of Rhetoric*)、《希腊悲剧探索》(*Towards Greek Tragedy*)等。

**** 翁特斯泰纳(Mario Untersteiner, 1899—1981),意大利古典学者。代表作有《智术师》(*The Sophists*)。

***** 格思理(William Keith Chambers Guthrie, 1906—1981),苏格兰古典学者。代表作为多卷本《希腊哲学史》(*History of Greek Philosophy*)。

我对智术师表示同情，但要不要再次恢复他们的声誉，我不感兴趣。19世纪的黑格尔、格罗特（Grote）、*尼采等人已经恢复过他们的声名了，这些研究可敬可佩，但再重复一遍则毫无意义。19世纪以前的学者对智术师刻意丑化，但我也不想表示抗议。柏拉图及其弟子们说了他们不得不说的话。如果说智术师及其修辞受到侮慢，他们所受到的创伤已经被发现，并且已经处理包扎。事实上，在西方各种思想史上，目前，智术师再也没有为人所不齿，也没有为人所忽略不计。这个事实应该算是当今智术师研究的起点。在这种情况下，如果我们又一次提出，柏拉图在对待智术师的问题上完全错误或失之公允，也没有多少意义；如果我们走向另一个极端，提出智术师修辞是唯一的修辞，更没有意义。第一种提法所染流弊在于"脱离了历史的语言，虽然保守而无危险"，① 第二种提法所染的流弊正好相反。如果我们今天想要理解当时的智术师，就必须追问他们的修辞为何以那种方式出现，而不是追问柏拉图的说法是否合理和公允。在过去，要探究这个问题，或许就必须挑战柏拉图令人敬畏的权威。今天，人们大可以大大方方探究该问题了，因为如前所述，智术师在今天的读者中得到的同情比从前多多了。

即便如此，最近为捍卫智术师而做出的解读和以往为诽谤他们而做出的解读，两者都有一套设定，两套设定惊人的相似。许多现代评论者，就像他们的前辈一样，设定归之于智术师的那些话语是恒定不变的研究对象。因其是对象，就可以进行不偏不倚、细致入微的研究，可以拿过来好好认识。其次，他们设定，现代诠释者的确可以恢复过去本身（the past-as-it-was）的

---

* 格罗特（George Grote, 1794—1871），英国古典历史学家。代表作《希腊史》（History of Greece）。

① Edward W. Said,《开端》（Beginning, Baltimore: John Hopkins University Press, 1975），页13。

原貌，可以走进它，今天的时代、社会和文化，与古人的时代、社会和文化之间的距离，都可以毫不犹豫地加以忽略。第三，人类的理解从一个历史时期到另一个历史时期保持不变，所以，过去的某些事情即昭示现在的同样事情。第四，来自过去的某种知识，要么本身就有价值，要么其价值在于便于我们模仿古人取得的辉煌成就，便于我们避免古人犯下的错误。基于这些设定，大多数评论者试图向我们讲述智术师和他们的学说，让不谙此种知识的人也能有所了解，从而增长我们的学识，增强我们对它的鉴赏力，而这个问题之所以重要，正是因为它处于遥远的过去。

19世纪中，古典语文学的先驱们在整理和编撰古代资料时，这些设定或许有用。但是，鉴于历史和文学研究的最新发展，这些设定至少是值得怀疑的。具体而言，历史学家再也不被看作公正无私、就事呈事的观察者，而是被看作有私心的、有意无意影响调查结果的人士。同样，从一个历史时刻到另一个历史时刻，从一种社会到另一种社会，人类的理解保持不变的观念，最近已经被时间—地点决定理解的观念所取代。第三，过去可按照本来面貌复原的观点，已经变成讨论过去必然是从当下的某一视角出发进行阐释性建构。第四，永恒性历史观（timeless history）已经被当今的若干种历史观所取代（人们根据当下的生活叙述历史，当下的生活必然影响历史叙述）。

作为一个评论者，我倾向于后四种设定。因此，对我而言，过去的文本并非等待人们去认知的、固定不变的不朽之作，而是难以琢磨的文献资料，可以刺激读者重新思考自己的生活状况、琢磨改善生活状况的诸多可能性。我讨论智术师和早期人们对他们的接受，既不打算对他们的学说再来一番研究——已有的研究已经够详尽、够拥挤了；也不打算深化对希腊第一批知识人（intellectuals）的鉴赏，因为已有的鉴赏已经足够深入了。我把智术师修辞当作一片肥沃的试验田，试图让某些相关问题生发出新的视角，这些相互关联的问题，诸如修辞在文化中的位置、信念（belief）如何产生、权威的意义、语言对个体力量的增强或削弱、社会政治各种关系之结构、人类交流的复杂多样性，等等。我认为，人们研究过去并不是为了熟悉过去、了解过去，而是为了理解当下的无从决断之事，并与之达成妥协。同时，我还认为，人们要以未来的眼光看待过去，以便超越过去，甚至暂时遗忘过去，迎着历史的重负而动，最后就能把尚未表达之事表达出来。这并不是说我们可以随意挪用过去，也不是说过去可以完好无损地引渡到当下。而是说，看待过去的某个视角生发于对当下的思考。同时，以这个视角去看待问题，意味着你试图与反对、质疑你的动机和理解的那些力量来一次遭遇战。简而言之，过去既不能为当下的问题提供现成的解决方案，也不能为之提供虽来之不易但也可被随意扭曲的种种理解。如果过去为我们带来帮助和安慰是事实，那么，过去为我们带来阻力和困扰也是事实。基于上述考虑，过去的作品之所以宝贵，并非在于它们本身有价值，而是因为它们能促使后来的读者看清自己的双重身份：首先，自己是脆弱者，受制于身边各种势力；其次，自己也是活跃因子，能够影响世界的形成及方向。

这样一来，要详尽讨论智术师修辞，就必须考察他们的文化困境、他们留下的残篇［由第尔斯（Diels）和克兰茨（Kranz）编撰］以及早期接受史中某些具有代表性的例证。但是，这样一个工程，目的并非是为了矫正从前人们论述智术师所持的观点，也不是为了提供更为正确的阐释，更不是为了化解势不两立的阐释之间的对立关系。如前所述，我的意图是：对智术师修辞进行一番研究，以促使对我们自己的各种修辞进行新的思考。但是，因为智术师的话语基本上都是由非智术师转述的，智术师修辞只能是衍生和推断的结果。

本书将智术师置于公元前5世纪后半叶的文化环境中，认为智术师修辞是在环境逻辑、竞赛伦理和表演（exhibition）美学的影响之下形成的。本书考察保存下来的智术师的文本材料和论述智术师的文本材料，从而得出一种可称之为智术师式的修辞。本书探讨对智术师修辞的三大接受：柏拉图的（Platonic）接受——通过揭露其藐视伦理和认识论标准，以消灭这种修辞于无形；伊索克拉底的（Isocratean）接受——试图利用其能量服务于泛希腊主义（pan-Hellenism）；亚里士多德的（Aristotelian）接受——试图以理论的名义矫正其推理中的错误，调校其方向和目的，以便缓和其过激之处。既然我们今天仍然能够听到三种接受的回声，我认为它们并非是单纯孤立的个性化反应，而是对智术师修辞的三种代表性反应。

从公元前5世纪到当今时代，在这条历史长河中，评说古典希腊的许多学者都触及过智术师这个话题。但是，如前所示，在当今时代解读某个话题时，没有必要把已有著述全盘罗列一番——代表性的接受足矣。笔者已经勾画出的概念轮廓，构成了本书讨论智术师修辞的主要背景。随着对公元前4世纪的三种接受和与之对应的三种解读的讨论，笔者将表明，智术师修辞反对调校性的做法，抵制对它们的挪用，阻挠矫正性的方案。笔者在此提出的视角有助于解释，以往的学术研究为何诋毁智术师修辞（少有例外），或否认它具有形塑人类社会、影响公共领域的作用。

由于智术师自己的文本没能流传下来，由于我们掌握的都是二手转述和批评性评论，接受理论（reception theory）为现有的材料提供了一个便利的理论框架。从一种特定的接受中，我们可以了解到某一个评论者如何解释智术师，还可了解到评论者辛苦耕耘于哪一种版本的修辞之下，力图回答哪些问题以及试图完成哪些特殊的任务。从一组既定的接受中，我们会发现智术师修辞在某个时代处境如何，这要求我们去解释在某个特殊历史时期，这些接受为何以那种特别的方式解读智术师修辞。最后，我们掌握的形形色色的接受不仅为我们提供了若干历史视角，我们可从这些角度去研究智术师修辞，而且，它们也要求我们在构想我们自己的接受时，必须首先考察这些接受。因此，本书建构着接受的接受，这样说并不为过。

20世纪60年代晚期，文学研究已有两大进路——马克思主义和形式主义，这时，汉斯·罗伯特·姚斯（Hans Robert Jauss）[①]提出的接受理论异军突起。姚斯认为，马克思主义只关注作品的产生，形式主义只关注作品的表现形式，两种进路都不怎么在意最初读者和后来读者的接受情况。姚斯主张，文学的影响（impact）是文学社会功能的重要部分，"没有接受者的积极参与，一部文学作品的历史生命是不可想象的"。于是，他把文学历史研究同修辞传统（主要关注点一直在于言语对受众的影响）联系起来。

姚斯反对历史客观性观念，拒绝接受将文学史立足于过去文学资料的收集分类的做法。他的理据是：一部文学作品，其本身并非一个客体，而是每经历一次阅读就经历一次变化，因为每一个读者都会将它和阅读过的其他作品相比较，在每一个读者眼中这部作品都具有唯一性。用他的话来说，阅读一部文学作品"更像演奏一部管弦乐谱，每演奏一次都会在读者中引起新的反响，都会使文本从词的物质形态中解放出来，成为一种当下的存在"。尽管如此，作品的影响会随着时间的流逝而淡化，除非将来的读者重新发现该作品并做出反应，或者将来的作家们开始"模仿它，超越它，批驳它"。

姚斯指出，文学作品的接受不会发生于真空之中，而是发生于由各种期待组成的系统之中。这些期待多少取决于读者对作品文类的先理解，和"对已经熟知的作品的各种形式和主题之先理

[①] 后文引用均出自姚斯的著作《接受美学探索》（*Toward an Aesthetic of Reception*, Minneapolis: University of Minneapolis Press, 1982），页19~41。

解"。通过隐含的或显明的用典，明示或暗示的标记，提示或声明，作品唤起读者的期待视域，继而慢慢改变、修正、调整，或复制读者的期待视域。只要作品的接受方式符合读者的期待视域，那么就可以说，该作品延续了盛行的美学标准，强化了常见的文学惯例，而且，这些标准和惯例得到进一步认可和复制的要求也得到了满足。但是，如果接受方式是对受众期待视域的否认、否定、挫伤或者超越，那么就表明，该作品质疑熟悉的文学体验、要求读者捕捉未思之思、制造作品和现今的期待视域之间的距离。两种情况中，某一时空中作品的价值和期待视域的地位，都取决于作品被最早和后来的读者所接受的方式。

在试图确定一部作品的理解方式时，姚斯对一部作品具有永恒客观意义的观点持怀疑态度，因为该观点认为，只要读者"全神贯注于文本"，就能发现这种意义。同时，他对作品可从过去的视角、现在的视角或"时代之裁决"（verdict of the ages）的视角加以理解的观念也不屑一顾。鉴于一部过去的作品产生于由各种期待视域组成的体系之中，而今天的诠释者处于另外一个体系中，对文本的适当理解就必然是两种期待视域的融合。接受理论主张"把自己置于一种传统的过程（a process of tradition）之中，让过去和现在不断磨合"。这样一来，接受理论绕开了古典语文学和现代主义批评这两个极端，前者声称它对古典文本的诠释具有客观性，后者则无视文本的历史特征。

一部作品有可能无法被第一批读者适当地加以理解，即便读者们知道必须融合过去的和现在的视域。偶尔会有一部作品，严重偏离当时的期待视域，第一批读者根本无法抓住其实质意义。该作品要么被人彻底遗忘，要么后来重新浮出水面。浮出水面时，期待视域已经能够接纳过去所不能接纳的内容。正如姚斯所言："对一部作品的第一感知和其实质意义之间的差距可能十分遥远，要理解第一视域中不曾期待、没有用处的东西，需要一个长长的接受过程。"接受理论坚持认为，新的东西必须既被看作美学范畴，也被看作历史范畴，所以接受理论历时地分析文学，力图发现作品第一次的接受情况、新的特性被认识的时期、得以重新浮出水面要求怎样的前理解。

然而，对文学作品进行严格历时性分析，可能会忽略这样一个事实：每部作品都和其他领域（艺术、法律、经济、科学、政治等）的作品共存于当下。另外一方面，如若进行严格的共时性分析，又可能把作品当作当今时代的产物，而忘了对作品的理解受制于悠久的接受历史。姚斯对"发生于同时代的所有事物都同等地具有该时代的意义"的观念不屑一顾，主张"文学的历史性显露于历时和共时相交之处"。姚斯赞同克拉考尔（Kracauer）的"同时代作品之非同时代性"的观点，提出这样一个理论：某一历史时期的各种期待之视域可被看作"一个共时体系。相对于该体系，出现于同一时期的文学作品，可能在非同时代性的各种关系中被历时地接受；作品可能被当作当今的或非当今的、时髦的、过时的、持久的、来得太早的或来得太迟的而加以接受"。

姚斯以回归文学的修辞性，即通过改变读者的期待视域和最终行为而影响读者的那种文学潜力，来结束他的理论。姚斯深信，传统的文学社会学和当代的结构主义两者的模仿论预设所缺失的是那种文学的社会形构功能（socially formative function），认为接受理论就是要强调这种功能，就是要考虑文学期待视域和历史期待视域之间的差异。历史视域主要取决于并尽量保全实际经验，而文学视域，由于"能预料还未实现的可能之事，能为新的愿望、主张和目标拓展有限的社会行为空间，从而能开辟未来经验之途径"，所以超越了对实际经验的保全。

姚斯的接受理论并非是灌注本书随后内容的铸模，在此的一番概述，也并非是对这一铸模的先睹为快。毋宁说，这一番概述只是用来宣告我对目前任务的理解，宣告我目前任务要采取的进路。但是，在后文中，姚斯的理论只是在有些时候才有帮助。

我并不想就接受理论进行长篇大论的评说，但必须指出的是，我对姚斯的理论构架有极大的保留，尤其是他对阅读的概念化阐述。阅读远非一项无干利益的活动。在建构意义时，人的感知很活跃，选择能力很强，因为我们这些读者被告知要从哪些方面进行阅读；而且，我们生活的空间具有社会政治属性——基于这些原因，引导我们阅读行为的就不仅仅是文学期待视域，还有我们头脑中具体的利益关系。也就是说，读者不仅仅接受或感知某一作品之影响，而且对作品也产生影响。在某一时期，甚至某几个时期，对某一作品的解读常常并不像保守的方法论者所想象的那么整齐划一，至少一个原因即在于此。

既然对姚斯理论构架有所保留，我打算谈一谈姚斯理论中并不怎么切合我主题的那些方面。首先，要对智术师修辞进行一番切适的讨论，似乎就必须阅读智术师的作品和对这些作品的接受。虽然接受资料数量庞大，任由我们利用，但智术师的文本数量十分有限，且都是二手的，简直算得上标本。更为糟糕的是，古代评论者阅读的是智术师的哪些作品，我们无从得知。我们只好采信评论者们对智术师言语的叙述，即便这些叙述可能根本就不是细读的结果，而只是道听途说，记忆回忆，或者只是出于对智术师名望的尊重而编造的故事。于是，本书中，所谓智术师作品，指的并非是由某个智术师创作的自主文本，而只是指一部作品的标题、一个短语、一句话，或作者头衔被归在某个智术师头上的一篇演讲词。我所关注的与其说是这些东西的真实性，还不如说是人们的反应，人们的批判性接受。智术师是否确实说过那些话，我并不打算甄别，只想考察这些所谓的智术师材料引起的反响。我关注那些"模仿、超越、批驳"智术师的人（柏拉图、伊索克拉底、亚里士多德），而无心留意那些记述他们生平年代、报道他们学说思想的人［色诺芬（Xenophon）、菲洛斯特拉托斯（Philostratus）、第欧根尼·拉尔修（Diogenes Laertius）］。

其次，对智术师修辞的接受产生于一定的期待视域中，这个视域很不容易重建。正如姚斯所言，形成批判性的反应，多少源于读者对其他作品的文类（或形式）和主题的前理解与谙熟于心，那么，研究某种接受，似乎就要求我们了解作者熟悉哪些别的作品。然而，在书写对智术师的接受之前，作者阅读了哪些别的作品，我们根本无从得知，更谈不上确定了解。退一步说，就算我们知道作者阅读了哪些别的作品，也同样不可能得知这些别的作品是如何影响作者阅读智术师修辞的。于是，我们面临着一个难解的方法论问题：了解了作者在书写某种接受之前可能阅读过哪些书籍，难道就能真实地重建作者的接受形成于其中的期待视域吗？如果说涉及单个作者还可以做到这一点，涉及很多个作者，问题就难办了。假设我们的书写不仅仅是对我们所读的反应，也是我们对所处周遭环境的反应，那么，本书对每位作者的接受，就既可看成对该作者的智术师话语实践的评说之反应，也可以看作对他所处时代的普遍问题的反应。普遍问题有哪些，只能从作者有意无意的暗示、历史学家的评注中加以推断。

第三，无论我们考察的是过去的作品还是过去的接受，都无法逃避当前的视角。而且，即便我们重视作品的历史性或作品接受的历史性，我们的理解都来自于当前的视角。本书随后的内容，并非完全是一种不同视域经过完美控制而融合的结果，好像是受到历史上三种接受［柏拉图（427—347）、伊索克拉底（436—338）和亚里士多德（前384—322）］影响而形成的当今时代的接受那样。本书显得要给予当今时代以优先性，我这样做是必然的，并非冒昧行事。我并不认为对一部作品最新的解释就一定是最好的解释。换言之，我并不认为我对智术师修辞的理解就比前辈们更正确、更好。我只想表明，既然我的接受得益于他们的辛勤耕耘，其覆盖面就要比他们的宽广一些。而且，由于我的接受以我对现代性的某些关切点为条件，它可能对我的同代人更为有益。当另一个时期来临之时，本书的接受也会为后来者让出道路。

第一章
智术师修辞及其环境

第一代智术师登上希腊文化大舞台，大约为公元前5世纪中叶，退出舞台的时间约为公元前4世纪早期，留下了一笔可作多种解读的遗产、大批追随者以及许许多多棘手的问题。在智术师生活的历史年代，希腊文化繁荣，经济增长，政治呈扩张之势，思想具有实验特征，艺术表现强劲有力。在这样一个时代，智术师可以说既是施惠者，也是受益者。根据大多数历史判断标准，前5世纪是一个特别令人兴奋的时代，能成为这个时代的一分子，智术师真是交上了好运。但是，研究古代希腊的学者中，有人主张把对智术师的研究和文化分割开来，只聚焦于他们简短的传记、基本的学说、对西方思想大厦的独特贡献。这样一来，这些学者必然赋予智术师某些学说，这些学说，除非硬性地让它们切合于那些跨历史的概念构架，如哲学史、文学史、教育史和晚近才发展起来的修辞史，否则，它们便毫无意义。如果我们想跨过很多世纪、绕过很多个思想家，抄捷径走便道，这样的折中方案也许是不得已而为之。但该方案缺少某种纹理和色泽——那种只有仔细考察一群思想者所处的特殊文化背景才能发现的纹理和色泽。如果我们要跳出几本粗略的传记、提炼出的学说以及对后代有争议性的贡献等局限范围，就必须追寻智术师在古典希腊走过的足迹。具体而言，除了探究在那个他们生活其中、让他们变得臭名昭著的文化地形（cultural terrain）上他们集体遭遇的困境之外，还必须寻找他们的起点和终点、与其他人殊途同归之地和分道扬镳之所，以及他们掀起的这场运动的总体格局。[1]

然而，以时代为参照系专门研究一群知识人有其局限性。尽管一个时代大于使其成为时代的所有事件和观念相加之总和，但它大体上还是把时代造就者排除在外的一个抽象概念。所以，我们的研究目的就是要表明时代及其造就者之间的那层相互影响关系，也就是追问时代如何形塑它的造就者，造就者又如何促使时代的形成。我们不可偏向时代本身，也不可偏袒作为个体的时代造就者。只有这样，我们才能理性地理解两者。

智术师运动的以往研究，试图把该运动的兴起归因于伯利克里（Pericles）时代的雅典——大名鼎鼎的智术师趋之若鹜的希腊文化中心——具有良好的思想环境。[2] 这种解释貌似有理，但失之笼统，几乎可以用来解释雅典文化中的任何现象（如雕刻、戏剧、哲学、建筑、科学）。更为严重的是，这样的解释忽略了三个关键问题。首先，所有思想运动都并非产生于真空（in vacuo），而是产生于一系列正在发生的思想与行动事件中。其次，思想运动的兴起，并非仅仅是有利的环境的产物，更是为了应对某些状况、满足社会需求。第三，在不经意间，他们和既定的文化习俗要么并行不悖，要么背道而驰；他们迎着传统的阻力，冒着被批评声音驱逐出局的潜在危险，带来了几多社会革新的成果。

那么，要理解智术师修辞，就意味着要明确其出现的环境，

---

[1] 研究我们了解的几位智术师，可能找得出他们之间的个体差异，但要理解这场据说由他们发起的修辞运动，不是关注这些差异就能做到的，也不是诉诸于理解的加法原则就可以做到的。智术师修辞胜于对每一位智术师的论述的相加之总和。

[2] 譬如George B. Kerferd，《智术师运动》（The Sophistic Movement, Cambridge：Cambridge University Press, 1981）。

要了解其试图满足的需求，要把这种修辞和促使其形成个性的普遍文化习俗联系起来，要阐明其引起了后来的思想者怎样的反应。把希腊智术师放置于文化环境中，我们可以看出他们不仅是时代的产物，也是时代的催化物。这个时代催生他们的出现，采纳他们的许多观点和做法，最后却对他们横加诋毁，多少世纪不得平反。同理，我们还可以看出，这帮才华横溢的人，可能无法和时代的音高保持一致，但他们的修辞绝不是孤立活动，而是具有符号意义的实践活动，根植于鼓励它、创造它、批判它的那种文化之中。

智术师出现的时期，希腊文化正在经历若干变革，其中的两种变革尤其引人注目。首先是从贵族政治向民主政治的过渡。前5世纪早期，克莱斯蒂尼（Cleisthenes）进行的宪法修正首先在雅典引发了变革。后来，到了60年代，厄菲阿尔特（Ephialtes）和伯利克里的政治改革使其得以巩固。这场变革不仅局限于政治管理体制中的结构特征，而且涉及其他社会的、思想的和文化的格局。具体而言，贵族特权屈从于公民民主；①神话特权已失去特权，取而代之的是民主的公开辩论；②神谕特权在人的民主法律面前渐渐远去；③诗歌将其光环让给了民主的散文体话语。④

---

① 参K. E. Wilkerson，《从英雄到公民：早期希腊的说服》（*From Hero to Citizen: Persuasion in Early Greece*），载于Philosophy and Rhetoric 15, 2（Spring, 1972），页104~125。

② William Nestle，《从神话到逻各斯》（*Vom Mythos zum Logos*，Aalen: Scientia Verlag, 1966）。

③ 参Jean-Pierre Vernant and Pierre Vidal-Naquet，《古希腊神话与悲剧》（*Myth and Tragedy in Ancient Greece*, trans. Janet Lloyd, New York: Zone Books, 1990），页305-124；Robert Parker，《希腊国家与希腊神谕》（*Greek States and Greek Oracles*，载于 P. A. Cartledge and F. D. Harvey, ed., CRUX: Essays in Greek History Presented to G. E.M. de Ste. Croix, London: Duckworth and Co., 1985），页33~112。

④ 参Eric Havelock，《柏拉图绪论》（*Preface to Plato*, Cambridge, Mass: Harvard University Press, 1982）；Thomas Cole，《古希腊修辞起源》（*The Origins of Rhetoric in Ancient Greece*, Baltimore: Johns Hopkins（转下页）

简而言之，这是一场从少数到多数的变革，用亚里士多德的话来说，是从极端到中庸的变革。①然而，这场变革远非完全彻底——表现出民主性质的许多东西依然保留着贵族政治的特征。譬如，公民的优秀品德依然是以竞技比赛中的斐然成绩以及向城邦的慷慨捐赠来衡量；法律保留了预言人类行为的神谕特性，虽然其宗旨是规范人的行为；公开辩论之所以能产生效力，是因为它们焕发了神话的威力；散文体话语避免不了诗歌，因为公众希望当代演说家还有几分以往诗人的遗风。②

智术师卷入到这场普遍变革之中，既不是被动的旁观者，也不是主动的抵制者，而是高能催化剂——加速变革的进程，扩大改革的范围。他们为那些付得起学费的人提供修辞指导，在不减少特权贵族人数的同时，增加学问的受益人数。再者，他们的修辞散文是摆脱诗歌主宰文化局面的最早尝试，但还是免不了运用以往诗人的诗歌技巧。③亚里士多德在《修辞学》（*Rhetoric*）

（接上页）University Press, 1991），页33～112。

① 参Aristotle，《政治学》（Politics）4.9.8。

② 晚至前370年［伊索克拉底《海伦颂》（*Helen*）公认的发表时间］，伊索克拉底借助于海伦、忒修斯（Theseus）和赫拉克利斯（Heracles）等神话传说，提出他的泛希腊计划（pan-Hellenic program）。到前353年［其《论交换》（*Antidosis*）的发表时间］，伊索克拉底已经82岁高龄，依然赞美"几近于按照节奏和音乐创作的"演说词。他说，这些演说词"阐明事实的方式更具有想象力，语言更加华美……从头至尾都在运用辞格，辞格的数量更多，更能打动人。聆听这一类散文获得的乐趣无异于聆听诗歌朗诵"。（《论交换》47）

③ 关于高尔吉亚倚重剧作家们的诗歌语言，参Octave Navarre，《论亚里士多德以前的希腊修辞》（*Essai sur la Rhetorique Grecque avant Aristote*，Paris：Librairie Hachette et Cie, 1900），页92～119；W. Vollgraff，《纪念高尔吉亚》（*L'Oraison Funebre de Gorgias*，Leiden：E. J. Brill, 1952）。从诗歌到修辞散文的转向，请看科尔（Cole）的论述："在前5和前4世纪那至关重要的几十年间，智术师、科学家、物理学家、博学者、演说家、政治家、戏剧家和解经家，这许许多多学者为一个空缺的位置而争论不休。在过去，诗歌一直声称自己是希腊道德和思想的导师，这个说法毫无争议。现在，诗歌没落了，位置空缺了。争论的结果是，胜利最终归于那帮擅长提出一种新的话语（技术性散文、亦即修辞散文）的斗士。这种话语敢于挑战诗歌表演，有能力满足受众（无论是听众还是读者）的好奇心，获取他们的支持（转下页）

中指出（3.1.8-9），就辞藻格调和演说风格而言，智术师属于第一批借用以往诗人技巧的人。此外，他们演说中出现了不少耳熟能详的神话人物，这有利于这些传奇人物的名字流传下来。须知，该文化的早期价值体系即成就于这些神话英雄的品德之上和事迹之中。但是，对这些人物的重新刻画即是对传统道德观念之挑战，反映了一种新的政治意识和公民意识的兴起。普罗狄科斯［Prodicus（前465—前395 BC）］演说中的赫拉克利斯（Heracles），并非是那个力大无穷、战功赫赫的赫拉克利斯，而是徘徊于美德和邪恶之间、艰难抉择于何去何从的沉思者。高尔吉亚［Gorgias（前485—前380）］演讲中的海伦（Helen）再也不是放荡女人，而是由不得她掌控的环境和各种势力的牺牲品；他演讲中的帕拉墨得斯（Palamedes）*不再是奥德修斯（Odysseus）各种计谋的牺牲品，而是拥有多种发明的发明家，造福了文明社会。普罗塔戈拉［Protagoras（前490—前420）］演说中的诸神，如宙斯（Zeus）、普罗米修斯（Prometheus）、赫耳墨斯（Hermes），不再专注于扩大和保护自己的责任范围，相反，他们将那些事情放到一边，致力于维护人类的生存。最后，智术师的话语，虽然最初受到诗歌技巧的影响，逐渐偏离诗歌韵律的局限，走向了散文体——那种普通人在集会、法庭和公民大会上使用的文体。这样的转变必然让人们意识到，若干话语实践和这一文化的神话体系，虽然业已建立起来，还是免不了被改变。

在一种逐渐将自己的命运置于多数人而非少数人手里的文化中，智术师修辞显得不可或缺。智术师修辞宣称能给予拥有者以

（接上页），并点燃他们的想象力。" Cole，《古希腊修辞起源》（*The Origins of Rhetoric in Ancient Greece*），页28~29。

* 帕拉墨得斯，希腊神话中的英雄，希腊联军中最有见识者，国王瑙普利俄斯和克吕墨涅的儿子。相貌俊美，能唱善弹，传说他发明了灯塔、天秤、量度器、骰子、钱币、历法等。

力量，是一种有价值的商品，一种工具，弥留的贵族政治和新兴的民主政治都可利用，都可从中获益。贵族们被卷入民主政治的狂飙洪流中，必须保护自己的利益。为了让庞大的陪审团和参加平民立法大会的人们投他们的票，掌握说服策略对他们十分有利。另一方面，事关城邦的法律和政治事务，普通公民第一次有机会当众发表言论和意志。所以，表达自己的立场口齿伶俐，陈述自己的论据令人信服，掌握了这样的技巧对他们很有必要。在教学中，智术师不仅试图为城邦培养得力的公民，还努力培养对修辞有兴趣的人，练就他们迎接新的变革所必需的本领。和某些批评家所言正好相反，智术师的座右铭并非适者生存，而是让尽可能多的人适合生存。在这层意义上，可以说智术师为加强刚刚创立的民主政体做出了贡献，因为他们锻造了一种思维方式，让人们明白在协调社会政治行为时，在解决人类冲突中，"说服"占据着中心位置。这种思维方式至少符合赋予一直处于较弱的群体一定权力、削弱一直处于较强的群体的力量的宗旨。智术师让更多人有能力参与论辩，登上公众生活舞台。他们讲授的修辞至少创造了两种新的可能性：第一，弱者挑战强者的可能性；第二，为已经僵化的话语行为注入活力的可能性。这两种可能性共同创造了一个新世界，共同反抗那个旧世界。

然而，智术师修辞虽具有促进民主的功能，却也开创了一种新的特权阶层。它把"逻各斯"推上了城邦新主人的宝座，这个主人，所有人都要为之效力，但没几个能表现出色。① 鉴于智术师认为几乎所有人都具备修辞说服的能力，几乎所有人都会受到修辞说服的影响，他们实际上就是把修辞看作一种普遍能力。但既然他们明白只有少数几个人才具备无可挑剔的辩才，他们实际

---

① 譬如，高尔吉亚有一句名言："演讲，好比奥林匹克运动会的号令，召唤愿意者参加，但授予有能力者以桂冠"。（82B.8）

上也就把修辞看作一门至高无上的技艺。[①] 他们既不说世界是第一位的，也不说人是第一位的，而是强调作为媒介的逻各斯的首要地位，这种媒介流通于人之间，既是人之所以为人的元素，也是世界之所以为世界的元素。在此意义上，可以说智术师开创了一个新的政体（regime），这个政体既不支持贵族政治也不支持民主政治，而是支持逻各斯政治（logocratic），所以，其性质既不是贵族政治的也不是民主政治的，而是逻各斯政治的。

在智术师时代，第二种值得关注的变革就是中产阶级的出现。之所以被称为中产阶级，是因为他们新获得了一定的财富，社会地位居于拥有土地的贵族和农奴之间。[②] 早在前六世纪后半叶，挽歌诗人忒奥格尼斯（Theognis）就已经注意到了变革的发端：

> 公羊、驴子和马匹，要保持它们血统高贵，配种就要找纯种。而高贵者却把卑微的女人娶回家，毫无顾忌，只要女人有金钱当作嫁妆；女人也不拒绝卑微的求婚者，只要他有钱有财，是不是贵族无关紧要。他们崇尚的莫非金钱。高贵者和低贱家庭结亲，低贱者和高贵家庭联姻。财富已经把血统混杂啦！所以不要担心公民的血统是否消失殆尽：高贵和低贱正杂交着呢！[③]

不管忒奥格尼斯的个人情绪怎样，前5世纪中产阶级的出现

---

① 参《斐勒布》（Philebus）58a，据说高尔吉亚认为："修辞技艺超越了其他所有技艺，它不是依靠武力而是依靠人们的自由意志来征服一切，是所有技艺中最好的技艺。"

② 参Aristotle，《政治学》4.9.3。

③ 转引自George Thomson，《埃斯库罗斯与雅典：戏剧的社会起源研究》（Aeschylus and Athens: A Study of the Social Origins of Drama, London: Lawrence & Wishart, 1980），页201~202。

是人口增长、商业活动更加频繁、商贸劳力需求增加的结果，也是新的政治格局赋予普通市民新的政治权力的结果。智术师与忒奥格尼斯及他的某些同代人不一样，对智术师来说，中产阶级的到来并非坏事。现实如此，不可逆转，他们就加以利用。他们开始招生授课，所教的学生不仅有贵族的子弟，还有富裕的商人、工匠、店主的子弟。智术师本来就出身于中产阶级，是一场大变革的一分子。在把这场变革转换成前5、前4世纪希腊社会/政治景观图上的一道永恒风景线这件事上，智术师发挥着工具性的作用。①

新兴中产阶级还包括当时出现的外邦侨民（resident aliens）。这些人既不是公民，也不是非公民，而是居于两者中间。也属于这个新的中间阶层的智术师，想方设法在希腊世界出人头地。他们的事例实际上向世人表明，要赢得世俗功名，无需贵族的头衔，也不用公民的身份。如果智术师的事例具有任何启示的话，启示一定就是：成功的潜力维系于修辞能力的培养。

智术师的声名与其说来自在家乡的成就，还不如说来自他们奔走于城邦之间的游历。他们从一个城邦走到另一个城邦，力图说服年轻人跟随自己学习新的语言技艺（修辞和论辩）。在这个行当中，他们显然很成功，和他们差不多同时代的人都认为他们赚了大钱。但是，在当时或后来的希腊世界，智术师与人为师的职业、在该职业中亨通的财运以及他们对思想界的影响，都不足以为他们树立毫无争议的正面形象（positive standing）。这至少有三个原因。

首先是他们的社会和法律地位。在我们阅读的资料中，只要

---

① 参Victor Ehrenberg，《从梭伦到苏格拉底：公元前第六、五世纪希腊历史与文明》（*From Solon to Socrates*：*Greek History and Civilization during the sixth and fifth centuries B. C.*，London：Methuen & Co.，1970），页330~332。

有智术师出现，他们都是典型的外来侨民，是异乡人。① 异乡人不是公民，也不是非公民，在某些城邦受欢迎，在某些城邦受排斥。譬如斯巴达就曾以批准异乡人法案（ξενηλασίαι）的法律机制将异乡人驱逐出境。比较而言，雅典人更宽容更大度。在这里，智术师享有个人自由，有工作可做，还受法律保护。② 如果我们相信古希腊历史学家修昔底德（Thucydides）对伯利克里的描述并以此为据，那么，雅典就是这样一座城邦：对制度的有效力信心十足，对异乡人殷勤周到，对思想自由作出承诺，对培养公民和提高公民的智识水平不遗余力。③ 在雅典人眼里，智术师是重要的思想家，能为他们带来好处，所以，打开城门迎接智术师。同时，雅典人把智术师看作贤达的知识人，能对城邦的文化繁荣作出有意义的贡献。④智术师来了，雅典人就能满足年轻人的好奇心理，也让公民有机会听取来自其他社会和政治格局的故事。⑤ 雅典人肯定会发现自己的城邦和别的城邦的差别，拿近邻或远邻做一番比较，他们一定会得出自己的生活更优裕的结论。

在前5世纪，异乡人成了雅典社会不可或缺的一部分。有历

---

① 对外乡人法律地位的详细讨论，参Douglas M. MacDowell，《古典雅典的法律》(*The Law in Classical Athens*, Ithaca, N.Y.: Cornell University Press, 1986)，页75~79。

② 当然，也有例外，比如亚里士多德的情形，他写道："在雅典，公民可以做的事情，外乡人就不可以做，所以，来雅典生活很危险。"转引自Frank L. Vatai，《希腊世界政治中的知识人》(*Intellectuals in Politics in the Greek World*, London: Croom Helm, 1984)，页95。但是，亚里士多德当时被怀疑有亲马其顿倾向，他的话只能反映他自己在雅典受到那种待遇时的心情。

③ 在修昔底德笔下，伯利克里在《葬礼演说》（Funeral Oration）中说道，"我们城邦的大门向全世界敞开，我们从未通过排外法案，从未禁止任何人了解或观察任何事情，这种情况或许正好便宜了敌人，因为我们没有设防。"（《伯罗奔尼撒战争志》2.39.1）

④ 参Isocrates《论和平》（*On the Peace*）21。

⑤ 譬如，《双重论证》（*Dissoi Logoi*）第二版的作者所讲的格局（有关表面之事和可耻之事的讨论）（90.2.1–28）。

史学家注意到，非雅典籍的外来人士"成为了雅典出类拔萃的人物，其中有画家、雕塑家、音乐家、医生、哲学家、诗人和演说家"。① 不过，这些出类拔萃人物的行为是受到一定限制的——不可拥有真正意义上的财产，不可参与官方政治活动，不可在法庭和公民大会上服务。此外，他们必须支付一项特别的外邦人入境税，必须服兵役，必须找个公民做担保。② 这些外来侨民阶层偶尔也会和公民阶层发生冲突，尽管公民的政治地位比他们高是毫无疑义的。③

智术师背负着负面形象（negative standing）的第二个原因在于他们的世界主义（cosmopolitanism）。④ 由于到过很多地方，他们就有了世界性视野。这样广阔的视野，完全摆脱了以自我为中心的社会所具有的那种狭隘性。所谓以自我为中心的社会，就是和其他社会没有任何往来、自以为在有序生活的方方面面都成绩卓著的社会。由于世界性视野汇聚各个地方的思维方式，包容许多不同的观念，所以，相对于单一、狭隘的视野，它能敏锐地注意到差异，接受各色逻辑，而且，具有比较和选择的优势。但是，比较和选择也非总是优势，尤其是在保守社会的人们心目中。在这样一个社会中，具有世界视野的外来人士通常被看作外

---

① J. B. Bury, S. A. Cook, F. E. Adcock, Eds.,《剑桥古代史》第五卷（*The Cambridge Ancient History*, vol. 5, New York: Macmillan and Co., 1927），页6。

② 除了这些约束之外，雅典还有一个奇特的法律程序：每当第六个部团期（prytany）[（译按）来自10个部落500人的议事会中，每个部落的50名议员主持政务的期限，即每年的1/10也就是36天]，就有3个公民和/或3个外乡人都会以谄媚罪名受到审判。参《雅典政制》（*The Constitution of Athens*）43.5，载于J. M. Moore, Aristotle and Xenophon on Democracy and Oligarchy, Berkeley: University of California Press, 1975。对这一做法的评论，参Richard Garner,《古典雅典的社会与法律》（*Law and Society in Classical Athens*, London: Croom Helm, 1987），页70—97。

③ 参Jean-Pierre Vernant,《古希腊神话与社会》（*Myth and Society in Ancient Greece*, trans. Janet Lloyd, New York: Zone Books, 1988），页21~22。

④ 所谓世界主义者（cosmopolitan），其城邦（polis）不是任何为大家熟知的城邦，而是整个世界（kosmos）。

乡佬，他的居留和活动通常会受到怀疑，因为人们担心他给东道国带来与当地的传统、风俗和文化完全不相容的、乱七八糟的各种观念。所以，对希腊的听众说"美莎吉特人（Messagetes）切下死去父母的尸体，将其吃掉。他们认为儿女的肚腹是最美不过的坟墓"，①"波斯人认为男人应该和女儿、母亲、姐妹发生性关系"，②告诉他们这些东西，就等于粉碎法律具有普适性的信念，就等于动摇人们对希腊法律正当性的信心，就等于在希腊境内为非法的、可耻的行为大开方便之门。③

智术师声名不佳的第三大原因在于他们的智识主义（intellectualism）。尽管每一位智术师对多门知识（算术、天文、几何、音乐、辩论、语言研究、历史）都殚见洽闻，但他们都教授修辞。作为异乡人，他们能教授的主要是一种笼统的修辞（general rhetoric），学员今后可根据具体环境对之进行调适。智术师的游历困境不允许他们教授产生于当地传统并与之息息相关的各种修辞。要教授那些修辞，他们必须通晓所处城邦独一无二的特征。如果承认外来者很少了解、更不可能熟悉当地生活的细微之处，那么通晓的要求就更不可能达到了。据说智术师使用的都是一些模板性讲辞，都是一套套普通寻常的话题（topoi），④其原因——至少部分原因——即在于此。

尽管智术师修辞免不了笼统的性质，人们还是觉得它或多或少具有潜在的颠覆性。因为其针对的场合不明确，智术师就有故意使其含糊不清之嫌，以便于作多种解释，用于多种用途或不当用途。如果智术师的学生对所学修辞的运用被大庭广众认为不得

---

① 《双重论证》2.14。
② 同上，2.15。
③ 同上，2.14, 15。
④ 譬如，安提丰的《四联剧》（Tetralogies），高尔吉亚的《海伦颂》（Helen）和《帕拉墨得斯》（Palamedes），普罗狄科斯的《赫拉克利斯的选择》（Choice of Heracles）。

体，公民们会说责任不在学生而在老师。他们之所以得出这一结论，是因为他们本来就不信任周游四方的外乡佬，这一点并不难看出。

但是，智术师也不会局限于只教授笼统的修辞。他们也实践特殊用途的修辞，因为他们把自己的智识之才也用来为政客撰写演讲稿，为法庭中的原告和被告写讼词。[①] 如此一来，他们真正兑现了那个诱人却颇受争议的承诺——让处于较弱（weaker）的一方获胜，让处于较强（stronger）的一方失败。观众席上逆潮流而动的保守公民，依据案例的法庭辩论情况，最终会觉察到：在那一整套极端扭曲的辩词背后，一个外乡代笔者（logographer）正在挫伤当地人对权力和正义的当地理解。[②] 柏拉图建议的对付外乡代笔者的法律，虽然提出的时间早已过了智术师的鼎盛时期，也能让我们多少了解与柏拉图持同样观念的人对那些代笔者的态度：

> 如果任何人被发现企图颠倒法官心目中的正当诉讼过程，或者以不正当的手段使诉讼数量成倍增加，或者协助他人增加诉讼数量，任何人都可以不正当程序起诉他；他将由最优秀法官组成的法庭进行审理。如果被判有罪，法庭将确定他是出于贪图钱财还是出于政治野心。如果是后者，法庭将规定一个期限，在此期间，他不得控告任何人，也不可协助任何人打官司。如果贪图金钱是他的动机，如果他是外邦人，他就会被驱逐出境，私自返回就会被处以死刑；如果他是公民，就会被处以死刑，因为他贪图钱财不择手段。出于

---

① 据说安提丰是第一个写讼词的人（87A.3.5，4.10，6.7）。
② 根据菲洛斯特拉托斯（Philostratus），"有喜剧讽刺安提丰，讽刺他在诉讼案件中太过聪明，讽刺他以高价出售扰乱公正的讼词，尤其是出售给那些身陷危险的人"（87A.6.7）。

政治野心而犯下这样罪行的任何人，如果是重犯，也将被处以死刑。[《法义》(Laws)]，11.938a-c）

我们还会更仔细地考察柏拉图对智术师的接受，目前要说的是，外乡代笔者并没有完全融入他们客居的社会中。

阿里斯托芬[Aristophanes（前446—前385）]对智术师的智识主义作出的评价，不像柏拉图那么苛刻。即便如此，智术师似乎让阿里斯托芬端起了这样一副姿态：对新观念新事物报之以怀疑，对传统的权威和价值投之以新的热情。譬如在《云》（Clouds）中，他讽刺智术师，说他们讲的课就是教学生如何"辩论并打赢官司，不管有理无理"（99），如何"强词夺理，而且获胜"（114），如何发挥"微妙逻辑的吹毛求疵之作用"（130）。因此，阿里斯托芬暗示，到他们门下来学习的人感兴趣的是"一路战胜正义的窍门"（885）和"躲避法律的爪子"（4）*。事实上，智术师门下的学生一般都希望成为：

> 一个大胆、迅捷和狡猾的谎言策划者，一个饶舌者，一个欺瞒者，一个滑头；法律桌面上一道规整的抓痕；一个十足的蒙混者，身着体面的欺骗性外装；一个拍马屁的、无原则的、讨嫌的骗子；一个被诅咒的卑鄙之人，一个最讨厌的人；陪审团法庭的各种伎俩，他无一不精。（445~51）

阿里斯托芬向人们暗示，智术师正在破坏社会的道德伦理基础，但他并未就此罢休。在那场正义论辩（Just Argument）和非正义论辩（Unjust Argument）①的著名交锋中，他进一步描画了前智术师时代培养年轻人的那种传统，与当代修辞教育中那些

---

* 正义论辩和非正义论辩是阿里斯托芬剧作《云》中的两个角色。
① 同上。

新奇方式之间的矛盾冲突，前者经得起时间考验，后者难以让人信服。在该剧的中间，正义论辩试图说服年轻的斐狄庇得斯（Pheidippedes）相信传统的优越性，讲起了过去的好时光：

> 当年，荣誉和真理还是年轻人追逐的时尚，节制在我们的海岸绽放鲜花；最为重要的是，老规矩在我们学校保留不变——"孩子们不许说只许听"：全城的少年，虽然雪花似胡椒一般撒落，风雪恣意，天气恶劣，他们照常去竖琴师的家里学习音乐，语言得体，举止端庄。他们精神饱满，列队成行，踩着节拍，唱着一支老歌，"远方战场传来阵阵可怕的呐喊声"，或者"勇士崇拜雅典娜"。他们唱着父辈流传下来的那雄壮浑厚、铿锵有力的曲调。若有人胆敢扰乱歌调，玩弄花腔，乱唱一通，就像佛律尼斯* 那样拖长音调，故意发出颤音，就会为自己的邪念、为把真正音乐当冤家对头而受到鞭笞。他们坐成一排接受训练，每个人都伸着双腿，坐姿端正，不会有任何不得体或肮脏不堪的事情发生，给外人瞧见。他们站起身来，总是用手抹平沙地，不给好事者留下一丁半点痕迹。他们绝不会把人造的、非天然的油膏涂抹在自己身上；他们也不会让自己的喉咙装模作样假斯文，对爱人柔声轻叹；他们高视阔步，不理睬别人的无理要求；任何人也不敢抢夺萝卜一样的美食；也不可与长辈争吃饭菜，争吃茴香籽、芹菜和鱼肉；不可只吃美味食品，不可笑出声来，不可叉腿而坐。

非正义论辩打断他，说那些只是过去的思维方式，正义论辩回应道：

---

* 佛律尼斯（Phrynis），当时的音乐家，曾经把七弦琴改成九弦琴。

这些训诫培养了过去的英雄,教育他们吃苦耐劳,勇敢无畏;培养了马拉松战场上多少勇士!现在,从少年时代起,年轻人就裹上成年人的长袍:所以,雅典娜节到来时,舞者从我身边走过,盾牌遮着大腿,对雅典娜毫不虔诚,我感觉自己快要窒息。因此,年轻人,大胆选择我吧,把你的命运交付到我的方法之下:从今以后你将唾弃言论的广场,远离荒淫的公共澡堂,戒除淫邪、可耻的生活方式;对嘲笑者回之以鄙视;尊长到来,站立身来,恭敬地让出座位;以爱心和敬畏之心侍奉父母;羞耻之事绝不沾染;在你心灵深处树立起简单而又真实的谦虚观念;不可再去敲响舞女的门扉,也不要向卖淫女投去一瞥,怕你最终会被她们扔来的苹果击中,* 如果那样,你就会堕落,无望成为男子汉。不可忤逆你的父亲,也不可在怨恨生气时叫他"老朽":这位神圣的老人在你幼小的时候是多么爱你,多么珍惜你啊!

这时,非正义论辩对斐狄庇得斯说,如果他听从正义论辩的劝告,就会被人称作笨蛋、傻瓜。于是,正义论辩对年轻人说:

在你所热爱的所有健身运动中,你都会出类拔萃,你将健美丰润,而且公正无私:你不会像那些无所事事者,为某个不可思议的棘手争端,唠唠叨叨,没完没了;也不会日复一日被拽上法庭,去取笑某个令人不快的小讼事。你要去的地方是学园:你将头戴芦苇花冠,在橄榄林间和一些优秀的对手和朋友比赛竞走,比赛速度。林间还有忍冬、酸橙花儿和其他安详的植物,全都馨香宜人。当悬铃木和树丛中的榆

---

* 苹果是爱神的圣果。

树爱恋絮语，你们好玩赏那春光。

只要你依照我的话去做，和我一道追随那条金光大道，你的胸膛将变得宽阔，你的皮肤将变得光亮，你的手臂结实，舌头却很纤细，其他的一切都皆适当而正当。如果你追求别人今天追求之事，你的皮肤会变成冷冷的苍白色，手臂变小，胸膛脆弱，舌头却练得油腔滑调。特殊法律难以通过，冤案曲案难以澄清，这一切表明你的生活糜烂，没走正路。他*会给你灌输邪念，颠倒是非黑白，最终你会把好事说成坏事，坏事说成好事；如果你跟着他学，不久就会发现自己沾染上了安提玛科斯（Antimachus）身上的污秽。（962~1023）

如果说在那个年代，对新兴的修辞智识主义的普遍反应，阿里斯托芬的言论还算具有代表性的话，那么，不难看出，智术师和他们的课业遇到了来自希腊文化中保守阶层的相当大的阻力。不难想象，这种阻力最终会影响普通大众的态度。须知，普通大众是一贯反智识主义（anti-intellectualism）的堡垒。对待智术师的态度，他们原本就是既钦佩又妒忌，既热情又仇视，既信任又怀疑，既感激又怨恨，现在，情况变得更加复杂。产生负面态度的一个原因在于，人们认为他们把年轻人吸引到他们那边，脱离了同胞公民，而且挑战当地的传统文化遗产，从而给所居留城镇带来了不利影响。① 智术师被认为须对年轻人在竞技和智识方面偏离家乡传统的行为负起责任，被当作蓄意破坏者：来到一座城邦就是为了使其不再稳定，干的都是把年轻人和老年人对立起来、耗尽城邦人力资源之类的事情。在普通大众看来，典型的智术师就是魅力十足的外乡来客，就像帕里斯（Paris），许下天花

---

* "他"指的是非正义论辩。

① 参Plato,《申辩》（Apology）19e~20a。

乱坠的承诺，说服海伦抛弃家园追寻芳草萋萋的草原。这样的看法自然就把游方的智术师变成了怀疑对象。普罗塔戈拉就曾解释过做智术师的危险、这个职业尴尬的地位和人们对其不信任的接受：

> 一个外邦人（ξένον ἄνδρα）来到强大的城邦，许下只要跟随他学习就能得到提高的承诺，说服最优秀的青年背弃亲朋好友（年轻的也好，年老的也罢），来加入自己的圈子。这样的做法要格外当心，因为可能引起许多宣泄嫉妒的事件与无数宣泄敌意的事件，还可能成为无数阴谋的对象。（《普罗塔戈拉》316c-d）

显然，即便在受欢迎的地方，做智术师也不一定安全。那么，在这些危险面前智术师该当如何？柏拉图笔下的普罗塔戈拉指出，在他之前的聪明人最常采用的行动方案就是掩盖自己职业的真实性质。他对苏格拉底说道：

> 智术是一门古老的技艺，古代从事这门技艺的人，害怕引起怨恨，采用各种伪装。有些人以诗歌作伪装，如荷马、赫西俄德和西蒙尼德；有的以神秘的宗教祭仪和预言作伪装，如俄耳甫斯、缪塞俄斯和这个派别的其他人；我还注意到，有些人以竞技运动做掩护，如塔壬同的伊克库斯，还有我们时代一流的智术师希罗狄科斯，从前住在麦加拉，现在为塞林布里亚人；你们这里的伟大智术师阿伽索克斯用的伪装是音乐，凯奥斯的皮索克莱德及其他许多人也都是这样做的。（《普罗塔戈拉》316d-e）

然而，如果说智术师所到之处都会遭到仇视和排斥，这种说法也依据不足。事实上，他们相当受欢迎，而且财运亨通。如果从上面那段话进行推断，说他们只有隐藏自己的身份才能从事修辞技艺，这种说法也站不住脚。普罗塔戈拉本人就不赞成同行前辈伪装自己职业的做法。首先，这种做法不起作用；其次，他相信公开承认是一种比否认更明智的策略。所以，他宣称："我承认我是智术师，我承认我教育人们。"（《普罗塔戈拉》317b）普罗塔戈拉把早期诗人称为伪装的智术师难免带点嘲讽的意味，但是，他的声言还是表明，他那个时代的希腊文化非常肥沃，连毫不谦逊的智术都可以在这片土地上生长。而且，历史资料还表明，智术不仅生长了起来，还最终成为一股强大的力量，成为一股不可忽视的力量。

从以上的讨论可以看出，智术师是局外人，也是局内人。他们来自所施教的城邦以外，到这里只是暂时教授修辞。这种地理的双重性表明他们无处为家却又处处为家。到了雅典，他们带来的是阿布德拉（Abdera）或莱昂蒂尼（Leontini）的观念；去了斯巴达（Sparta）、伊利斯（Elis）或凯奥斯（Ceos）的观念不可能完全从心里抹去。但是，无论在雅典还是斯巴达，自己并非公民这一点，他们心里一定清清楚楚。周遭的各种制度惯例可能与家乡的有差别，但智术师还是要容忍体谅，虽然不可能像当地人那样产生遵从的感觉。虽然那些法律对他们来说可能是陌生的，他们还是要遵守，虽然不一定相信它们的效力和公正性。即便如此，相对于普通公民，智术师还是有一大优势：他们可以从内逃避各种惯例和法律（辩驳说不懂其义），也可以从外逃避（离开执行那些惯例和法律的领土，去往又一个城邦）。① 作为暂时居民，那个城邦的政治结构或政治动向对他们肯定构不成什么利害关系。他们主要的兴趣肯定是城邦是否愿意长久接纳他们：只要城邦允许他们教授自己的技艺，他们可能就别无所求

---

① 亚里士多德就是典型的案例。他不是雅典人，雅典人指控他犯有渎神罪时，他没有留下来面对这项指控，而是去了卡尔基斯（Chalcis）。

了。对他们而言，必须做的不过是尊重东道主的各种敏感举动，尽量不要公然冒犯东道主。

  智术师从一个地方游走到另一个地方，也从一种观念游走到另一种观念。①正如没有定居于某一个城邦，他们也不会长久安居于一个思想领域。所以，当高尔吉亚重访帕默尼德（Parmenides）的存在观，就写下了一篇论述非存在（nonbeing）的文章；当普罗塔戈拉遇到逻各斯统一性的学说，就以双重论证［*dissoi logoi*（或译"双重逻各斯"）］加以对抗；当安提丰（Antiphon）见证了希腊人相互之间并不和睦的情形，就写文章论述和睦、赞美和睦。这并不意味着，智术师就像某些学者所说的那样，是喜欢就事物反面的性质、差异的实质或政治和谐的本质这一类事情发表意见的哲人。这仅仅是表明，在智术师看来，某些已经形成的观点似乎并非如此，所以就讲出自己的看法，作出与之对立的反应。假如他们遇到了不同的情形、不同的观念，不难想象，他们或许也会作出不同的反应。鉴于智术师的目的就是要表明世界可以通过语言手段重新创造，可以换言以重新讲述，也就是可以换一种方式加以理解，那么，探究他们根本的学说（essential doctrines）就是白费功夫。他们留下来的并非是他们真正信奉的。其著作代表的仅仅是对语言可以成就什么的粗略例证。

  显然，智术师的地理上和思想上的游历线路表明，他们经常思考的问题有：身处何方，身非何方；身为何人，身非何人；何种学说在羁留之地引导潮流，何种学说有待形成。简而言之，他们是双轨思维法。由此可见他们存在于世的方式具有深刻的两歧

---

  ① 我们设定思想领域和城邦至少在三层意义上具有相似性：1，都可以用准确的坐标进行界定；2，居民都需要对所处的领域或城邦有一定的熟悉程度；3，都与其他领域或城邦相互竞争。

性（ambiguity）。① 智术师不可能坚持某一单一的视角，不可能信守某一给定的成规，不可能受制于某一政治制度，他们的生活和工作与其说是依赖于既定的习俗或原则，还不如说是依赖于他们所遇到的周遭环境。他们身处各种社会政治变革之中，走四方跨四海，所教授的又是修辞——这一切都要求他们适应不断变化的局势，利用各种机会，避开危险，调整自己以应对不同的法律和机制，接纳多种类型的学生，修正所授课业以便适应形形色色的受众的品位和鉴赏力。这让我们想起了当代两位智术师一样的人物：德勒兹（Deleuze）笔下的游牧者（nomad）和德塞托（de Certeau）笔下的修理匠（bricoleur）。②

德勒兹解释道，游牧者既不参与他们居留之社会的行政体系和意识形态体系，也不会进入"僭主的官僚机器"中心。③ 他们生活于社会的边缘，可以消解当前的社会和行政法规，专制机器也不能把他们太多地置于法规之下。于是，僭主和游牧者之间就一直处于对峙状态。一边是僭主要把游牧者纳入现有的制度之下，另一边是游牧者寻求新的手段以保存自己的游牧生活方式，以规避或逃避社会制度将他们融合。如果僭主想要将他们融合，就必须内化他们的思维方式，也就是像游牧者那样去思考问题。另一方面，如果游牧者要逃避僭主的控制，就必须预期僭主的

---

① 亚里士多德在《政治学》（1.1.9）中提及这种两歧性：一个ἄπολις（没有城邦的人），要么是φαῦλος（在人性的阶梯上站得很低），要么是κρείττων ἤ ἄνθρωτος（高于人类，比人类更强大）。此外，他还说道，任何一个完全自足、无须与城邦建立伙伴关系的人要么一定是θηρίον（野兽、动物），要么一定是θεός（神）。（1.1.12）

② 参Gilles Deleuze,《游牧思想》（*Nomad Thought*, 载于David B. Allison, The New Nietzsche: Contemporary Styles of Interpretation, Cambridge, Mass.: MIT Press, 1988），页142~149；Michel de Certeau,《日常生活实践》（*The Practice of Everyday Life*, trans. Steven F. Rendall, Berkeley: University of California Press, 1984）。（译按）德勒兹（Gilles Deleuze, 1925—1995），法国当代哲学家。德塞托（Michel de Certeau, 1925—1986），法国当代学者。

③ Deleuze,《游牧思想》，前揭，页148。笔者所理解的"僭主"是广义上的统治者或主宰者，包括泛泛而指的法律或社会。

目的，像僭主那样去思考问题。双方都站在对方的立场去看待问题，游牧者和僭主就可能变得"分不清哪是自己哪是对方"了。① 正是在这一点上，可以说游牧者成功了，至少赢得了部分成功：通过把自己和僭主之间的界限搞得模糊不清（而这个界限对僭主又至关重要），他们送给僭主一种新版的清晰界限，把僭主送到了一个是是非非的原野之上。②

同理，德勒兹表示，游牧者思想和哲人思想有两大区别。首先，游牧者思想"在法律（虽然他们拒绝法律）和习俗常规（虽然他们嘲笑习俗常规）的框架下，自称自己具有动态性"，③ 而哲人思想几乎总是"与法律（及）习俗常规紧密相连"。德勒兹将这一点在历史上定位，说道："在希腊城邦以内，哲人的话语和僭主保持严格相关（至少停留在僭主统治的阴影之下）。"④ 游牧者思想和哲人思想的第二大分野在于，前者产生于外在的事物并指向外在事物，而后者将来自于外在的事物置于玄微分析的内在性（hyperanalytical interiority）之下，以至于外部和内部的界限得到消解，以青睐于内在性而告终。用德勒兹的话来说："把思想挂在外面是哲人从来不会干的，即便他们谈论的比如是政治，即便他们涉及的是散步、新鲜空气一类的话题。"⑤

---

① Deleuze，《游牧思想》，前揭，页148。《智术师》中那名爱利亚外乡人和泰阿泰德试图区分智术师和哲人，却遇到了困难。如果我们追随德勒兹的逻辑，这些困难就容易理解了：智术师的身份和哲人的身份并非泾渭分明，而是经常混为一谈。沿着德勒兹的思路，我们还可以理解柏拉图为对付智术师搅扰法律浑水而提出的法案（《法义》938a-c）：这个法案其实体现了僭主在规范游牧者生活的过程中所感受到的那种沮丧之情。

② 参Aristotle《论智术式辩驳》（Sophistical Refutations）166a.7～12，177a.9～177b.34。

③ Deleuze，《游牧思想》，前揭，页143。

④ 同上，页148。这一点明明白白，例证有：柏拉图曾试图以哲学的方式教育叙拉古僭主狄俄尼修斯（Dionysius），亚里士多德曾负责对亚历山大大帝（Alexander the Great）施以教育，伊索克拉底也曾向塞浦路斯和马其顿的国王提出建议。

⑤ 同上，页145。

德勒兹对游牧者和僭主之关系的论述，使我们早前讨论的几点显得更为突出。首先德勒兹指出，就地理上和思想上而言，智术师都不具备稳定性。所以，很不容易辨明他们的身份或找到他们的住所（柏拉图的《智术师》详细讨论了这一难题。这个话题后文再论）。在早已接受的观念与习俗的边缘，有些智术师躲躲藏藏，从而规避了以往法律概念中的教条主义，而另一些智术师则对某些普遍接受的制度（如奴隶制）加以质疑。[①] 譬如，安提丰［Antiphon（前480—前403）］、希庇阿斯［Hippias（前460—约前399）］、克里蒂亚［Critias（前460—前403）］、卡里克勒斯［Callicles（前5世纪）］，他们在不触及任何具体法律的前提下，拒绝接受人类法律具有自然性质的观念。他们辩驳说，人的各类法律都具有僭政的性质，因为法律强迫人们去做违背他们本性的事情。[②] 另一方面，像阿尔西达玛［Alcidamas（前4世纪）］一类的智术师却谴责奴隶制，指出奴隶制的建立是依据于人类的习俗，而非事物的自然状态。[③]

其次，德勒兹沿着外在性和内在性这个连续体，对游牧者和僭主的区分，同样强调了行动生活和沉思生活（the active and the contemplative life）这个连续体上的智术师与哲人的分野。须知，智术师是公众人物，赚取营生的方法是培养学生就政治、法律和社会问题发表有说服力的演讲。简而言之，他们关注的焦点是城邦的事务，而非心智的事务。这正好解释了他们为何研究观

[①] 智术师对法律的看法，参 W. K. C. Guthrie，《智术师》（*The Sophists*, Cambridge: Cambridge University Press, 1971），页55~134；George B. Kerferd,《智术师运动》，前揭，页111~130。智术师对奴隶制的见解，参Guthrie，《智术师》，前揭，页155~160；Kerferd,《智术师运动》，前揭，页156~160；Augoustos Bayonas, "Ἡ Ἀρχαία Σοφιστική καὶ ὁ Θεσμὸς τῆς Δουλείας", Athena 68 (1965)：页115~168。

[②] 参86C.1, 87.2.90.残篇A, 88B.25；《高尔吉亚》（*Gorgias*）483a~86d。

[③] Guthrie，《智术师》，前揭，页155~160。

众的好恶,以观众为对象设计讲辞。① 反之,哲人是极端反躬自省的人,专注于观念的完善而非广大听众的取向。请看苏格拉底在《泰阿泰德》(*Theaetetus*)中是如何描述哲人的:

> 首先,(哲学的)领袖们,自幼就不知道去市场的路怎么走,也不知道去法庭、议院以及其他公众聚集的场所的路怎么走。至于法律和政令,他们从来没有听见过相关辩论;法律和政令发布的时候,他们也从来没有看见过。下班以后政治团体的斗争、聚会、宴饮、与歌舞女郎寻欢作乐,这些事情,他们连做梦也不会梦到。城邦中某个人的出身是高贵还是低贱,某个人的邪恶是遗传自男性祖先还是女性祖先,他们对这类事情并不关注,就像他们不知道海水有多少品脱一样。哲人本人并不知道他对所有这些事情一无所知。他远离这些纷扰,并非是为了获得心灵纯洁的好名声;他的身体处于城邦之中,居住在城邦之内,但他的思想鄙视那些事情,把它们看作琐碎而毫无价值;他的思想自由驰骋,如品达所说,"下达黄泉"测量大地,"上抵苍穹"观测星象,研究作为整体的每件事物的普遍性质。他的思想绝不会屈尊去考虑身边的俗务。(173c—74a)

这便是苏格拉底对那些居于闹市却过着高度内在化(hyperinteriorization)生活的人的描述。智术对苏格拉底的描述作出的回应,被卡里克勒斯表达得十分精彩。这个回应突显了基于修辞的生活与基于哲学的生活之间的重要区别:

---

① 这一点是柏拉图在《高尔吉亚》(481d—82a)里讲到的:柏拉图让苏格拉底批判卡里克勒斯,因为他迎合反复无常的雅典观众,而迎合势必造成一种前后矛盾的修辞。

> 如果一个人天赋非凡，且终身追求哲学，那么他对做一名绅士或一名有声望的人物所需的修养，一定毫不熟悉。哪些城邦有哪些法律，在公共场合和在私下里与人交往该用什么样的语言，人生享乐和风月之事，他们都一无所知。一句话，他们毫无人生经验。所以，只要参加公共活动或从事私人事务，他们就显得滑稽可笑。（《高尔吉亚》484c-d）

不仅如此，卡里克勒斯进一步指出，他认为哲人苏格拉底一钱不值："苏格拉底，你忽略了你最应该关心的事……在正义的议事会上，你讲不出一句有用的话，也不能抓住看似有理并令人信服的话，更不能代表别人提出高明的建议。"（《高尔吉亚》，485e-86a）

智术师消解哲人权威的话，不管多么肤浅，多么俗气、前后不一、自相矛盾，还是非常具有挑衅性的，它引起了前4世纪中思想僭主们的注意。在后面的章节我们会看到，柏拉图、亚里士多德，甚至伊索克拉底，都担负起了责任，去澄清被智术师搞得模糊不清的概念。这样一来，他们就为自己揽下了两项任务：驱散智术师修辞对希腊文化的影响；重新阐明遵守城邦法律及信守既定成规所带来的社会稳定的重要性。[①] 前4世纪的知识人是否取得了成功，这是一个开放式问题。我们比较确定的是，智术师还是没有融入任何僭主性的思想体系之中。

如上所示，由于智术师过的是游牧式生活，某时某地现有的文化资源，他们只能凑合着利用。凑合成了一种日常生活实践，也成了德塞托（de Certeau）最近的讨论话题。在他笔下，有一

---

① 譬如，柏拉图的《法义》（*Laws*）和《王制》（*Republic*），亚里士多德的《政治学》和《论智术式辩驳》，伊索克拉底的《论交换》（*Antidosis*）和《反智术师》（*Against the Sophists*），所有这些作品都旨在批驳智术师的主张和行为，都试图重新规划出他们那个时代的社会、政治与智识的地形图。

个修理匠似的人物，聪明，灵巧，出于兴趣，也为了各种目的，他/她可以把找得到的零零碎碎的材料（尤其是语言材料）拼合成新的摸样，用于新的用途。一个大语言体系会产生若干散漫的句子，这些句子构成轨迹，修理匠的语言行为依赖的就是无数轨迹的组合。这些句子服从的是自己的逻辑，而非它们属于其中并产生于其中的那个体系的逻辑。德塞托并未提供轨迹的例证，但他解释道，轨道"能追踪另类的兴趣和愿望。这些兴趣和愿望并非是由它们产生其中的体系所决定的，也非该体系所能捕捉的"。此外，他还指出，尽管大语言体系能够觉察自身内部的轨道元素，却抓不住它的形式。换言之，语言系统"决定被使用的元素，但是决定不了由拼合（工匠似的创造）产生的句式，也决定不了组合这些元素的那种随意性"。①

前文已经提到几种智术师轨道：法律具有僭政性质，奴隶制是人为的体制，非存在和存在处于同等地位，每个问题都有两个或多个对立面，合作是竞争的另一面。我们还可以增加若干轨道，如普罗塔戈拉的"人是万物的尺度"的名言和宗教上的不可知论，②高尔吉亚区分经验现实和符号现实的极端做法，③克里蒂亚的宗教社会观，④吕可弗朗（Lycophron）对高贵出身的唯名论解释，⑤特拉绪马科斯［Thrasymachus（前459—前400）］的正义观念不过是强者的利益而已，⑥如此等等。但迄今为止，归于智术师名下的最常见的轨道是扭转乾坤，将较弱的论证变成

---

① De Certeau,《日常生活实践》，前揭，页xviii。
② 参80B.1和4。
③ 参82B.3.84和11a.35。
④ 参88B.25。
⑤ 据说吕可弗朗曾经说过："出生高贵的贵族已经变得默默无闻了，曾经的辉煌不过是一件言语之事罢了。"（83.4）
⑥ 参85B.6a。

较强的。① 在严格的思想层面，这个口号听起来新奇，大胆，很刺激。而在实际操作中，其含义想必一清二楚：如果成功了，就可能颠倒现有秩序，打乱现有秩序。从对苏格拉底的指控② 来判断，赋予弱者以权力、削弱一直以来处于较强的群体之权力，单单是发生这种事情的可能性就引起了恐慌，尤其是在那些习惯于操控局势的人群中间，在那些在智识、政治、法律、经济诸多事务上占据上风的人群中间。但另一方面，这又为较弱群体（穷人、普通人、边沿人）点燃了希望之光。说来好笑，较弱–较强的运行轨道，在某些场合，却落入了智术师的聪明学生之手。这些学生在交学费问题上，和老师也玩起了这个游戏（《高尔吉亚》519c–d）。

德塞托的修理匠，就像他周围的人一样，生活于言语和其他语言行为的广阔天地之中。③ 周围的很多人运用语言讲究战略，修理匠却讲究战术。德塞托解释了这两种方法的区别，战略好比权力–关系之算计（calculus of power-relations），这种算计要求"意志和权力的主体（业主、企业、城市、科研机构）可以从'环境'中脱离出来"；"战略默认存在着一个可以圈定为专属（propre）的场所。该场所成为与不同于自己的外物（竞争者、对手、'主顾'、'靶子'、研究'对象'）建立关系的基

---

① 参Alexander Sesonske,《让较弱论辩击败较强论辩》（*To Make the Weaker Argument Defeat the Stronger*, 载于Journal of the Philosophy of History 6, no.3, July 1968), 页217～232。

② "苏格拉底是一名罪犯，一个好管闲事的人，他研究地下与天上的事物，使较弱论辩变成较强，并教授其他人这些东西"（《申辩》19b；强调为笔者所加)。

③ 基于对修理匠的话语行为的讨论，德塞托解释说，"说话是在一个语言体系的领域中进行的，它造成了说话人对语言的挪用或再挪用，确立了一个相对于某个时间和地点的当下；在一个地点和关系的网络中，它假定和他者（对话者）订立了一份合同。为了使起着主导作用的文化体系适应于自己的兴趣和原则，语言使用者对这个体系以及在该系统之内进行无数的、细微的修修弄弄的改变（《日常生活实践》，前揭，页xiii～xiv)。

础"。① 德塞托观察到，战术与战略恰恰相反，战术

> 不能依赖于专属场所（一个空间位置或机构）的算计。……战术分散为许多碎片，潜入他者的空间，非在其完整性中将此空间占领，也无法与此空间保持距离。所以，战术没有一个基地可用来发挥优势、准备扩张、和周围环境保持独立。**专属场所是空间对时间的胜利（强调为笔者所加）**。战术没有自己的空间，只能依赖时间——总是在等待机遇，去抓住机遇的"翅膀"。无论得到什么战利品，都不会保留。它必须不断地操控事件，使其转换为机遇。弱者为了自己的利益，必须不断借助与其对立的异己力量。要做到这一点，就要选择有利时机，将异质元素整合起来。②

一言以蔽之，这"两种行动方式（战略和战术）的区别在于是把赌注押在地点上还是时间上"。再具体而言，"战略寄望于某一地的现存体制对时间侵蚀之抵抗；战术寄望于巧妙利用时间，巧妙利用机遇，巧妙利用它引入权力基础之中的那种游戏"。③

智术师与战术家，哲人与战略家，这两种关系是明确无误的。关于前者，德塞托说道：

> 在浩如烟海的专门致力于说话艺术的修辞作品中，从战术的角度而言，智术师占有一席特权之地。他们的原则是使更弱的立场变得更强。他们声称，通过利用特殊形势所提供的机会，他们拥有让有力者败下阵来的能量。④

---

① De Certeau，《日常生活实践》，前揭，页xix。对战略概念的进一步讨论，参35~36页。
② 同上，页xix。对战术概念的进一步讨论，参页36~37。
③ 同上，页38~39。
④ 同上，页xx。

智术师四方周游，不可能在一个地方长久活动；异邦人的身份不允许他们充分参与当地的政治活动，颠倒强弱论辩的做法不允许他们获得有权力的地位，所以，只能依赖于所到城邦的现有资源，在许可的条件下活动，遇到什么环境就在什么环境中求生存。对他们而言，地点代表的不是安居之地，而是旅途上的某一点，来到了这个地方，就还要往前走。换言之，智术师不是乔迁到而是路过某些地方。如前所述，他们通常是，从别的地方赶到这里，参与知识竞赛，展示修辞才华，然后继续旅程，到别的地方，再重复一遍。果真如此的话，他们绝对不会被看作轮廓清晰的意念领域的常住人口，而是思想商品的不安分的输出者和输入者。当地人消费了这些外来商品，那个原本习惯于思想土特产的社会就被动摇了。

　　根据德塞托的语汇，智术师不是战略家而是战术家，依赖"巧妙利用时间"将就凑合。这种依赖关系对他们实践和执教的修辞当然起着决定作用。前面已经讲到，四方游历的生活方式赋予他们的修辞以笼统的性质［运用话题（topoi）的模板性讲辞］；为人代笔的做法又导致了一种特殊场合修辞（针对具体问题和具体场合的政治演说或法庭演说）。但是他们的修辞还有另外一个方面：这是一时兴之所至的结果（αὐτοσχεδιάζειν），是一种没有经过排练的修辞，强调的就是演讲的自发性。① 然而，在这三种情况中，他们的修辞不过是把现有的材料拼合成新的形式，有时是组合异质的元素，有时是把同质的元素分割开来。组合异质的元素，例如：把权力和正义相结合［《特拉绪马科斯》（Thrasymachus）85B.6a］，把社会管制与宗教相结合［《克里

---

① 在这一方面，古希腊哲学著述编纂传统（doxographic tradition）有记载，普罗塔戈拉详细论述抓住适当时机（καιροῦ δύναμιν ἐξέθετο）的重要性（80A.1.52）；高尔吉亚即兴发挥起来轻而易举（ῥᾶστα ἀτεσχεδίαζεν），根据时机（τῷ καιρῷ），就任何话题他都可以演说一通（82A.1a）。

蒂亚》（*Critias*）88B.25]。分割同质的元素，例如，把逻各斯从物质（substances）和现存事物（ὑποκείμενα καὶ ὄντα）中分离出来（《高尔吉亚》82B.3.84），区分辩论（ἀμφισβητεῖν）与争论（ἐρίζειν），区分满足（εὐφρένεσθαι）和享乐（ἥδεσθαι）（普罗狄科斯,84A.13）。

前4世纪的哲人不同于智术师，他们算得上是掌控了阵地（伊索克拉底的修辞学校、柏拉图的学园、亚里士多德的吕克昂学园）的战略家。用德塞托的话来说，他们三人都是认知的业主，思想的企业家，研究项目的导师。哲人从圈定的机构的场所中发出话语，把智术师变成了对手、竞争者和研究对象。通过批判、挪用和矫正，他们试图让智术师的修辞合符体统。在他们的话语中，也通过他们的话语，哲人把智术师归属于某些位置，实际上是把他们重新置于名声不太好的思想领域。从此以后，多少个世纪以来，他们注定只能待在这些领域中。何以发生这种情形，待到考察了柏拉图、伊索克拉底和亚里士多德对智术师修辞的接受以后就一清二楚了。但此刻只能说，虽然哲人们已经远去，他们的阵地依在，而且至少就在不久前，他们依然是战胜方，智术师是战败方；而且，他们的学说赢得了独立性，不受风云变幻的历史时局和曲里拐弯的时间长河的影响。一句话，尽管逝者如斯，时局变换，哲人学说之魅力直到今天依然不减。

论述至此，有两点已经很清楚：其一，智术师的修辞在某种程度上成就于他们所处的困境，而他们的困境主要来自于那个时代希腊文化的社会-政治需求和社会-政治环境。其二，希腊文化环境非常宽松，智术师一旦出现，就受到款待和得到包容。在智术师这一方，他们善于利用机遇，并通过整合传统资源和新创资源而创造出更多的机遇。事实上，在进一步开放希腊文化之门、挑战既有观念方面，智术师具有工具性作用。本章余下的篇幅将重点论述两大文化行为——辩论赛和戏剧演出，以便说明两大文化行为如何造就智术师修辞，以及智术师修辞如何成就两大文化行为。

竞赛与智术师修辞

　　智术师修辞出现于一种竞赛文化之中。组织了历届奥林匹克运动会以后，竞赛这种文化活动形式已经制度化、常规化且深入人心。这种文化形式塑造了智术师修辞的形象，使公开演讲成为一种竞赛。另一方面，智术师修辞把竞赛推出了竞技场，推入了法庭和公民大会等运用修辞的场所。于是，它让人们意识到，言辞的功能不仅仅是向世界通报消息（前智术师时代的诗即是如此），它们也质疑世界，挑战世界，保卫世界，维护世界。换言之，已经说出的话，已经通行的事物，言辞赋予人们与之竞争、与之抗衡的能力。

　　在论述早期希腊人生活中盛行的竞赛现象时，尼采断言：在竞赛观念的背后隐藏着这样一种欲望，即寻找第二天才以防备天才。在希腊，任何一条通往事业顶峰的路上，到处都是竞赛、斗争、战争。然而，到达地点并不表示消灭了所有对抗势力，也不表示取得的成就被永远公认。一旦到达顶峰，天才就可能遭遇第二天才的挑战。教育也好，竞技、艺术也罢，驱使个人和集体的动力都来自于竞争：

　　　　对古人来说，竞技教育的目的是为了全体人民的福祉，是为了公民社会的福祉。每个雅典人都在竞赛中培养自我（Ego），以至于自我最大程度地服务于雅典，尽量减少对它的伤害。……年轻人在与别人赛跑、比赛投掷或歌咏时，他想的是家乡的福祉；他想要家乡的荣耀随他而增长；他把裁判戴在他头上的、象征荣誉的桂冠献给了家乡的神祇。……但是正如接受教育的青年们在相互争斗中成长，他们的教育者也在相互竞争。伟大的音乐大师品达和西蒙尼德，彼此狐疑猜忌，谁也不肯让步；智术师在对抗中遭遇同行，甚至那类借助于戏剧的最普遍的教导，也是伟大的音乐和戏剧艺术家以激烈角逐的形式传授给民众的。①

不久前，理查德·加纳（Richard Garner）以更直白的语言肯定了尼采的观点。加纳指出，竞赛"深植于希腊文化中，并且蔓延到了人类活动的所有领域"，战争是竞赛，狩猎是竞赛，公民大会辩论也免不了竞赛，造句时词语的选择还是竞赛。②加纳还说，"希腊文化和社会结构中到处都是竞赛形象和战斗形象。大体而言，希腊人的言谈中大量使用诗性的辞格（figures of speech，字面意义为言语的形象），就好比希腊人拥有无数的竞技运动和军事斗争形象一般"。③

如果我们承认竞赛是智术师时代希腊世界的一种文化事实，如果我们假设修辞与修辞被言说其中的文化之间存在相互影响的关系，那么，在一个竞争激烈的环境中，符号性竞赛（symbolic contests）必定会出现。假如我们把智术师看作诗歌传统的继承者，看作品达（Pindar）等诗人的语言的传承者，那么，智术师显然就是将竞赛伦理的某些方面移植到了他们自己的修辞之中。

---

① 参Friedrich Nietzsche，《荷马的竞赛》（*Homer's Contest*），收录于*Early Greek Philosophy and Other Essays*，trans. Maximillian A. Mugge（New York：Gordon Press，1974），页58~59。

② Garner，《古典雅典的社会与法律》，前揭，页60。

③ 同上，页58。H. C. Baldry就这一问题也有论述："希腊生活的许多方面都受到竞赛思想的深刻影响——竞赛不为利，只为声望、美名、荣誉。《伊利亚特》中英雄们的竞争成了效法的榜样，反映于后来的战争与和平活动中：奥运会上有竞技比赛，荷马朗诵会上有朗诵者之间的竞赛，剧场里剧作家之间在竞赛，演员也在竞赛。"H. C. Baldry，《希腊悲剧剧场》（*The Greek Tragic Theatre*，New York：W. W. Norton & Co.，1971），页19。

品达的胜利颂歌曾把竞技运动员抬升到了人类的最高地位：

> 聪明的诗人们让他快乐，他是他们歌唱的英雄。双手为他赢得胜利，双脚的本领为他带来荣光；勇气为他赢来最高奖赏，力量为他带来无比荣耀。他老了，却又见青春年少的儿子喜获两项皮提亚桂冠。黄铜色的天穹他不可攀；平凡我辈也能取得光辉成就，而他到达的却是人生旅程的至高顶点。①

然而，智术师至少在两个方面远远超越了他们继承的诗歌遗产。他们与前辈诗人不同，并不满足于站在竞技的或斗狠的竞赛场边为得胜者唱赞歌，歌颂他们的英雄事迹，歌颂他们的伟大理想。②恰恰相反，他们就像那个时代的运动员、音乐家、吟游诗人和戏剧诗人一样，亲自参与竞赛。③其次，他们把公开演讲行为看作竞技的延伸，把竞赛伦理带入了一片新天地。这种说法有据可依，譬如，据说高尔吉亚曾经作过这样的论断，修辞竞赛"要求在两方面表现卓越——勇猛和技巧。勇猛用于面对危险，技巧用于给对手设置障碍。演讲，好比奥林匹克运动会的号令，召唤愿意者参加，但授予有能力者以桂冠"（82B.8）。1876年在奥林匹亚山上发现的讽刺小诗表明，高尔吉亚把修辞当作一道竞赛性命题：

---

① 转引自Rachel Sargent Robinson，《希腊体育运动历史溯源》（*Sources for the History of Greek Athletics*，Chicago：Ares Publishers，1955），页96。

② 参Werner Jaeger，《教化：希腊文化之理想》（*Paideia*：*The Ideals of Greek Culture*，vol. 1，trans. Gilbert Highet. New York：Oxford University Press，1970），页303~310；Henri I. Marrou，《古代教育史》（*A History of Education in Antiquity*，trans. George Lamb. New York：Sheed and Ward，1956），页10~47。

③ 譬如柏拉图分别在《小希庇阿斯》（*Hippias Minor*，363c-64a）和《普罗塔戈拉》（*Protagoras*，335a）中把希庇阿斯和普罗塔戈拉刻画成了参赛者。

前人从未发现过如此精妙的技艺，*
高尔吉亚却用之武装灵魂，只为卓越的竞赛。（82A.8）

就像高尔吉亚一样，普罗塔戈拉似乎也将言辞的论辩与摔跤相提并论，对两者都有著述（《智术师》232d-e）。难怪他的思维方式是复式的——与他人辩论时运用双重论证（dissoi logoi），而非单式的——仅利用一种毫无争议的论证。如前所述，智术师修辞和竞赛之间的关联在《普罗塔戈拉》中有所暗示：普罗塔戈拉说在他之前的智术都穿着形形色色的伪装，竞技为其中之一（316d-e）。还是在该对话中，普罗塔戈拉披露他一生中参加过许多论辩赛（πολλοῖς ἤδη εἰς ἀγῶνα λόγων ἀφικόμην），把自己说成修辞竞技场上一名老练的赛手（335a）。于是，苏格拉底把普罗塔戈拉比作一名拳击斗士：在聆听他对诗歌发表的一番议论后，苏格拉底说道："我好像遭到一名优秀拳击手的一记重拳，在他话语的打击下一阵阵头晕目眩。（339e）"后来，话题涉及西蒙尼得斯试图推翻庇塔科斯提出的做一个高尚的人很难的格言（343c），这时，苏格拉底又运用了同样的竞技比赛语言。苏格拉底的比喻也符合保存下来的普罗塔戈拉的一个著作标题——"论真理或辩驳"（*On Truth or Reputations*）〔表示辩驳的那个希腊词语（καταβάλλοντες）的本义就是"击倒对手的论辩"〕。智术师喜好言辞赛场上的竞赛在《欧绪德谟》（*Euthydemus*）中也得到了进一步证明，柏拉图讲述欧绪德谟和迪奥尼索多洛（Dionysodorus）喜欢辩论赛，他们用语言做武器（272a），总想击败辩论场上的其他人，为了取胜不惜代价。在同一篇对话中，柏拉图也把一位演说家说成法庭赛场上技艺卓绝的人（τῶν ἀγωνίσασθαι δεινῶν ἐν τοῖς δικαστηρίοις）。在《小希庇阿

---

* "精妙的技艺"在此指的是修辞。

斯》(*Hippias Minor*)中,他把希庇阿斯说成是奥林匹亚运动会知识赛场上的一名赛手(363c-64a)。

把所有的证据串联起来,可以看出,智术师修辞的某些形式和竞技比赛之间存在相通之处。也就是说,竞技项目的语言为修辞话语和论述修辞的话语提供了一套丰富多彩的语汇。这些证据还表明,智术师被认为把修辞变成了一种竞技事业,从而维护了他们迈入的这个竞赛传统,同时也把语言外的比赛项目所强调的竞技性转移到了语言本身。他们的理由似乎是:既然运动员可以将对手抛在身后,可以坚持更久,可以表现得更出色,那么,你的演讲也可能智胜一筹,计高一招,让对手耳不暇接。①最后,这些证据还表示,智术师扩大了竞赛场地,从竞技场和在竞技场中进行竞技比赛,扩大到法庭和在法庭之上进行律法战争,也扩大到公民大会和在公民大会上进行政治斗争。他们做到这一点,是因为整合了两种异质的元素——竞技和演讲。事实上,他们创造了一种混合文体,该文体后来被亚里士多德称为法庭修辞(forensic rhetoric)。

假如有这么一个地方,修辞竞赛这出戏演得最为精彩,这个地方就是法庭。竞技场上,观众观看训练有素的健将为了橄榄枝和荣誉而拼搏;法庭上,观众聆听精心设计的辩论为了获得大笔赔款或为了非生即死的判决而竞赛。两种角斗场上,胜利都是共同的目标。亚里士多德在《修辞学》一书(1.11.14-15)中分析

---

① Lysias在《葬礼演说》(Funeral Oration, 2)中说道:"虽然我的演说谈论的是这些阵亡将士,但我并不会就他们的功勋成就而辩论($ἀγών$),我要与那些先于我歌颂他们的演讲者来一番较量。" Loreaux分析过epitaphios(葬礼演说)这种文类,认为那些被选中来歌颂死者的演说家相互比赛:"每一位葬礼演说者都在与其他演说者竞赛。在官方举办的葬礼中,在体操、赛马和音乐比赛之后,是一场漫长的演说比赛,你方讲罢他登场。在那场没玩没了的比赛中,不会宣布谁是赢家,但任何一位演讲者都不会忘记与之前的演讲者做一番权衡比较。" Nicole Loreaux,《雅典的发明:古典城邦的葬礼演说》(*The Invention of Athens: The Funeral Oration in the Classical City*, trans. Alan Sheridan. Cambridge, Mass: Harvard University Press, 1986),页241。

胜利带来的喜悦时，将法庭之战和竞技比赛相提并论：

"胜利，"他说道，"令人喜悦，不仅为热爱征服者带来喜悦，也为所有人带来喜悦；因为其中包含一种所有人都向往的超凡卓绝的思想，虽然向往的急切之心可能有多有少。因为胜利令人喜悦，所以格斗运动和智识竞赛也就令人喜悦。哪里有竞赛，哪里就有胜利。法庭斗争和辩论赛为对之习以为常并从容参赛的人带去喜悦，原因盖出于此。"

亚里士多德这段论述中，有一点非常有趣：它把体育竞赛与辩论赛置于同一范畴之内——游戏或娱乐。该分类法表明，在亚里士多德时代，智识竞赛被认为是一种可接受的消遣形式。但是，亚里士多德也解释说，胜利之所以令人喜悦，是因为胜利者既能获得荣誉，也能获得好名声——两种最令人喜悦的事情，尤其是授予他们荣誉的人是邻里乡亲、同胞公民、同龄之人或普通大众。如果我们接受亚里士多德的说法，那就不难看出，追求胜利、追逐荣誉和好名声的动机在当时的希腊文化中非常强烈，强烈到掩盖了法庭上寻求正义的愿望。加纳曾表示，雅典的竞技取向所向披靡，甚至于"民主法庭上的语言有时将竞赛的理想置于正义之上"。[①]

和亚里士多德一样，柏拉图也承认法律领域的修辞具有竞赛特点。如前所示，柏拉图说的演说家就是一个在法庭上成绩显赫的选手（《欧绪德谟》305b）。另一个与之一脉相承的比喻是，柏拉图把法庭审判（ἀγῶνες）比作有时间限制的竞技项目，比赛（δρόμος）的目的是赢得被告的生命（《泰阿泰德》172e）。柏拉图在所有的作品中都用"agon（竞赛）"指称审判（《申辩》

---

① Garner,《古典雅典的社会与法律》，前揭，页3。

34c；《克力同》54e；《泰阿泰德》172e）或诉讼案（《王制》362b；《申辩》24c）。他也用这个词语指称一般意义的竞赛或比赛（《斐多》90b）。他还把"agon（竞赛）"与其他术语连着用（如 μάξη, ἅμιλλα），表示比赛、搏斗、斗争或竞赛，有时具有象征意义，有时没有象征意义。

柏拉图对修辞与竞赛之关联的理解，远远超出了这种关联在法庭上的表现。演说家（ῥήτωρ）和竞赛选手（ἀγωνιστής）对他而言基本上是同义词。于是，他让苏格拉底告诉斐德若，要成为一名完美的演说家，也就是成绩显赫的选手（ἀγωνιστὴν τέλεον γενέσθαι），就要有天资、知识和广泛实践（《斐德若》269d）。《高尔吉亚》中（456b），柏拉图让高尔吉亚预言，如果一名演说家和一名医生进行修辞竞赛（λόγῳ διαγωνίζεσθαι），取胜的肯定是演说家。高尔吉亚后来承认，修辞和竞技比赛（如拳击、摔跤、格斗）都必须公正地加以运用（δικαίως καὶ τῇ ῥητορικῇ χρῆσθαι, ὥσπερ καὶ τῇ ἀγωνίᾳ）（《高尔吉亚》457b）。

柏拉图对智术师及其话语运用的论述，其中不少都表明智术师修辞与竞技比赛之间存在密切联系。譬如，《智术师》中（231d-e），他把典型的智术师说成言辞的运动员（περὶ λόγους ἦν τις ἀθλητής）。《泰阿泰德》中（164c-d），苏格拉底对他自己和塞奥多洛（Theodorus）的一部分谈话不满意，理由是激烈有余，合作或反思不足："我们的表现似乎就像职业辩论手。尽管我们声称自己不是为了获奖才参赛的竞技选手，而是爱智者（οὐ φάσκοντες ἀγωνισταὶ ἀλλὰ φιλόσοφοι），但我们的行为不知不觉地就像那些天才的辩论家。"后来，在同一个对话中，柏拉图让苏格拉底区分竞赛性的（ἀγωνιζόμενος）智术师和辩证性的（διαλεγόμενος）哲人：

仅仅是表明观点，还是进行真正的辩论，在讨论中若不对这两者加以区别，是不公正的。第一种情况中，他可以取笑对手，尽量找对手的碴，但在真正的辩论中，他必须严肃认真，必须让对话方站稳脚跟，向他指出他本人及以往的交往造成的疏忽。（167d-ff）

最后，柏拉图还作了一种很奇特的区分，那就是热爱竞赛的人和遵守法律的人。色诺芬尼曾经慨叹："即便在民众中有一位优秀的拳击手，一位五项全能冠军，摔跤冠军，奔跑冠军（所有体育比赛中最需要体力、也获得最高荣誉的项目），国人也并不会因此更遵守法律。"[①]柏拉图也深有同感，写道："在奥林匹克赛会上或者在战场上、在和平的竞赛（ἀγώνων）上获得胜利固然是好事，但他获得好声誉更应该是因为他服务于家乡的法律，成为那个超越其他所有人、终身出色地服务于家乡的法律的人。这样的人才是最优秀的人。"（《法义》729d）尽管柏拉图批评、谴责智术师的修辞竞技主义（rhetorical athleticism），他自己身上也并非完全没有智术师的成分——他让苏格拉底与智术师进行辩证之战，他自己追求的也是胜利，也是让苏格拉底的辩论占上风。

本节指出，对智术师而言，做一名演说家就意味着接受和发出符号挑战，还意味着质疑修辞的陈规，进入一种言辞之战。在这场战争中，没有哪一种观点不受到反驳，没有哪一个论点能维持长久而不受到攻击。做一名演说家还意味着承认这样一个事实：一个论点占上风，并非缘于其历史地位或逻辑有效性，而是缘于经历且经受住了反对派批评的考验。这样一来，智术师教人使更弱的论证变得更强，就绝非沸沸扬扬的传闻，而是事实。智术师不仅教授学生语言技巧以赢得论辩，他们自己也参与公开辩

[①] Robinson,《希腊体育运动历史溯源》，前揭，页91。

论赛：他们战胜其他辩手，赶走对手，制伏敌手，从而取得胜利。柏拉图后来坚持认为，智术师那样做完全就是道德堕落、误入歧途、智识水平低下的表现。但事实并非如此。他们那样做只是表明，他们接受了该文化普遍认同的竞技习俗，并改变了它的表现形式。我们已经看到，柏拉图也用竞技比赛的术语讨论修辞。亚里士多德也不例外：只要翻开他的《修辞学》，就在开头几行，划分修辞和辩证法界限的正是公民竞赛、辩护和指控一类术语。

表演与智术师修辞

诞生智术师修辞的文化不仅仅是竞赛的文化，也是表演（spectacles）的文化。智术师会聚于雅典时，成就最高的表演形式就是演出于露天剧场的戏剧。竞赛这种地位已经确立的文化形式，塑造了智术师修辞的形象，使公开演讲成了一种表演。现在，智术师又把表演带出了露天圆形剧场，带到了法律和政治演讲的场所。智术师修辞有助于人们形成这样一种意识：言辞不仅仅以诗歌的方式感召世界，言辞还创造世界，表现世界，对某些特征肆意夸大，对另一些特征却轻描淡写。换言之，言辞不仅仅是描摹的工具或意义的工具，而且是在自己搭建的舞台上的演出行动。

无论是以竞技比赛的形式，还是剧场演出、国立节日、公开辩论——希腊文化赞美自己的方式可以说是花样百出，[①] 表演是

[①] 有关雅典是一个各种节日和其他壮观场面的城邦，参伊索克拉底的《泛希腊集会演说辞》（*Panegyricus*），43~46。

Baldry聚焦于雅典生活中戏剧盛行的现象，他评论道：戏剧"不是少数人最喜欢的休闲娱乐，而是全社会的、世俗的和宗教的盛大活动。该活动场面壮观，仪式隆重，得到国家财政和数以百计的捐助者的支持。观众有成千上万人，是一年之中最重要的活动，战争和战败的压力都不可阻挡"。H. C. Baldry，《希腊悲剧剧场》，页35。

该文化日常生活的一大组成部分。这等于是说，尼采的观察还有另一面。尼采曾观察到，即便是戏剧表演也是表演家激烈竞争以后方才搬到剧场的。它的另一面是：竞技比赛中的激烈争夺呈现出公开表演的形式。如此一来，也就难怪智术师修辞接受了该文化中的表演美学。前5世纪的希腊人算得上一个户外生活的民族，他们创造的话语（修辞的，诗歌的，哲学的）都是为了户外生活；他们就是"在外面"讲出这些东西，①让世人见其人、闻其声。

由于外面是一个外观（appearance）的世界，智术师关心的自然就是公共修辞的形式和表演性（performance）。作为内容的话语这一概念，主要是在后智术师时代，由于无声的书写革命的爆发，才出现的。②威廉·阿彻巴特勒（William Archer Butler）曾就希腊人偏爱形式和外表（semblance）这种现象展开过论述：

在宗教方面，希腊人喜欢神庙和宗教游行胜过喜欢神祇；在诗歌方面，希腊人的快乐、忧伤和冥思，可以说都是风景一般美好，是眼睛可以凝视的；在理想的雕塑美方

---

① Baldry（《希腊悲剧剧场》页16～17）说道："（在伯利克里时代的雅典，人们生活中）最主要的事情是说出的话，是把嗓音当作交流、说服或娱乐的手段。在这方面，雅典人相对于那种不善言谈的动物——现代人——更具优势。精彩地运用言辞，通常是在户外，是他们特色鲜明但有些古怪的政治生活中突出的特征，也是我们误导性地称之为'文学'的那种东西的突出特征。希腊人创造的文学类型中的大部分都起源于需要演讲或歌唱的各色各样的场合。譬如，史诗起源于为宴饮的贵族或节日的人群而进行的吟诵；演说起源于公民大会或法庭上的政治辩论；哲学对话起源于市场上或摔跤学校中的谈话；戏剧起源于在露天剧场举办的狄俄尼索斯酒神节的庆祝活动。"就这个问题，我们还可以参照Randall的评说："前5世纪的雅典人，生活在城邦中、市场里、体育馆或健身场内、剧场里和公共食堂内。""仿佛雅典人从不回家。他们生活在露天……一直都在说个不停。"参John Herman Randall, Jr.,《柏拉图：理性生活的戏剧家》（Plato: Dramatist of the Life of Reason, New York: Columbia University Press, 1972），页81～82。

② Havelock,《柏拉图绪论》，前揭，页41。

面，希腊人偏爱轮廓线条的精确胜过表现的深度；在历史方面……他喜好完美的风格胜过完美的真实；在国家政策方面，财富和权力本身不受重视，"荣耀"——财富和权力的幻影，一种飘忽的魅影，反而受到青睐。①

接着，巴特勒具体论述修辞："雅典听众喜欢（没有真实的外表，胜过喜欢没有理性外表的真实，不仅如此，他们甚至喜欢）缺乏事实真实性的外表，胜过具有事实真实性的外面。这种光鲜的假象，逻辑检测奈何不了它，是形式和色彩对价值和可靠性的胜利，是完美无缺的模仿。"②

戏剧这种文化现象为娱乐消遣提供了许多机会，在这里，人们用耳朵听、用眼睛看虚假的舞台世界，台上上演着一幕幕人类生存状况中的各种冲突。有关希腊文化中戏剧的重要性，格罗特曾有过这样的论述："支持的人群享受着快乐，而且通过眼睛和耳朵享受快乐，这个事实在希腊民族思想史上，其重要性不可低估。这有助于提升他们的想象力，就像同一时期在雅典卫城修建富丽堂皇的楼宇和装饰性建筑，为卫城锦上添花一样。"③ 尼采也声称戏剧表演和修辞表演之间有相通之处，他说"雅典人去剧场就是为了聆听美妙的讲辞"。④ 尼采进而对这种表象文化进行思索，感叹道："哦，那些希腊人！他们懂得如何生活。懂生活要求不高，只要勇敢地停留于表面，停留于褶皱处，停留于表

---

① William Archer Butler [（译按）1814—1848，爱尔兰哲学史家]，《古代哲学史讲稿》（*Lectures on the History of Ancient Philosophy*，London：MacMillan and Co.，1874），页227。

② 同上，页228。

③ George Grote，《希腊史》（*A History of Greece*，vol.7，London：John Murray，1888），页6。

④ Friedrich Nietzsche，《快乐的科学》（*The Gay Science*，trans. Walter Kaufmann，New York：Random House，1974），页80。

皮，赞美外观，相信各种形式、声调、言辞，相信整个外观上的奥林匹斯。那些希腊人是肤浅的——源自深刻的肤浅。"①

如果巴特勒、格罗特以及尼采的话有他们的道理，智术师一向被描述成言辞华丽的艺术表演者，以出色的风格、绚烂的外表和张扬的人格（80A.23；82A.1.2-3，1a，2，4.2-4；84B.2.34；85A.13；86A.2.7；87B.44a；88A.1）使观众赞叹惊讶，也就不足为奇了。智术师对可能拜在门下的学生的夸张承诺（《智术师》233e；《欧绪德谟》274a）、过多地运用辞格和比喻，同样也不难理解了。毕竟，早期悲剧的目的就是为了纪念代表外观与无节制的神祇狄俄尼索斯（Dionysus）。甚至在收取入场费这件事情上，智术师似乎也在效仿戏剧表演的先例。苏格拉底就曾有过抱怨，说自己太穷，付不起五十德拉克玛，无法去观看普罗狄科的演讲，只能去看看德拉克玛的演讲［《克拉底鲁》（*Cratylus*）384b］；柏拉图也曾把智术师刻画成模仿者、映象的生产者，只在乎外表形象和修辞展示（rhetorical exhibition）（《高尔吉亚》447c）。柏拉图笔下的智术师还是散漫不羁的准艺术家，关心的不外乎是观众高兴不高兴（《高尔吉亚》502a-d），他们的技艺（其实是伎俩）是欺骗的技艺（《智术师》240d），他们真正在做的就是取悦观众（《智术师》235a）。

表演、外观、技艺、欺骗、模仿、幻象、娱乐，这些词语似乎都不是用来描绘修辞演讲而是用于戏剧的，但对柏拉图来说，这些词语两种场合都适用，而且都可以用得恰到好处。正如后来亚里士多德所指出，戏剧演出和修辞演出之间存在相似性是毫无疑问的。首先，两种场合中，表演方式（delivery）都

---

① Friedrich Nietzsche，《尼采反对瓦格纳》（*Nietzsche Contra Wagner*），收录于*The Portable Nietzsche*，trans. Walter Kaufmann. New York：Viking Press，1971，页683。

至关重要:"诗歌讲究表演方式,演说也讲究表演方式,再显明不过。"(《修辞学》3.1.3)其次,至少有一种修辞——典礼修辞(epideictic rhetoric),其目的与戏剧大致相同:ἐπίδειξις(表演,展示)。亚里士多德并未排除法庭修辞(forensic rhetoric)、政治修辞(deliberative rhetoric)都有表演的成分,但他明确表示,典礼修辞的观众,即聆听最引人入胜的修辞的人群,与观看戏剧的人群没有多大差别:都是θεωροί(观看者)(《修辞学》1.3.2),修辞的目的就是取悦他们,任凭他们评说(2.18.1)。再者,戏剧演出和修辞演出都要求表演者具有能使其戏剧化的本领(τὸ ὑποκριτικόν)。亚里士多德据此预言:"(修辞之)表演规则一旦设立,其效果将与舞台表演无异",而且还告知读者,特拉绪马科斯是为数不多的几个研究修辞表演规则的人之一(《修辞学》3.1.7)。亚里士多德还说道,表演者不仅在戏剧舞台上而且在公共竞技场上也表现得很出色,"戏剧中演员之重要性大于诗人,此理同于公共生活中各种竞赛"(《修辞学》3.1.4),这分明说的就是戏剧(或修辞)表演的效果。正如亚里士多德所示,像高尔吉亚这样的演说家,倚重朗诵和演技,以便自己的演说给人留下深刻印象。为了赢得诗人的名誉和人气,他们也随意借用诗人的语言。

　　智术师修辞与戏剧表演之间存在相通之处,这一点得到了传统惯例的进一步证实:转向修辞之前,安提丰在写悲剧(87A.5.7);克里蒂亚可能已经写了四部戏剧(88.引言);高尔吉亚对悲剧感兴趣,尤其是埃斯库罗斯的悲剧。[①] 这些传统是否真有其事,我们没有把握,但戏剧在智术师修辞形成过程中产生了重要的影响无可否认。

[①] 参Thomas G. Rosenmeyer,《高尔吉亚、埃斯库罗斯与阿帕忒》Gorgias, Aeschylus and Apate,载于American Journal of Philosophy 76(1955),页225~260。

就戏剧而言，让主角和歌队一起走上舞台的，是一个悬而未决的问题，一个要求主角采取行动的问题。在剧作家的指引下，主角经常发现自己与歌队意见相左，而且挣扎于神灵世界和人类世界的边缘。就修辞来说，让演说家和观众走到一起的，是一个需要做出修辞选择的问题——选择于竞赛性演讲还是对抗性演讲之间。一件戏剧事件（theatrical event）的观众听见主角大声讲出自己的思想，听见他想清楚应该忠诚于谁的问题，听见他慢慢消除心中疑虑。他们还听见歌队对主角的警告和提醒：采取任何行动解决手头问题都会产生严重后果。一件修辞事件（rhetorical event）的听众看见演说家在众目睽睽之下展示他的言辞，听众在头脑中建构语言形象，语言形象进而创建虚拟经历，也就是着眼于眼前这位演说家的话语，把其他人的话语抛诸脑后。尼采指出，希腊人去剧场是为了聆听美妙的讲辞，如果这种说法有道理，那么，他们出席修辞事件就是为了观看精彩绝伦的戏剧表演，这种说法也不无道理。

希腊人参加智术师的修辞表演，究竟看到了什么？在高尔吉亚的修辞中，他们看到海伦受制于比自己强大的神的力量（命运或爱若斯神）和人的力量（暴力或说服）——不同于欧里庇得斯（Euripides）的《海伦》（Helen）和《特洛伊的妇女》（Trojan Women）里面的海伦。在普罗狄科斯的修辞里，他们看到赫拉克勒斯思忖着走哪一条道路（邪恶还是美德）——与索福克勒斯（Sophocles）的《赫拉克勒斯》（Heracles）同一种版本。在安提丰的法庭论辩上，他们看见阴谋、谋杀、复仇、正义的种种矛盾形式（让人想起埃斯库罗斯的戏剧），可谓形形色色；而在他的四联剧（tetralogical compositions）*中，他们看见相互驳斥的话语，就像阿里斯托芬《云》中的正义逻辑和非正义逻辑之间的

---

* 古希腊的四联剧，由三部悲剧和一部讽刺剧组成。

那种论辩交锋。

说得更通俗一些，修辞演出的观众看到演说家戴着逻各斯的面具，面具掩盖了说话者思想的真实特性，这和戏剧面具掩盖了演员的真实身份是一回事。就像戏剧演出，修辞表演通常是娱乐消遣形式。但娱乐消遣并不排除教育引导，于是，修辞表演，尤其是歌功颂德的表演或葬礼演讲（epitaphioi或epitaphioi），通常都成了社会批评的手段，也用来表达对秩序的新的憧憬。[①] 即便如此，任何一次修辞ἐπίδειξις（表演）都包含着一个信息，一个让所有其他信息黯然失色的信息：语言从根本上说具有两歧性（ambiguity），所以不可传达。如此一来，从事修辞就必须将他者（an otherness）融入——即便是不公开地融入——自己的话语之中。在戏剧中，人类世界的他者就是诸神的世界，主角绝望地陷于两者之间。在修辞中，在社会生活与政治生活的压力下，你要表演，就必须维护一种话语的明显优越性，就必须贬低他者的地位。

以上讨论关涉智术师修辞的某些形式与戏剧表演之间的相通之处。智术师把修辞变成了一种观赏性的活动，可以说他们依赖的是（确切地说是模仿）他们遇到的戏剧传统的某些方面。他们把观赏场地从剧场扩展到了法庭、公民大会以及其他一些公共聚会场所，可以说他们把修辞话语戏剧化了，赋予修辞话语一副新的面貌。智术师将两种异质的元素——表演和话语——整合起来，事实上创造出一种新的混杂文体，亚里士多德后来称之为典礼修辞（epideictic rhetoric）。

就像修辞与竞赛之间有相通之处一样，柏拉图也发现智术师修辞与剧场演出之间存在相通的地方。这在《泰阿泰德》里一清二楚，当时苏格拉底把哲人划为一拨，把演说家和诗人划为另一

[①] 至于对公共生活中葬礼演说所起作用的全面讨论，参Nicole Loraux，《雅典的发明：古典城邦的葬礼演说》，注释67。

拨："属于这一类人（哲人）的我们不是论证的仆从，论证应该是我们的仆从。每一条论证都必须等待我们高兴的时候去完成它，因为没有高高在上的法官、也没有居高临下的观众（οὔτε γὰρ δικαστὴς οὔτε θεατής）在责难我们，对我们指手画脚。"（173c）在《王制》中，柏拉图又作了一种区分，这一次是哲人为一拨，表演爱好者、艺术爱好者和爱干实务的人（φιλοθεάμονάς τε καὶ φιλοτέχνους καὶ πρακτικούς）为另一拨："迷恋于声音和情境的人，他们喜欢美妙的声调、色彩、形状以及所有运用这些元素造就的艺术品，但他们的思想不能理解美自身的性质，也不能从美自身的性质中获得愉悦。"（476c）

柏拉图特别关注迷恋声音的人（φιλήκοοι）："你不可能引导他们参与任何严肃的辩论或任何这一类型的娱乐，他们的耳朵仿佛已经租借了出去，但凡这片土地上有歌队表演，他们都每场必到，所以，他们赶往所有的酒神节庆祝活动，从不错过。"（《王制》475d）哲人与这些头脑简单的演出迷完全不同，他们迷恋的是真理的表演（τοὺς τῆς ἀληθείας ... φιλοθεάμονας）（475e）。柏拉图把公共娱乐设想为提高公共品位的一种手段：

> 准确地说，判决者（应该）坐在那里，不是当观众的学生，而是当观众的导师，随时准备反对那些以不适当的、错误的方式为观众提供快乐的表演者。当今意大利和西西里的法律即是如此行事。把决定权交与观众，观众举手表决谁该获奖，这样做不仅腐蚀了诗人，也腐蚀了观众的嗜好，因为观众本来应该聆听比他们优秀的人，从而提高娱乐标准，现在他们所做的事情，产生的效果正好相反。（《法义》659a—c）

不难想象，柏拉图反对表演性修辞，尤其反对它蔓延到剧场外，把法律审判变成了供人观赏的、喧嚣的场景，就好像那不是庭审而是剧场表演（《法义》767e）。在《法义》中（876b）他有这样的论述：法庭变得就像剧场——两种场合都充斥着观众的吵闹声，他们大喊大叫，不是赞美就是指责说话人。这样的喧嚣让柏拉图觉得整个国家面临着一种困难的局势。事实上，柏拉图反对法律程序的戏剧化，或者说反对由诗人和演说家造成的那种"无法无天的风气"（the spirit of lawlessness）。这种风气的造成，是因为朗诵者或演说者让观众相信，观众才是剧场表演或演说表演的出色裁判，结果，一种讲求趣味的剧场政体（theatrocracy of taste）取代了讲求理智的贵族政体（aristocracy of intelligence）（《法义》701a-b）。

事实上，柏拉图表达的沮丧心情，历史学家修昔底德笔下的克里昂（Cleon）*也曾表达过。当时正值米蒂利尼辩论**期间，克里昂向公民大会发表演说。他责骂听众过分热衷于修辞表演，据说他的演说中有以下这段话：

> 你们习惯了做言语的观众、做行为的听众（θεαταὶ μὲν τῶν λόγων γίγνεσθαι, ἀκροαταὶ δὲ τῶν ἔργων）……你们擅长被新奇的提案所欺骗，擅长拒绝遵循公认的建议；你们是每一种新的悖论的奴隶，是熟悉事物的嘲笑者。你们中的每一个人，首当其冲的愿望就是自己当演说家，此若不济，也要与其他悖论经销者来一番较量，装出一副在智慧上不落后于人

---

* 克里昂（？—前422），雅典统帅，继伯利克里之后雅典民主派首领。

** 公元前428，米蒂利尼（Mytilene）联合斯巴达和其他几个城邦反叛雅典。反叛失败后，雅典召开公民大会，通过了屠杀米蒂利尼城邦的全体男人、把妇女儿童全部卖为奴隶的提案。屠杀令发往米蒂利亚的第二天，因感觉其野蛮性，又举行了第二次辩论，克里昂发表演说维护屠杀令，但狄奥多图斯（Diodotus）坚决反对。最后是投票撤销了屠杀令。这就是修昔底德在《伯罗奔尼撒战争志》中提到的"米蒂利尼辩论"。

的样子，演讲者一个漂亮的句子还没有说完，你们就迫不及待地鼓掌。人家要说什么，你们早有心理准备；说的话会有什么际遇，你们早就知晓——你们反应多快啊！可以这么说，你们追寻一个与我们生活的世界完全不一样的世界，但对身边的事情毫不在意。一句话，你们是耳朵享乐的奴隶。与其说你们是坐下来为国家的福祉建言献策的人，还不如说你们更像智术师表演场上的观众。（ἁπλῶς τε ἀκοῆς ἡδονῇ ἡσσώμενοι καὶ σοφιστῶν θεαταῖς ἐοικότες καθημένοις μᾶλλον ἢ περὶ πόλεως βουλευομένοις）（3.38.4-7；强调为笔者所加）

根据修昔底德、柏拉图、亚里士多德的论述，智术师修辞不仅被理解为了一种竞赛，而且还是一种展示。对智术师而言，做演说家意味着以演讲表演的盛宴款待观众，意味着在台上表演言语，意味着让演说看起来漂亮，以便赋予其不可抗拒的力量。同时，要做演说家还要明白：若不考虑观众的趣味，任何一套论点都不可能指望取胜。[1] 要做一名演说家，就还必须认识到，你的演讲受到欢迎，不仅仅是因为你的实力超凡卓绝，也是因为你的审美趣味更高。[2] 所以，对智术师见惯不惊的描述，说他们讲授诗化的散文和表演的技巧，也就并非空穴来风了。事实上，他们不曾声称较弱的论辩就是较强的论辩，他们只是说可以让较弱的论辩显得较强。他们应该践行了自己的承诺，但这并不表示他们采取不正当手段算计了那些说什么信什么的观众，而是表示他们有明确的欺骗动机——那个与演讲的怡情性质紧密相关的动机。

---

[1] Segal在讨论高尔吉亚时曾表示，演说家很容易赢得 πίστις（信任），只要将其建立在τέρψις（审美愉悦）的基础上。参Charles P. Segal,《高尔吉亚与逻各斯的灵魂学》"Gorgias and the Psychology of the Logos"，载于Harvard Studies in Classical Philosophy 66（1962），页99~155。

[2] 古希腊哲学著述编纂传统都将智术师刻画成文体学大家。譬如参阅82A.1.2，84B.2.34，85A.13，86A.2.7，88A.1。

据说高尔吉亚在谈到悲剧时就曾说过这样的话："骗人的人比不骗人的人受到了更加公正的礼遇，受骗的人比不上当的人更为聪明。"普鲁塔克（Plutarch）作了进一步解释："骗人的人受到了更加公正的礼遇，是因为他成功地达到了他的意图；受骗的人更聪明，是因为只有不乏感知能力的人才会受到言语乐趣的影响。"（82B.23）

本章把智术师及其话语置于以环境逻辑、竞赛伦理和展示美学为标志的文化氛围中，试图解释智术师修辞因何具有那般特征，而非解释前4世纪的知识人因何谴责这种修辞（这一点随后的章节将进行讨论）。下一章将具体而微地论述智术师修辞这种行为，将探究机遇、游戏性、可能性这三个概念分别对应于环境、竞赛、展示，是环境、竞赛、展示各自的建构性功能。

第二章

智术师修辞之术语

——机遇、游戏性、可能性

第一章中,智术师处于两大变革——多数人的民主政治取代少数人的贵族政治与中产阶级的崛起——之中心。智术师被认为是变革的主体,也是变革的催生媒介,他们对周遭环境的反应是:手边有什么文化资源就凑合着加以利用。他们运用语言讲究策略,利用时间聪明巧妙,从而得以规避既定秩序中的战略举措。由于他们的所作所为,智术师被描述为机遇的探寻者和利用者,这些机遇也许是他们自己的创造,也许是他人的创造。此外,人们还从竞赛伦理与表演美学的角度讨论智术师修辞。作为一种竞赛性的职业,智术师修辞抨击某些话语形式,捍卫某些话语形式;向学生教授演讲技巧,以便在具体的竞赛场合中,以言语为手段,扮演起抨击者或捍卫者的角色。作为一种讲究美感的工作,智术师修辞为观众展现那些可能世界(迄今为止尚未被表述的世界)的各种语言意象(linguistic images);它还以实际范例向学员教授知识,即用以刻画尚未实现的世界的言辞如何来加以表演。基于以上论述,我们现在可以更仔细地阅读智术师的某些残篇了。

本章探讨阅读智术师的两种常见方法,并且提出第三种方法。第三种方法既关注第一章讨论过的文化动态因素,也关注在这些动态因素影响之下产生的智术师文本。在本章以下篇幅中，笔者认为，智术师修辞围绕的三个中心概念是：机遇（opportunity）、游戏性（playfulness）、可能性（possibility）。笔者将对此做出解释，并且辅之以某个智术师名下的某一修辞篇什。

现存的智术师文本残缺不全，缺乏一致性，对这种修辞的任何讨论实属不易。现代人如何解读这些资料方可受益？残篇有成百上千，或多或少还算完整的修辞创作（演讲辞）只有少数几个，而且，都被冠以许许多多的作者，谁也确定不了谁是真正的作者。面对这种情形，读者该当如何？分别阅读每一个残篇或每一篇完整的演讲词，得到的可能就是千姿百态的孤立理解，不同理解的数量不会亚于残篇和演讲词的数量。这种阅读方式，并不能产生一条可将它们串成一个可理解整体的共同线索。另一方面，把所有残篇和讲词当作一个整体来阅读，可能产生一个合乎情理的格式塔，但格式塔上将明显带有众多空隙、断裂、不协调和矛盾之处。在这种情形下，面对这些具有文本重构迹象的残篇，读者何以跳出这些残篇而又从这些残篇中串出一个完整的故事？反过来说，他们如何提防把那些文本碎片硬生生地套入一个本不适合但编织致密的话语模式中，而又能够不冒得到一个不可解或不连贯修辞的风险？

在如何阅读智术师资料的问题上，哈夫洛克认为："把这些资料拼凑起来，使其条理清楚，这项任务要求语文学的纪律、万分的巧妙，以及一种必然会任凭一些问题悬而未决的全盘判断。"[1] 哈夫洛克说这几项要求可能产生有趣的结果，但条件是：1，评论者必须清楚智术师有"知识人的地位和威望"；2，评论者对待智术师所教授的内容，态度"要么十分严肃，要么一

---

[1] Eric A. Havelock,《希腊政治的自由脾性》（*The Liberal Temper in Greek Politics*, London: Jonathan Cape, 1975），页157。

点儿也不严肃"。① 此外，读者的视觉至关重要，不容忽视——读者的寻求在很多程度上决定了他/她最终的发现。②

在如何阅读智术师资料这同一问题上，贺兰德（R. F. Holland）的论述更加具体。古典语文学家中有这样一种观点："一个残篇就如同一种密码的信息，学者的任务就是解码。"贺兰德对此不屑一顾。③ 在他看来，学者的目的不是解码而是理解；研究某一个残篇中"语词的历史和词源"是做不到理解的，为每一个语词赋予确切的意义也是达不到理解的；要做到理解，就必须探究"这段话可能被用于哪些（形形色色的）用途"，或者确定残篇的作者想让它服务于哪些功能。④ 贺兰德认为不能把古代的残篇当作只要找到准确的语言钥匙就可打开的一套密码，因为确定残篇讲的是什么，与其说依赖于能否清楚说出每个词语的意思，还不如说依赖于找到这段话发生的环境。所以，读者必须重建话语环境，寻找残篇"辩论的语境"，并且参照该话语可能被包含其中的各色各样的探讨研究。⑤

哈夫洛克和贺兰德在研究方法上的见地颇受学者欢迎。即便如此，贺兰德的方法仅仅对孤立残篇的研究有帮助。至于何以从一个残篇转向另一个残篇，何以从残篇转向演讲词，或者何以整理这些资料使其易于理解，这种极端简约的进路（minimalist approach）就不能给予任何指导。哈夫洛克也没有明确表示怎样才叫巧妙、如何或何时才能知道自己是万分的巧妙。他也没有警示人们，严格执行语文学的纪律会有局限性，也会产生陷阱。尽管他告诫人们智术师的任何故事都必然是不完整的，他并没有指

---

① 同上，页160。
② 同上，页157。
③ R. H. Holland,《如何理解哲学残篇》（*On Making Sense of Philosophical Fragment*），载于Classical Quarterly 6（1956），页215。
④ 同上，页215~218。
⑤ 同上，页219。

导读者（通过他自己的阅读为引导除外）如何阅读现有的文本片段。显然，哈夫洛克和贺兰德提出的阅读智术师文本资料的建议，是两种让人质疑的阅读方法。哈夫洛克叫我们把资料拼凑起来，并不打算给出完整的解释。贺兰德却叫大家把每一个话语片段放置于一个重建的历史-语言语境中，研究的范围不会超过某个孤立的片段，或者说绝不会去考察两个或多个片段之间的关系。但是，假如我们说，实现理解智术师修辞的愿望，凭借的不可能是极为不完整的叙事（哈夫洛克），也不可能是无以数计的孤立理解（贺兰德），那么我们就面临着一个方法论上的两难处境。一方面，我们如何避免一种零散化修辞，一种不考虑全局的修辞；另一方面，我们如何逃避一种整体化修辞，一种忽略残篇之局部特性的修辞？

有一条途径可以走出该两难处境，那就是从智术师的修辞创作和据传的行为实践中提炼出一组术语，并以这些独特术语为依据，去阅读他们的材料。韦弗（Weaver）在探讨这条进路的功用时指出："一个术语就是一个雏形命题，等待着必要时与另一术语搭档。"他把术语界定为"可以进入命题的名称"，认为个别的名称发人深省，并非是出于自身的缘故，而是由于它们"引发以命题方式进一步加以表现的期盼"。[1] 尽管韦弗寻找的是能为他身处的文化中盛行的修辞提供一种"描述性的解释"（descriptive account），[2] 但这种方法也适用于解释其他文化或

---

[1] Richard M. Weaver,《修辞伦理》（*The Ethics of Rhetoric*, Chicago: Henry Regnery Co., 1953），页211。（译按）韦弗（Richard Malcolm Weaver, 1910—1963），美国20世纪学者。代表作有《观念产生后果》（*Ideas Have Consequences*）、《修辞伦理》等。

[2] 同上，页212。

其他时代的文本集。① 该方法具有提喻*的特征，因其试图借光于部分（独特术语）去照亮全局（智术师修辞）。运用于智术师文本，它并不会优待某一个残篇或某一个演讲词，因为残篇或演讲词可能碰巧是摹本、再摹本、已被经典化或者衍传下来的，也不会偏向某个完美的、自我封闭的叙事的构架，虽然这个叙事可能涉及所有的残篇和演讲词。与此相反，在成千上万浩浩渺渺的术语烟海中，它只聚焦于由三个术语构成的一套术语；它认为大多数智术师话语都始发于又指向这些术语。事实上，这种方法提供了若干看上去合乎情理的叙事。虽然这些叙事并非具有结论性，还带有片面性，但如果一并加以审视，有利于我们理解智术师残存的文本。当然，通过这种方法能否做到对文本的理解，关键在于所选择的术语以及术语之于同时代的关联性。随着讨论的展开，有一点会变得清晰无误：我选择这些术语（机遇、游戏性和可能性）的理由是，它们与智术师所处的文化局势的三个方面（第一章已经论述）有关：机遇对应于环境逻辑，游戏性对应于竞赛伦理，可能性对应于表演美学。

然而，根据一套术语本身而得出的理解少有不冒唯名论之危险的。严格说来，继承于古典时代的术语取自于特定文本。要了解其意义，要知道其适用的场合以及那种说法是否有道理，就必须回归那些文本。推而广之，包含那些术语的文本产生于话语的文化视域之中，它们必须在那个（今天重建的）视域的光照之下才能加以审视。据此，以下的智术师修辞讨论将围绕前面提到的三个术语，将在文化上为它们定位，并辅助以实际文本进行解释。

然而，任何一套术语，任何一套例证文本，任何一个重建的文化视域，都不可能全部包罗智术师的修辞。这是因为他们的修

---

① 譬如Raymond Williams，《关键词：文化与社会词汇表》（*Keywords: A Vocabulary of Culture and Society*，New York: Oxford University Press，1976）。

* 提喻（synecdoche）为一种辞格，以部分指代整体或以整体指代部分。

辞不是一件可以揭开盖子、显露真相的物品，也不是一个可以一劳永逸的课题，而是一项必须一而再、再而三反复进行的研究。用多兹（Dodds）的话来说，历史判断"永远都在形成之中，因为当下永远在形成之中，除了以当下为参照，我们别无他法观察过去"。① 只要有读者愿意去阅读智术师修辞，他们弄懂这种修辞的努力就必然受到他们自身周遭环境以及修辞与他们周遭环境的关联性的指引与影响。简而言之，智术师修辞是一个开放的命题，一个因读者和评论者的着眼点不同而时常要求重新表述、重新书写、重新思考的命题。

本章运用的希腊语术语包括 καιρός（恰当时机，合适时间，机遇）、παίγνιον（比赛，游戏，娱乐，游戏性）、τὸ δυνατόν（可做之事，可能之事，可能性）。每一个术语都以某种命题形式出现在残篇的某个位置，但究竟在什么位置、出现了多少次，已经不是什么大不了的问题。② 如前所示，每个术语的词源问题、确切含义以及清晰表达也不是什么大问题。本课题虽然得益于语文学研究，但本身并非语文学研究。笔者凸显的这些术语之所以重要，并非因为智术师运用过，也并非因为它们出现于智术师文本的频率比其他术语要高。它们之所以重要，是因为有助于解释现有智术师文本中的常见特征或趋势，还因为有利于我们挖掘出智术师修辞实践的意义。

除了它的特别命题形式之外，每一术语本身并不会产生意

---

① E. R. Dodds，《智术师运动与希腊自由主义的失败》（The Sophistical Movement and the Failure of Greek Liberalism，收录于 E. R. Dodds，The Ancient Concept of Progress and Other Essays on Greek Literature and Belief, Oxford: Clarendon Press, 1973），页92。（译按）多兹（Eric Robertson Dodds，1893—1979），爱尔兰古典学者。代表作包括《希腊人与非理性》（The Greeks and the Irrational）、《焦虑时代的异教与基督教》（Pagan and Christian in an Age of Anxiety）等。

② 得益于近年来的电脑技术与TLG［《希腊语文献汇编》（Thesaurus Linguae Graecae）］光盘，这些术语以及其他任何术语在希腊文本中都几乎可以马上找到。

义，只是作为一组二元对立的第三选项：καιρός为适当与不适当（πρέπον与τὸ ἀπρεπές）之对立的第三选项；παίγνιον为较强与较弱（τὸ κρεῖττον与τὸ ἧττον）之对立的第三选项；τὸ δυνατόν为现实与理想（τὸ ἐνεργόν与τὸ ἰδανικόν）之对立的第三选项。① 以某种方式把它们彼此连接，这九个术语在文化层面和术语学层面构成了一个不错的视角，以便我们走进和理解智术师修辞。换言之，这些术语能够确定智术师修辞的作用以及与其他修辞（包括前4世纪的修辞）的区别。

用图表来表示，这些术语的关系如下：

文化	对立关系	智术师修辞
环境	适当-不适当	机遇
竞赛	较强-较弱	游戏性
展示	现实-理想	可能性

在分别讨论三对二元对立之前，应该明白它们都包含了普罗塔戈拉的双重论证（dissoi logoi）观念，即每个问题都有两种相互对立的观点（80A.1.51）。普罗塔戈拉断言，任何时候，人类语言都以两种对立的方式呈现自己。这种看法表明存在一个由性质相反的话语构成的两重符号世界，表明不要把性质相反的话语融合为一个统一的实体。在普罗塔戈拉的世界里，对某个问题全体一致的赞同是不可能的。要理解得以言表的所有事物，只有参照其他事物、不同的事物，更确切地说，只有参照对立的事物。就连双重论证这个概念，也只有对立并对立于εἷς λόγος（唯一观点，唯一看法，唯一立场）才会产生意义。同理，普罗塔戈拉的名言"人是万物的尺度"，只有对抗于"神是万物的尺度"才有

---

① 要阅读希腊语中的二元对立，参Richard Garner，《古典希腊的法律与社会》，页75~77。尽管τὸ ἰδανικόν出现的时间较晚，由于没有对等词，笔者只好运用它。

意义。① 在一个单音世界（univocal world）里，每一个单一的说辞都毫无疑问有自己的位置，没有必要辩论，也没有必要说服——每个人聆听的和言说的都是完全相同的逻各斯。但是，在我们生活其中的多音世界（polyvocal world）里，所有事物的地位都是可以追问的。人们经常发现彼此争执不休、意见分歧、各执一词并试图借诸语言符号解决争端，其原因盖出于此。这种情形也解释了人类社会中修辞因何经常用以说服。每个问题都有两个相反的逻各斯（logoi），但在具体的情形中我们又必须马上采取行动，允许其中的一个逻各斯占上风，那么，修辞就成了一种手段：通过修辞，人们可以彼此说服，在这一时刻偏向一个逻各斯而放弃其他逻各斯。

显然，普罗塔戈拉的双重论证观念就是一种以逻各斯为中心的世界观。该世界观强调一种特别的差异（对立）而非一致，要求人类主体具有多元意识，既能认识自己的位置，又能认识对立的其他位置。事实上，普罗塔戈拉甚至提出，除非在对立物的参照之下，任何位置连被表达都不可能做到。也就是说，任何一种话语都是对立于、针对于其他话语的。此外，它还意味着，为了理解某个问题，你必须准备好听取至少两种相反的意见；为了决定如何行动，你必须支持一种意见或者拿出第三种意见。

由于没有可以用来解释双重论证的普罗塔戈拉的话语，我诉诸于普罗狄科斯的故事，《十字路口的赫拉克利斯》（*Heracles at the Crossroads*）（84B.2），这个故事恰到好处。②该故事中的英雄不同于史诗中的英雄们。史诗英雄的命运通常由奥林匹斯山上的诸神决定，其行为是由一套严格界定的规则与角色所规定的，而普罗狄科斯笔下的赫拉克利斯挣扎于两种势均力敌的倾

---

① Plato，《法义》716c。

② 另参被称作双重论证的话语（90.1–9），但这个例证不是很好，因为它主要论述的是相反观点这一概念及其几个例子。

向之间——一种倾向为邪恶，另一种倾向为美德。赫拉克利斯犹豫不决，不知该走哪一条路，于是来到一个僻静处思索考量。这时出现了两位知道他矛盾处境的女人，一位名叫邪恶，另一位名叫美德。邪恶首先走向他，叫他选择她那条通向幸福的道路，这条道路向追随者承诺无忧无虑的生活、各种感官享乐、坐享他人劳动成果以及欲望的完全满足。然后，美德走过来推销自己的道路，这条路的回报包括神的恩惠、人类之爱、集体荣誉、国人敬仰、物质财富以及身体活力，这些回报要求服务于诸神，服务于朋友，服务于社会，服务于国家，努力工作，以及让身体服从于心智。随后，在赫拉克利斯面前，邪恶与美德进行了一场激烈的论辩交锋，都说自己那条幸福之路更加优越、对手那条路是下品。赫拉克利斯是否作出了决定，故事结束时没有明示。

这个故事一再被解读，解读方法形形色色，时而是"风格典雅之杰作"，时而是证明智术师关注伦理道德的一篇道德论。① 更饶有趣味的是比泽克（Biesecker）的解读。② 比泽克把史诗意

---

① Xenophon，《回忆苏格拉底》（Memorabilia）2.1.34。有关《赫拉克利斯的选择》的各种解读，参Broomley Smith，《凯奥斯的普罗狄科斯：同义现象的始祖》（Prodicus of Ceos: The Sire of Synonymy），载于Quarterly Journal of Speech Education 6，1920，页51~68；Mario Untersteiner，《智术师》（The Sophists，trans. Kathleen Freeman，New York: Philosophical Library，1954），页216~221；Eugene Dupréel，《智术师》（Les Sophistes，Neuchatel: Edition du Griffon，1948），页119~121；W. K. C. Guthrie，《智术师》，前揭，页277~278；Charles Picard，《普罗狄科斯寓言故事中的古字》（Representations Antiques de l'Apologue dit de Prodicos），载于Comptes Rendues de l'Academie des Inscriptions et Belles Lettres 1951，页310~322；Charles Picard，《普罗狄科斯寓言故事新论：徘徊于邪恶与美德之间的赫拉克利斯》（Nouvelle Remarques sur l'Apologue dit Prodicos: Héraclès entre le Vice et Veru），载于Revue Archeologique 42 1953，页159~169。

② Susan Biesecker，《修辞话语与主体建构：普罗狄科斯的〈赫拉克利斯的选择〉》（Rhetorical Discourse and the Constitution of the Subject: Prodicus' Choice of Heracles），载于Argumentation 5 1991，页159~169。（译按）比泽克（Susan Lee Biesecker，1964— ），美国当代学者，代表作《再洗礼派与后现代性》（Anabaptists & postmodernity）。

识与修辞意识对立起来，认为普罗狄科斯表达的是一种具有对立倾向的主体位置（a subject position），你必须在这两种倾向之中作出选择。对比泽克而言，在不少于两种的选项中，如果差别巨大，选择就相对容易；如果所有选项势均力敌，选择通常很困难，有时甚至无从选择。冷静理性地评估这些选项，最终必然导向一个平衡点，一个左右为难的局面，一个僵局。但是，不作为是不行的，僵局必须打破，选择必须作出，作为主体的人必须打破均势选项的平衡。换言之，你最后必须青睐一方放弃其他。产生这样的偏爱当归于修辞说服之功。修辞说服就是比对眼下选项，最终偏重一项。具体而言，被普罗狄科斯刻画成"*ἀποϱοῦντα ποτέϱαν τῶν ὁδῶν τϱάπηται*"（考量走哪一条路）的赫拉克利斯，将会走出困境，要么选择邪恶之路，要么选择美德之路，就看哪一方更有吸引力，更有说服力。换句话说，如果赫拉克利斯必须行动，他迟早都得选择，迟早都要走其倡导者讲得更具说服力的那条道路。故事现存的版本中他并没有选择，这个问题我们不予深究。我们关注的重点是赫拉克利斯听取的不是单一的论证，而是双重论证。

带上普罗塔戈拉的双重论证观念，我们现在转向渗透于智术师修辞的三对二元对立以及与它们分别对应的也是智术师修辞始终围绕的三个第三选项。首先是贝利贲-艾贝利贲［*prepon-aprepes*（适当-不适当）］*之二元对立。人们都知道将某个特定的物品放置于特定位置，而且还会重复该行为，源自于此的贝利贲［*to prepon*（适当，恰当）］指的是这样一种认识：言语存在于空间之中；言语被说出，既是对记忆中的过去情境的反应，也

---

* 希腊文术语"prepon-aprepes"意为"适当-不适当"，作者这里对这一希腊词采取了转写的处理方式，凸显了它的术语性质。既然英语可以转写或者音译，汉语为何不可呢？因此译者这里也尝试将prepon-aprepes音译为"贝利贲-艾贝利贲"。同样，后面出现的另两对希腊文术语kairos为（意为"时机"）和hetton-kreitton（意为"较弱-较强"），也分别尝试音译为"开洛"和"兮敦-凯力敦"，特此说明。

是语言强行放置于这种情境之上的习惯做法。① 根据这种认识，演讲的场合在数量上是有限的（如葬礼、节日、审判），这些场合总会一再重新出现。所以，在话语世界里及与话语世界的任何一次相遇，都是以往经历过的情境的变异，那么不难料想，或多或少重述已经说过的话就成为必然。在这一方面，贝利贲代表一种传统理念：语言之内意义的产生取决于历史；这种观念还认为，在大多数情形下，现在类似过去，现在必须参照过去方可理解。

如何适当应对重复出现的话题与重复出现的场景，人们达成了一致意见，其结果就是贝利贲。我们生长于一套修辞实践的参数之内，也就有了这样的认识：在某些场合，面对某些观众，只有某些言语才是适当的。在这方面，我们还认识到：公开演讲是高度规范化的，其依据为我们多多少少应该遵循的既定标准。随着时间的推移，这些标准就会沉淀下来，成为具体场合下的具体修辞类型（如辩护词、悼词、颂词）。如此一来，大多数演说家往往会以典型的方式应对典型的情境。换言之，他们的演讲将遵循哪些修辞形式，观众将有怎样的反应，都是可以预见的。

大体上从贝利贲给予的常识开始运作的演讲人，依赖的是演讲的规范，讲的都是熟悉的主题（众所周知的范畴、老生常谈的话题）。这些主题应对的情境都具有典型性，并与以往类似情境具有相似性。于是，演讲人就成了以往言说的提醒者，成了认可传统应对方式的声音。同时，他／她自身的实践还表明，不熟悉之事应根据熟悉之事加以理解。

---

① 有关贝利贲的论述，参Max Pohlenz:《Tò πρέπον: 希腊精神的历史贡献》(Tò πρέπον: ein Beitrag zur Geschichte des griechischen Geistes)，载于Nachrichten von der königlichen Gesellscgaft der Wissenschaft zu Göttingen, Philologische-historische Klasse (1933)，页53~92；Untersteiner,《智术师》，页195~199；W. Vollgraff,《高尔吉亚的葬礼演说》(L'Oraison Funèbre de Gorgias, Leiden: E. J. Brill, 1952)，页39~41；John Poulakos,《修辞的智术师定义探索》(Toward a Sophistic Definition of Rhetoric)，载于Philosophy and Rhetoric 16, no.1 (1983)，页41~42。

贝利贲对立于艾贝利贲[to aprepes（不适当，不恰当）]。就像适当一样，不适当往往是一套以往一致观念支持和认可的演讲惯例的产物。换言之，不适当也是一个习得于历史的范畴，受某些已经接受的言语禁忌的支持。之所以为不适当，就是因为偏离或无视演说家和听众中的普通修辞惯例。① 由于适当-不适当的对立关系关注的是人烟甚旺的演讲领地，疏忽了情景的独特性，如此一来，那些尚未拓垦的语言地区就被略而不计了。这些地区开始拓垦之时，必是人们创造并利用修辞良机即开洛（*kairos*，*kairoi*）之时。②

人们都有选择时机的观念，而且还有创造时机的意愿，源自于此的开洛指的是这样一种认识：言语存在于时间之中，言语被说出，既是对展现于眼前的一种新情境的不由自主的表达，也是对该情境勉力而为的反应。根据这种认识，时间被理解为"一连串非连续的时机，并非持续体或历史连续体"，现在不是被看作"有因果关系的事件序列的连续体"而是"无先例的，是作出决定的时刻，是面临危机的时刻"。在这一方面，开洛代表"一个极端的、偶然性的原则"，该原则认为"语言之中意义的产生是一个连续调整目前时机和不断创造目前时机的过程"。③

---

① 于是，伊索克拉底（《海伦颂》，14～15）要挑称颂海伦的作者（几乎肯定就是高尔吉亚）的毛病，理由是该作者没有注意到颂词与辩护词的区别："只有当被告被指控犯下了罪行，辩护性答辩才是适当的，而我们表扬的是那些具有某种优秀品德的人。"

② 有关开洛概念的论述，参Untersteiner，《智术师》，前揭，页118～121与页195～199；Kerferd，《智术师运动》，前揭，页82；Poulakos，《修辞的智术师定义探索》，前揭，页38～41；Vollgraff，《高尔吉亚的葬礼演说》，前揭，页21～26；George Kennedy，《希腊的说服技艺》（*The Art of Persuasion in Greece*，Princeton，Princeton University Press，1963），页67～68。

③ Eric C. White，《开洛的统治：论创造意志》（*Kaironomia*：*On the Will to Invent*，Ithaca，N. Y.：Cornell University Press，1987），页14。（译按）Eric Charles White，美国20世纪学者，研究领域包括文学理论，文学与科学，科幻小说与电影，修辞史。

大体以开洛意识进行运作的演讲人，情不自禁地对眼前转瞬即逝的情境作出反应，讲的话都是兴之所至，应对的每一个场景都有其特殊性、异常性和唯一性。在这层意义上，他/她既是独一无二的机遇的猎取者，又是制造者，随时准备即兴演讲，随时准备赋予新的、刚出现的情境以意义。

抓住时机的兴起之言是没有先例的，也没有现成的观众，可能反而会让听众大吃一惊。话一出口，时机一过，可能就被听众遗忘，也可能反而因其不适当而被记住。但是，假如一时兴起之言碰巧进入了乐于接受的耳朵，产生了意想不到的意义，它最终就会进入观众的通用语言，成为适当反应之宝库中的一分子，等待将来的某个场合被重新提起。换言之，意识到时机来临并且通过该时机讲出的话终究会成为贝利贲的范畴之一。但反之则不然。因为从贝利贲之优势说出的话是历史决定的，说出那样的话就是为了保持或加强贝利贲在时间长河中的沉淀。既然如此，一个适当的话语则备受青睐，成为传统的可接受之言说的准则。正因为如此，它拒绝创新，除非创新是传统的自然延伸。一个恰当的表达能巩固听众已有的知识，让他们更加确信他们的话语鉴赏力会一直有价值，所以通常可以期望善意的观众给予支持。

与此相反的是，抓住时机的兴起之言力争开拓语言的边疆，邀请听众来此定居。它不理睬适当-不适当之对立，只重视偶然性和暂时性在修辞实践中所起的关键作用。事实上，开洛要求这样一种意识：适当与否的观念在发表演说的那一刻并非特别有用。而且，某种说法并非一直、在所有的情境中都是适当的或都是不适当的。某一次、某一个情境中说的话可以被解为适当，也可被解为不适当，过去的看法无关紧要。但是，究竟如何理解，不仅要看演讲者对当时情形的解读，还要看它有怎样的说服力。

开洛可以推翻受传统束缚的贝利贲或艾贝利贲之范畴，可以颠倒它们的位置，但这并不意味着说什么都成——说任何话之前，许多东西都要到位才行。这句话的真正意思是：被普遍认为适当或不适当的话语与具体时间、场合或情境中言说的话语并无必然联系。说它适当或者不适当，唯一的依据是以往大家为适当话语划出的边界。然而，当言说打破沉寂、打破先例之时，新的言语得以创造，这些约定的边界之于创造之力完全没有必要，所以也就显得不堪一击。在某一时刻，某些适当之版本或者某些不适当之版本会不会得到承认，这是一个悬而未决的问题；将来，它们会不会保持不变也是一个开放性的问题。在修辞领域，当自发性压倒记忆与习惯，每一个约定都会受到重新审视，都会被消解。再者，开洛具有挑战某种贝利贲的实力，这意味着今天被认为是恰当的言说可能并非一直如此；曾经一度，这种贝利贲只是作为其他适当观念的附加而被引入，也有可能是在牺牲了其他适当观念的前提下才被引入的。贝利贲在某一时刻的权威或在场只是表明它会继续发挥作用，或者只表明那一将其颠覆或替代的适宜之机还未到来。

为了说明适当–不适当之对立关系，也为了说明作为第三选项的机遇，我转向阿尔西达玛（Alcidamas）的《论智术师》（*Peri ton Sophiston*）。① 阿尔西达玛写作这篇演讲词时，修辞

---

① 阿尔西达玛并非人们普遍认同的第一代智术师成员，把他放在这里似乎有点不合情理。但是，据传他是高尔吉亚的弟子，他的辩论又支持口头形式，所以就把他放在这里了。阿尔西达玛的文本可见于Friedericus Blass，《安եி丰的演说及残篇》（*Antiphontis Orationes et Fragmenta*, Lipsiae: Aedibus B. G. Teubneri, 1892），页193~205；英译及评论可参LaRue Van Hook，《阿尔西达玛与伊索克拉底：口头语词与书面语词》（*Alcidamas Versus Isocrates: The Spoken Versus the Written Word*），载于The Classical Weekly 12（1919）：页89~94。关于阿尔西达玛的《论智术师》（*Peri ton Sophiston*）的其他解读，参Hazel L. Brown，《古代即兴演说》（*Extemporary Speech in Antiquity*, Menasha, Wis.: George Banta Publishing Co., 1914），页16~42；Marjorie J. Milne，《阿尔西达玛及其与当代修辞关系之研究》（*A Study in Alcidamas and His Relation to Contemporary Rhetoric*, Philadelphia, Penn.: Westbrook Publishing Co., 1924）；Tony M. Lentz，《古希腊的口传与文写》（*Orality and Literacy in Hellenic Greece*, Carbondale, Ill.: South Illinois （转下页）

写作在口头文化居主导地位的时代刚刚普及开来。该演讲词主张口头言语优于书面言语。尽管作者表示对自己的尴尬处境有所认知，因为自己的写作论证的是即兴演讲（29~33），但他还是认为，只有在即兴演讲之中并通过即兴演讲，演说家才能应对公开的、法庭上的以及私下里的话语的各种情景要求。他还提出，只有在修辞表演期间，演说家才能够即兴发挥，有效处理可能出现的意想不到的危机。书面话语则与此相反，它远离当下的情势，无法抓住出现的及时之机，也无法让及时之机出现（9）。换言之，书面写作总是太晚，救不了场，关键时刻往往不管用（10）。在一个修辞事件中，要抓住开洛，你的心思就必须完全在场，随时准备对出现的新情况发表一通议论。

阿尔西达玛把演讲比作人体，暗示口头言语与书面副本（written copies）存在区别：前者流畅，后者生硬。他说道："活生生的人体虽远不及美丽的雕像好看，但活人能做多种多样实实在在的事情。直接来自思维的演讲，即兴而发，充满了活力与动力，就像真人一样和事态保持一致步调，而书面话语只是类似于现场演讲，完全没有效力。（28）"但是，既然阿尔西达玛宣称，相对于修辞的书面形式，自己更偏向于口头形式，他便陷入了困境中，因为自己的话语具有非时机性的（non-kairotic）特征。他主张所有口头话语中，偶然性和情境性第一，却发现自己不在所倡议的行当之内。换言之，他差不多是在说：适合演说家做的事情就是说，不是写；演说家演讲时要用一只耳朵去发现特别机遇，并对机遇作出反应。但是，如此说来，阿尔西达玛似乎在企及不可能之事——把开洛变成贝利贵的下属子集。怀特（White）论述过阿尔西达玛或者其他任何试图将开洛规范化的人所面临的两难困境：

（接上页）University Press, 1989），页136~144；Guthrie，《智术师》，前揭，页311~313。

任何论述言说偶然性质的文章都不可能免于偶然性，或者说不可能免于被替代的必然性。如果每一个时机都是对智术师情境意识和语境意识独一无二的挑战，那么，到了一个确定的陈述中，智术师随机应变的阐释才华将无以为继。①

在怀特评论的基础上，我们还可以增加一点：人们对开洛的了解，其实是一个汇聚了各种术语的矛盾体，这些术语迫使我们较多关注言说这种现象的多变故性（eventfulness），较少关注对它的书面描述或解释。

渗透于智术师修辞的第二对对立关系存在于兮敦［to hetton（较弱）］与凯力敦［to kreitton（较强）］之间。兮敦表示相对于其他事物显得较弱、较次、较小的事物。修辞之中，兮敦指的是说服力不够的观点或立场，因大多数人都回避它或不为其所动。与之相反的是凯力敦，它表示相对于其他事物显得较强、较好、较大的事物。修辞之中，凯力敦指的是处于主导地位的观点或立场，因大多数人都觉得它比其他观点或立场更有说服力。演说家为具有兮敦特征的某种观点辩护时，要把被认为是处于较弱的立场搬转为较强，依赖的是语言资源及周遭环境。同时，演说家试图以类似的方式证明：尽管凯力敦居于主导地位，它是有缺陷的，无效力的，或有害的——也就是说，凯力敦不如人们想象的那么强。要成功做到这一点，就意味着在某种程度上颠覆事物的既定等级关系。相比之下，就具有凯力敦特征的观点发表演说的演说家，依赖的是观众对已经认可的话语的熟悉程度，他还要观众再次赞同他们早已被说服的事情。同时，演说家还试图表明，兮敦就该待在它现在的位置，受凯力敦规则的制约。要在这

---

① White，《开洛的统治：论创造意志》，前揭，页20。

里取得成功，就意味着重申符号较强与较弱的既定结构，从而让现状的某个方面保持不变。

一个观点或立场本身不是兮敦的或凯力敦的，而是相对于另一观点而言才是兮敦的或凯力敦的，是一场或多场修辞比赛的结果。换言之，兮敦和凯力敦指的是一个比赛项目结束时宣布胜利者和失败者的那个裁决。根据修辞的这种竞赛观，一个观点在运用中获得或失去力量，没有哪一个观点可以一劳永逸地取胜或败走。因为要求辩论的情形在变，任何一个观点在将来的某场比赛中，可能失去效力，也可能克服其弱点。也就是说，一个观点的地位总是由情境所决定。所以，今天的输家可能就是明天的赢家，反之亦然。因为人们时常力图用语言符号来解决分歧，因为分歧得到解决具有暂时性，兮敦-凯力敦之对立把修辞变成了符号之战，其选手都是一心想摘取胜利桂冠的人。泛泛言之，它把演说家变成了选手，为了胜利而彼此拼杀。它还把言辞变成了击败对手的工具或招式。

比赛至少需要两个选手。参与一轮修辞比赛通常有许多选手，但最后，失败的人很多，而夺取胜利的只有一个。在一场比赛中，有许多种话语拼搏夺冠，但最后取得胜利的只有一种模式的话语。比赛一旦结束，凯力敦想的是如何避免将来失败，而兮敦想的却是今后的日子里如何取胜。输掉比赛的论证（argument）绝不会再来打一轮符号比赛。它若再次出现，就可能重新措辞、重新表述，准备挑战曾经的胜利者。与此相反，赢得比赛的论证在将来的比拼中，不得不全力防卫。修辞之内，论辩比赛从来不会结束。

进入符号比赛的竞技场就意味着一心一意打比赛，取胜或失败都认可。不管是挑战者还是被挑战者，只要进入了比赛，就是在促进比赛这种惯例的延续。这表明你不仅同意打一场比赛，还支持使比赛成为可能的那些默契。泛泛言之，你打比赛不仅仅

66　为了获胜，也为了比赛固有的乐趣。修辞之中，你既打专场比赛（如法庭之战或政治竞争），也打一般的语言比赛。就前者而言，你通常是为了取胜，也就是把比赛推向一个特定的终点；就后者而言，你寻找乐趣，游戏时间越长乐趣越多。在专场的修辞比赛中，选手得以获胜，凭借的不是较强的论证，而是技压对手。反之，选手失败，不是因为论证不力，而是技不如人。换言之，在专场比赛中，决定修辞强弱的是语言技艺。但在一般的语言比赛中，没有赢家，也没有输家——只有玩家。所以，一场论辩是较强还是较弱，无关紧要。紧要的是游戏一直进行下去。[①]

　　为了说明较弱-较强的对立，也为了说明作为第三选项的游戏性，我们转向高尔吉亚的《海伦颂》（*Encomium of Helen*, 82B.11）。[②] 这篇演说显然是为了驳斥海伦的诽谤者，因为这些诽谤者认为她是特洛伊战争以及战争给希腊人带来的所有祸患的罪魁祸首。演说似乎也是为了扫除她名下的罪责，恢复她的声名。从头至尾，高尔吉亚都在玩弄语言，也在和读者闹着玩。高尔吉亚提供了一个绝妙的例证，证明广泛认同的观点（凯力敦）可以被驳得毫无依据（兮敦）。他反驳神话-诗学传统中普遍接受的观点（海伦和帕里斯私奔应该受到谴责），揭示其逻辑薄弱环节，以此提出一个别样的观点（海伦没有犯下指控她的那些罪责）。

　　高尔吉亚的进路既巧妙又简单。海伦之所以那样做是因为：要么是诸神的意志，要么绑架者力大不可抗，要么她为言语所说服，要么她坠入爱河。四者之中，她都不该受到指责，因为

　　[①]　关于比赛的相关论述，参James P. Carse,《有限与无限的游戏：一种作为游戏与可能性之生活想象》（*Finite and Infinite Games: A Vision of Life as Play and Possibility*, New York: Ballantine Books, 1986）。
　　[②]　至于这篇演说的各种解读，参Untersteiner,《智术师》，前揭，页102~124；Charles P. Segal,《高尔吉亚与逻各斯的灵魂学》，前揭，页99~155；John Poulakos,《高尔吉亚的〈海伦颂〉与修辞辩护》（*Gorgias' Encomium of Helen and the Defense of Rhetoric*），载于Rhetorica 1, no 2（Autumn 1983），页1~16。

诸神、男人、说服和爱情都比女人强大。抛开每一个论据的细节不论，维系高尔吉亚论辩的基本观念是"它是事物的本性（nature）所致；并非强者为弱者牵绊，而是弱者受制于强者，为强者所牵引；强者前面引路，弱者随后跟上"。但是，高尔吉亚也颠覆了这个观念，因为他采取了一个说服力较弱的主张（海伦值得表扬），并且要让它强于已经起着主导作用的观点（海伦应该受到指责）。他之所以可以这样做，是因为他知道语言的威力和不稳定性。他在演说的中间部分（8~14）解释道，逻各斯呈现的方式多种多样（诗歌、咒语、论辩），所有这些方式都对人的心理产生强烈影响（如同药物对人体产生作用一样）。至于逻各斯具有不稳定性的证据，高尔吉亚指出，你若去研究科学讨论、公开辩论、哲学争端，就不难看出，在时间的长河中，一种意见总是为另一种意见所取代。没有哪一种意见能一直立于不败之地。

就我们的讨论而言，海伦应该受到谴责还是应该受到表扬，都不是问题的关键。问题的关键在于：没有哪一个观点或立场，无论多么根深蒂固，能一旦主导受众的思想就永远主导他们的思想。在语言运用的相互影响中并通过这种影响，任何观点都可能被推翻，被另一观点所取代。这是因为，正如高尔吉亚所指出，大多数人拿来当作"灵魂顾问"（counselor to their soul）的意见是"站不住脚的、不可靠的，它把运用它的那些人也置于不稳固的、不可靠的成功之中"（11）。具体而言，高尔吉亚指出，各种观点来的来去的去，原因不外乎提出观点的人技艺是否高超、思维是否敏捷（13）。

演说接近尾声时，高尔吉亚表示自己喜欢修辞中的游戏性："我过去希望写一篇演说词，一是颂赞海伦，二是自我消遣（ἐμὸν δὲ παίγνιον）。"（21）根据他的较强-较弱对立关系之讨论，他似乎在表示，在创作中并通过创作，他反对谴责海伦的那些话语，而且也让自己享受了乐趣。如果是这样，海伦的故事就有了又一次转机，这说明该故事远远没有结束。从演说的语气来判断，高尔吉亚似乎并不十分在乎他的观点能否终极性地推翻前人的观点。他游戏语言，游戏那种具有君王般权势和欺骗性品质的可塑媒介（8），心满意足地享受其中的乐趣。换言之，他满足于参与言辞的游戏，满足于向观众展示自己是一个出色的玩家，满足于把观众带入游戏之中。

贯穿于智术师修辞的第三对二元对立存在于现实性与理想性之间，可能性为第三选项。① 现实性指的是事物在世界中的本来面目。修辞之中，现实性是被认为了解并理解的有关真实的事物。现实事物之所以如此这般，凭借的是它们的在场以及大多数人的信念，即深信自己了解身边世界的情况、它的运作方式、它何以如此运作。演说家从现实性的框架讲起，强调的是此地、此刻和此在（the is）。具体而言，演说家凸显世界中表现出一种固定性的某些方面。正是凭借这种固定性，那些方面才可从认知的角度加以拥有和掌握。如此一来，演说家不仅把世界的边界划为大家熟悉的边界，而且将听众限定于边界之内。这种修辞的目的轻而易举就能实现，因为这些目的被认为是事物本色的自然延伸或必然蕴含。

与此相反，理想性指的是事物应该具有的面貌。修辞之中，理想性是被拟想并被了解的有关那个永远也不可能实现的世界的事物。理想事物之所以如此那般，凭借的是它们的缺场以及少数几个空想家完美无缺的构想。演说家从理想性的框架讲起，强调的是乌有之地、永无、该当如此。具体而言，演说家凸显一个世界，无论这个世界多么遥不可及，观众都应该一直努力向其靠

---

① 对现实性-理想性的讨论依赖、但也超越了笔者的《修辞、智术师与可能性》（*Rhetoric, the Sophists, and the Possible*）一文，载于Communication Monographs 51, no. 3（September 1984），页215~226。

近。如此一来，演说家不仅贬低了大家所认识的世界，而且怂恿观众想象一个乌托邦世界。这种修辞的目的遥不可及，却被认为值得不懈追求。

作为现实性-理想性二元对立的第三选项，可能性指的是还不存在但可能存在的那些事物。可能的事物之所以如此那般，凭借的就是它们的缺场以及大多数人把遥远的、不可掌控的事物放在第一位的倾向。演说家从对可能性的意识讲起，青睐彼地、彼时、会当如此。演说家就这样强调人类经验的流变性、难以捉摸、可塑性。如此一来，演说家承认世界的已知边界，但极力主张听众超越那些边界。这种修辞的目的能够达到，因为人们看待自身与世界时，不仅能看见现在的样子，而且还能看见可能呈现的样子。

可能（the possible）以各种形式对抗现实-理想之二元对立，否定两个术语的有效性，也就是说，它揭示理想不可实现、现实存在种种缺陷——依赖不可实现之事毫无意义，停留在原地、完全满足于事物目前的状况，又几乎没有或完全没有理由。可能将理想重铸为一个不可能的版本（a version of the impossible）、将现实重铸为一个不可接受的版本（a version of the unacceptable），它要求那种跨越现实边界、削弱理想之吸引力的行动。换言之，可能拒绝现实-理想之对抗，主动提出把自己当作第三选择。这样一来，它宣称：现实只能是支持世界的事实性的场所，而理想却为梦想打开了一片开阔的天地。而且，它还假设：世界不一定只由学究和梦想家所居住，处于内在性与超越性这两极之间的人，也能找到自己的空间。事实上，可能还培养这样一种意识：对现实的知识与对它的依恋妨碍我们超越它，而乌托邦的理想就等于毫无阻碍的幻想——拒绝与现实的物质妥协的那种幻想。最后，可能提出这样一种观点：现在的现实之事并非总是如此，它产生于一系列的可能之事；而现在的理想之事可以一直保持为理想之事。

在其各种提议的形式里，可能之事通常遭到那些不能从不同角度看待世界的受众的抵制、反对或抛弃。之所以出现这种情况，是因为可能就等于新奇，经常遭人弃之不理，弃之不理的理由包括它实际上是旧有的变体、它要求太多的改变、它不能确保成功、它的可行性还有待检验。如果演说家的演绎成功激发听众的想象力，如果听众对未来的希望战胜了他们对现实世界的经验，他们眼前的各种可能性成为现实就大有希望。这样的转变一旦发生，寻找诸般可能性就重新开始了。

为了说明可能如何产生于现实与理想之对立，我们转向特拉绪马科斯的《政制》（*The Constitution*，85B.1）。[1] 这份演讲残篇表明修辞的出现是对危机的反应。这篇演说的修辞功能是从负面描述当前的事态以及表达对目前状况的不满。演说是否给出了减轻普遍祸患的行动方针，从残篇中我们无法知晓。我们能知晓的只是：对特拉绪马科斯而言，修辞是迈向任何种类的修正行动的第一步。这是因为修辞能演绎一个更加理想的未来：一个没有那种困扰当下的痛苦与磨难的未来；一个类似于让人怀念的过去的未来。

《政制》指出，在秩序井然、安宁祥和与人心满足的时代，没有修辞出现的必要；在这种时代，沉默就足够了："雅典同胞们，我希望自己属于那个古老时代。在那个时代里，年轻人保持沉默就足够了，因为当时的事态不需要他们发表演说，因为长辈们把城邦管理得井井有条。"但是，在秩序混乱、民怨沸腾的年代，"你的确有必要站出来大声疾呼"。换言之，在时局紧迫、动乱不安时期，修辞被召唤发挥作用，它让众人听见反对意见，

---

[1] 至于对这篇演说的各种解读，参Havelock，《柏拉图绪论》，前揭，页230～239；Untersteiner，《智术师》，前揭，页322～323；Guthrie，《智术师》，前揭，页295～298。

它提出可能的别样视见为众人所知。从演说开始到结束,特拉绪马科斯都理所当然地以为观众和他持相同意见,都认为当下时局痛苦不堪:"我们没有和平,我们处于战争的旋涡;危险将我们带到这样一个隘口,以至于我们依恋正在结束的今天,害怕即将到来的明天;我们没有同志情谊,我们已经陷入相互敌视、动荡不安的湍流之中。"但有一个问题:大声抗议正当吗?面对忍无可忍的时局你应该保持沉默,对此,特拉绪马科斯找不出任何理由:"假如有人不幸为当前形势所伤害,而他正好又知道如何结束那些事情,他有什么理由迟迟不说出心中的想法呢?"

在目前现实(城邦管理不善、战争、危险、仇恨)的另一面,特拉绪马科斯设想井井有条的城邦管理、和平、安宁、同志情谊等理想事物。当然,他肯定知道在真正政治的世界里,这些理想不可能完美实现——怪不得政治家在演说中频频提及理想!所以,特拉绪马科斯也没有开出任何实现它们的秘方。他所想要的就是要人们表达愤慨、说出沮丧。但是这样大声说出是否就能矫正当下的局势,却不好说。回到过去好时光的乌托邦之中,不是他的听众所能做到的;他们能做的就是说。如果是这样,特拉绪马科斯置于观众眼前的可能性版本就只能是修辞而已。

《政制》曾被哈利卡纳苏的狄奥尼修斯(Dionysius of Halicarnassus)[*] 解读为杂合修辞风格(a hybrid rhetorical style)的典范——一种融合了严峻与单纯的修辞风格。在较晚近时代,格思理把《政制》解读为"为了政府效率与原则并为此目的在党派之间进行调和"①的辩论。对哈夫洛克来说,演说者刻画的是政治对手的现实(他们缺乏思想,造成政治危机),表达

---

　　* 狄奥尼修斯(?—前8?),历史学家和修辞学家,生于小亚细亚的哈利卡纳苏,后来移居罗马,著有《古罗马史》(Roman Antiquities)及其他有关修辞、文学理论等专著。

　　① Guthrie,《智术师》,前揭,页296。

的是对"一致性的可能性"① 的兴趣。但如何达成一致，演讲者并没有说出。但即便他说出，有一点也必须注意：如何这一问题属于实用性修辞，不属于可能性修辞；实用性修辞要回答如何这一问题，可能性修辞关注的主要是激发对可能产生的事态的欲望。

作为智术师运动的主要代表之一，特拉绪马科斯一定知道双重论证这一观念；作为智术师演说家，他对开洛理念和兮敦-凯力敦（hetton-kreitton）之二元对立也一定知之甚详。如果是这样，他就不可能把一致性说成是一旦胜过就必须永远胜过另一抽象概念（冲突）的抽象概念。须知，一致性并无什么本质的东西可以优于冲突。他在《政制》中勾画的并非是一条旨在以某种方式整理具有各种思想的世界的纯理思路；相反，他对令人震惊的政治危机作出了一个特殊的修辞反应，一个以唤起听众的愤慨、强化他们说出不满情绪为目的的反应。在其他情形下，这同一个特拉绪马科斯可能强烈谴责志趣相投的政客彼此完美合作的现实，表达出对异议之可能性的兴趣。

至此，我们已经看见，三对深植于文化土壤的对立术语如何在三种智术师话语中粉墨登场、发挥作用，以及每一对立关系如何被第三选择所推翻。鉴于对立关系和所选文本都具有代表性，根据以上论述，我们完全可以这样说：智术师运用的修辞是一种第三选择的修辞。游移于人们普遍接受的适宜版本与不适宜版本之间，智术师修辞依赖巧妙运用时间，以便于修辞本身及其拥护者抓住机遇、创造机遇。在这层意义上，智术师修辞是机会主义的。运作于话语之强与弱的两极之间，这种修辞利用语言的悖论特征，创造逆转，违背规则。在这层意义上，它是游戏性的。周旋于真正的现实与不可达到的理想之间，它把两种元素合二为

---

① Havelock,《柏拉图绪论》，前揭，页238。

一，指向那些有望实现的可能性。在这层意义上，他是前瞻性的。带着这些初步的特征描述，我们现在要转向智术师修辞在前4世纪中的接受情况。首先，让我们看一看柏拉图是如何来接受的。

第三章

柏拉图对智术师的接受

在柏拉图的作品中,如果有一个话题始终受到关注,那就是智术师及其修辞。智术师,他们的身份、言行、思维方式都让柏拉图很感兴趣。但是,智术师又给他带来极度苦恼。在柏拉图的许多对话中,只要有机会攻击智术师的修辞行为、嘲笑他们给可能成为学生的人许下的诺言、谴责他们的教学方法、剖析他们的主张直至面目全非,只要有这样的机会,他几乎没有错过一次。在这场以蔑视与诋毁为目的的、吞噬一切的文学战役中,柏拉图将智术师刻画为强大的对手,他以自己的观念化工程(ideational project)所能给予的全部能量加以对抗。世界上有两种不可调和的存在方式——修辞的与哲学的,柏拉图为它们之间史诗般的斗争画出了轮廓线。①

所以,柏拉图与智术师的关系,既是依存的,又是敌对的。他既要保全他们,又要消灭他们。保全了智术师,他就有了一个背景。在这个背景的映衬下,他可以说智术师的修辞行当不堪一击,而自己精心打造的哲学体系具有优越性。另外,将他们消灭,就意味着扫清了道路,可以通向完美城邦的乌托邦。没有智

---

① 如参《高尔吉亚》500c以下。

术师,柏拉图就几乎没有或完全没有挑战对象——不过是在收集到的以往智慧之上再增加自己的洞见而已。但是,如果只是单纯地增加一点东西,你的洞见很少能够鹤立鸡群。只有通过质疑以往的传统或当前的做法,你的洞见才可能引起注意。当然,这并不是说:柏拉图就是受到这样一条思路的启发,才精心算计击败智术师,以便自己的观点给人留下深刻印象。这只是表明:柏拉图对后世产生的巨大影响,很大程度上缘于一场场舞台效果良好的话语之战,他坐镇战场,胸有成竹,指挥若定。在战场上,苏格拉底是主将,英勇善战,打败了智术所代表的腐败势力与邪恶势力。没有这些势力,很难想象柏拉图就是我们所认识的柏拉图。

　　柏拉图针对智术师及其修辞不得不说些什么,其中的不少内容今天依然饶有趣味,但是却不再具有说服力。譬如,今天不会有任何人认为,给人指导收学费、为人写讲稿收笔墨费应该受到指责。也不会有人坚持,某一观点在任何情况下都总是弱的或强的。只有极少几个人仍然把修辞看作一个本质上颓废的行当。从最近一百五十年的智术师研究来看,人们普遍认为,智术师在西方思想上打下了深深的烙印,这个烙印恐怕柏拉图或者他的门徒是不会喜欢的。当然,对智术师的认识并非总是如此。就在不久以前,整整一代学者都相信:"在与智术师的争吵中,柏拉图是正确的。他就是他所宣称的那样——真正的哲人或者真正的爱智者。智术师是肤浅的,毁灭性的,是明知故犯的欺骗者,是现代意义上的智术供应商。"然而,我们的现代性似乎不愿理睬柏拉图的遗产,个中缘由还很不明朗。要说有什么是明朗的,那就是:至少在修辞的研究者中,智术师的观点正受到的关注是前所未有的;柏拉图正被刻画成"顽固的反动者",一门心思地践踏或赶走任何反对他思想的人或物。① 但是,如果柏拉图描述的智

---

① W. K. C. Guthrie,《智术师》,前揭,页10。

术师及其修辞已经失去了吸引力,如果柏拉图已经不受重视,那为何还要考察他对智术师及其修辞的论述呢?

首先,即便是最狂热的智术师拥护者也会赞同,柏拉图界定并痛斥智术教师的种种努力,若干世纪以来,一直在发挥影响。既然如此,那又如何解释近些年来人们对智术师产生的兴趣呢?难道是偶然现象吗?还是知识回归的征兆?会不会是因为人们对柏拉图学说的不满情绪根深蒂固,所以要寻找更为满意的理论来解释当前的困境,寻来找去就找到了智术师那里?会不会是一场漫长持久的学术之争——反对柏拉图主义僧侣般的传统、反对其皇皇权威——的结果?虽然这些问题大有推敲的余地,但若没有柏拉图对智术师充满敌意的接受,再回头研究智术师恐怕就没有什么历史意义了。于是,他对智术师的看法还是有必要加以考察的,即便是它只起着提醒我们有巨大阻力要克服(只有克服了这重阻力智术师才有可能重新被当作值得研究的话题)的作用,即便它只是修辞研究者小范围内的话题。

其次,对大多数修辞家而言,柏拉图从来都是敌人——这本是他分派给智术师的角色。他一再被智术师的推崇者所攻击,说他是刻毒的憎恨人类者,说他生性狭隘,所赢得的显著地位也仅仅局限于开放社会的反对者中间。[1] 在所有这些抨击中,并通过这些抨击,很多评论者代表智术师尝试着回应了柏拉图。具体而言,他们要建立起这些观念:假如智术师没有被柏拉图的辩证法扼住咽喉,他们完全可以轻而易举地反驳柏拉图的指控;用辩证法证明的修辞与用修辞法证明的辩证法,都同样有道理;柏拉图开出的修辞改革方案指向的不是唯一出路,而是几条出路中的一

---

[1] 参Friedrich Nietzsche,《权力意志》(*The Will to Power*, trans. Walter Kaufmann and R.J. Hollingdale, New York: Vintage Books, 1968),页141~143, 429, 434~438; Eric A. Havelock,《希腊政治中的自由脾性》; Sir Karl R. Popper,《开放社会及其敌人》(*The Open Society and Its Enemies*, vol. 1, Princeton: Princeton University Press, 1971)。

条。修辞家在通向自我肯定的道路上表明这些观点时，获得的乐趣是如此之大，以至于假如柏拉图这个人不存在，他们也会觉得有必要创造一个柏拉图。

考察柏拉图的智术师论的第二个原因是想玩味一番他对智术师修辞缺点的看法。不管他的评说多少苛刻，多么失之公允，但是理解话语这门技艺以及本着普罗塔戈拉双重论证的精神去关注另一面（柏拉图的那一面），对修辞学者都是很有必要的。最后，柏拉图针对智术师及其话语的刻薄评说，构成了修辞战略志在战胜智术师战术的极佳范例。所以，柏拉图的评论值得那些对修辞的双重性感兴趣、对修辞的能量即自我表扬自我指责感兴趣的人去关注。

识别柏拉图对智术师及其修辞的接受的一个方法是，阅读他对智术师人格、活动及他们声称的技艺（technai）的各种描述。但是，这些描述散见于多个对话之中，查找他对智术师修辞的看法必然导向一种柏拉图本人不曾写过的话语，但又是一种其组成部分来自于我们今天拥有的柏拉图本人的作品的话语。这项任务自然与每篇对话的年代、形式、目的或意义无关。它关涉的是从柏拉图的篇章之中建构一个叙事，它主张该叙事反映柏拉图对修辞与辩论导师的复杂态度。这样的叙事不仅要涉及他对话中的某些人物（如高尔吉亚、普罗塔戈拉、希庇阿斯、普罗狄科斯、特拉绪马科斯），而且还要考察他把智术师当作一个阶层、把智术师当作某种滑头、把修辞当作一种文化行为所作的各种评论。尽管柏拉图用了整整一篇对话（《智术师》）来刻画智术师，他在这篇对话中所说的话，他的其他许多作品早就说过或者有所补充、延伸和限定。那么，遍访他的全部作品，有利于我们更加全面地看待柏拉图一直关注的这个大问题。更为重要的是，通过这里倡导的跨文本阅读，我们可以这样说：尽管柏拉图每篇对话的主题各不相同，但指涉的智术师形象却保持相对稳定。

亚里士多德有言，所说之言是否易于理解，受言说方式影响（《修辞学》1404a.10）。如果亚里士多德所言有理，就有必要先关注柏拉图描写智术师的方式，然后再讨论他所描写的内容。[①] 在大多数情况下，在一轮辩证法——柏拉图擅长而智术师不怎么感兴趣或不精通的语言游戏（《高尔吉亚》448e，471d；《斐德若》266c）——中，他让他们担当的是群众演员的角色。柏拉图让苏格拉底一再邀请智术师共同探讨他选择的思想问题（比如，美德可教授吗？作恶与遭受恶行，哪一个更好？如何辨别真伪）。智术师，无一例外，都被迫赞同（虽然也有不情愿的时候），都被迫表演下去（《普罗塔戈拉》338e）。但是，随着苏格拉底与智术师之间的讨论慢慢展开，有一点很快明朗起来：接受他的程序性规则、回答他的问题、遵循简洁原则（《普罗塔戈拉》334d，343b；《高尔吉亚》449b-c）、被引向他的结论——所有这些构成了游戏的一部分。[②]

在遭受辩证法灾难的过程中，智术师发现自己进入了迷宫一般的话语中，在苏格拉底分了再分的无数迷途中徘徊，躲过一个陷阱，又掉入另一个陷阱，最终直接走入了哲学家／怪物的血盆大口中。讨论结束时，智术师要么发现自己缺乏辩证法技巧，要

[①] 正如Havelock（《柏拉图绪论》，前揭，页159）指出，柏拉图为了定义智术师，"为他的若干对话制定一份出场人物表，并以那五个人的名字为他们取名。与其说他把历史人物搬进了对话，还不如这样说更妥。不要想当然地以为本人和肖像是一回事。……柏拉图是哲人，不是历史学家，而且，他那个时代的文学写作标准允许大幅度地对历史人物进行戏剧化操控"。

[②] 至于辩证法的语言游戏，Havelock（《柏拉图绪论》，前揭，页167~168）说道，柏拉图对话的当代读者有必要知道，"柏拉图在对话中为智术师设置的、让他们解答或者说让他们无以解答的那些问题，其实都是智术无从解答的柏拉图式问题。智术根本无法解答，因为智术根本没有问过这类问题"。

跟随Havelock的思路，我们还可以增加一点：柏拉图的典型步骤是苏格拉底提出问题、智术师回答问题。然而，在《普罗塔戈拉》中（328c-d），这个步骤被颠倒了，提问的是普罗塔戈拉，回答的是苏格拉底。但是，即便如此，还是很容易看出，那些问题更像柏拉图式的问题，而不像普罗塔戈拉式的问题。

么犯了违背哲学的大忌——自相矛盾——而被抓了现行。① 他们偶尔也会发出抗议,反对苏格拉底引导讨论的方式,但他们的抗议不是软弱无力就是表面上理由不充分,所以,得到的总是一样的标准答复:"留下来,不要走。我和你没有过节。是我们的讨论要求这种询问。对真理的追求必须继续。顺便说一句:如果我的观点很糟糕,务必反驳我。"②

　　柏拉图编写的苏格拉底与智术师之间的辩论,其编写方式受到了若干评论者广泛的关注。虽然大多数人赞同柏拉图对苏格拉底的对手不是特别友好,但在柏拉图对待历史上的智术师是否公正的问题上,却产生了分歧。譬如,根据哈夫洛克,"柏拉图信徒们十分难于接受的事实是他可能对任何人不公正。待人真诚、态度严谨、论述清晰,这样一个先知,怎么可能是一个搅浑历史之水的布道者呢?"③ 哈夫洛克明确回答柏拉图信徒:"任何一个意识清醒的哲人,都不会自找麻烦,都不会以保持历史精准的姿态,去报道连他本人的智识都不能接受的观点。他(柏拉图)心无旁骛所从事的工作就是批判性地考察他们(智术师),这就会带上根据他自己的体系而作出的判断。判断成了报道的一部分。"④ 有些评论者捍卫柏拉图对历史上的智术师的描绘,说

---

① 譬如,《高尔吉亚》中,波卢斯指出,苏格拉底喜欢看他的对话者陷入自相矛盾的境地(461c)。后来,卡里克勒斯也表达了同样观点(482d)。

② 参《泰阿泰德》(Theaetetus)166~168;《高尔吉亚》461c-d, 467b-c, 482d-83a, 489b, 496b, 501c, 505c-6a, 510a;《普罗塔戈拉》334c-38e。

③ 参Havelock,《柏拉图绪论》,前揭,页160。Guthrie就是这样的柏拉图信徒,他写道:"我真是难以理解,怎么可能有人读了《普罗塔戈拉》中323c-328c那段精彩的、表现作者支持态度的普罗塔戈拉的讲词以后,还会坚持认为柏拉图描写最出色的智术师,目的就是要抹去人们对他们的记忆呢?"(《智术师》,前揭,页39注2)。

④ Havelock,《柏拉图绪论》,前揭,页165。在别的地方(页87~88),Havelock更加详尽地阐述了自己的立场:"一心想掌握智术师教义现存证据的学者们,有时也认为,普罗塔戈拉的讲词重现了普罗塔戈拉的教义。但在柏拉图作品的其他地方,他使用的方法不是报道法。他自己都有很多要说,为什么要去报道别人?尤其是,这个体系已经广为传播,现在又由一个他不信任的思想流派的代表(转下页)

那些描绘是有道理的,因为据说柏拉图对自己的受众很敏感。按照这条思路,柏拉图不可能冒险写一些读者可能视为纯粹捏造而不屑一顾的东西。这条思路虽说还算有些道理,但高估了广大读者,低估了优秀作家创造或操控真实的能力。鉴于个人视觉与偏见不可避免,我们不研究柏拉图对智术师的描述如何精确,而要研究(1)柏拉图为何做出这样的描述,(2)今天我们从这些描述中又能获得什么。第一个问题的答案在本章的最后一节,第二个问题将在本书最后一章着手讨论。

在数篇对话中,柏拉图通常会对智术师做两件事。首先,他把智术师的大批观众换成苏格拉底和几个圈内的知识人;其次,他取消他们的演说资格——那种让他们获得声誉的主要话语形式,只让他们对苏格拉底的确切问题给出简短的、似是而非的回答。这样一来,柏拉图把他们打理成不够格的逻辑辩论者,让他们充当对话者同伙,扮演支撑角色。这一番改变无异于剥夺了他们的知识人身份和权力。穿上柏拉图裁剪的戏装,脱离了自己的环境,智术师已经无法辨识,雄风无存。哈夫洛克提到,如果智术师被"置于证人席,对检察官选择性的提问,只允许回答是或不是,他们完全可能急急巴巴、话不成句。他们失去了讲自己语言的优势"。① 所以,演说《海伦颂》(*Helen*)或《帕拉墨得斯》(*Palamedes*)的高尔吉亚与柏拉图《高尔吉亚》中的高尔吉亚完全是两个人,这之间的差别就好比柏拉图笔下的苏格拉底与一个被刻画成笨嘴笨舌的演说家的、要在集市上人群中或其他

(接上页)进行阐述。柏拉图这么一个天才,为什么会费心费力地在自己的作品中给它打广告呢?……他这样做可能只有一个目的——用自己的版本取代原作,将自己的版本戏剧化,让它读起来就像原作一般,以便尽可能地消灭原作的影响。这的确是一条可用来解释柏拉图其他对话的普遍创作法则,而且,值得注意的是,这条法则证明很有效。柏拉图以后的古代,由于将柏拉图自称纪念智术师领军者的多篇对话视为珍宝,就不再用心阅读或好好保存智术师作品的原稿了。"

① 同上,页168。

公众聚集的地方和演讲艺术更高超的人比赛的那个苏格拉底之间的差别一般大。① 所以，不加质疑地接受柏拉图对智术师的描述，就等于无视作者的动机与艺术才华。

然而，柏拉图的戏剧天才不仅仅只用来刻画修辞与论辩的导师们。当苏格拉底面对的不是成就斐然的智术师，那他交谈的对象就换成了一个涉世未深、对修辞如痴如醉的年轻人［如《普罗塔戈拉》中的希波克拉底（Hippocrates），《斐德若》中的斐德若，《高尔吉亚》中的波卢斯（Polus）］，或者一位不知如何最好地教育儿子的父亲［《泰阿戈斯》（*Theages*）121d-22a；《欧绪德谟》306d-7c；《拉克斯》（*Laches*）186a］。年轻人的如痴如醉通常被解释为他们尚处易受影响的年龄以及智术师的言辞具有令人着魔的魅力。至于父亲关心儿子的教育，这无须解释——哪有不想给子女良好教育的父亲呢？然而，在两种情形中，苏格拉底都试图让对话者相信，智术师的诺言——口才及随之而来的力量——不值一提，因为它带来的只能是世俗的商品，采取的手段在概念上令人怀疑、在道德上受人谴责。换言之，智术师的学生从老师那里学到的无非是如何成为腐败城邦中强有力的政治人物、如何成为无知群众的半无知领袖、如何成为短暂世界上的有名望者。与此相反的是，一种哲学的（苏格拉底的）教育方式承诺的是战胜个人欲望的力量、确定的知识，或许还能一瞥真理，以及来世永恒世界中的一个可靠位置。

与苏格拉底交谈的易受影响的年轻人、不知所措的父亲们，柏拉图对他们的刻画具有双重标准，这一点特别值得注意，却经常逃过大家的视线。如果他们倾向于修辞，我们就会被引向并相

---

① 有趣的是，柏拉图似乎很清楚，公众人物若参与哲学问题必定显得笨拙，哲人若参与公共事务也必定显得笨拙。在《高尔吉亚》中，他让卡里克勒斯对苏格拉底说："他们（哲人们）进入私人的或公共的事务，就会显得很可笑，我觉得就像公众人物参与你的研究和讨论时显得可笑一样。"（484d-e），另参《泰阿泰德》（172c）。

信这样的解释：这是因为他们不知道还有更好的东西，或者，这是因为他们任凭自己被智术师演说的魔咒所迷惑（如《克拉底鲁》403e；《智术师》233b，234c；《普罗塔戈拉》，315a）。但是，如果他们愿意去品味这位逻辑论辩大师所提出的问题，原因就变成了他们还不敢肯定哲学是否优越于修辞，苏格拉底做的不过是帮助他们肯定他们自己的看法。柏拉图不可能对智术师和苏格拉底一概而论。他不可能说，如果年轻人尚不成熟，易受别人影响，他们聆听智术师时是如此，与苏格拉底交谈时还是如此；他也不可能说，如果父亲期望的是施以父爱、对孩子进行智力开发，那么，是对孩子施行修辞教育还是哲学教育，他们的期望没有什么不同；他也不可能说，因为苏格拉底试图转变到哲学之路上的是一些已经被智术师所吸引或说服的人，他的成功不能归功于他的哲学的优越性，他的失败也不能归咎于谈话者的知识水平低下或他们的修辞先见。

柏拉图对智术师的描述

对柏拉图来说，智术师的思想和行径他太熟悉了，他们是不可接受的他者。智术师不可接受，原因就出在他们的话语上：柏拉图觉得他们的话语毫无根据，但同时又感到这种话语影响面十分宽广。因为智术师修辞迎合无知的人群，受其影响，所以在概念上有缺陷；因为智术师修辞是对当下稍纵即逝的各种事件的回应，所以反复无常、不可靠、没有永久价值；因为智术师修辞受到其制造者不光彩的野心的驱动，所以是令人怀疑的。简而言之，智术师不得不说的那些话（在哲学上）毫无意义。另一方面，柏拉图也承认智术师修辞是所有符号运作背后一股强大的势力。但是，因其混乱、自相矛盾，只能怂恿听众在社会-政治环境中一会儿这般行事，一会儿那般行事。的确，在多数人中它具有广泛的魅力，但一般而言，乌合之众对真理没有感觉，也不关心。柏拉图似乎推导出这样一个结论：智术师修辞只会产生灾难性的后果。智术师的话语产生于少数几个人（演说家），听众却是无知的多数人（公众），而多数人的行径又影响城邦的性格与城邦内的生活；之后，演说家解读公众，这种话语又回归演说家。柏拉图笔下的智术师是这个恶性循环的参与者，也是它的奴隶，虽然在希腊世界的文化地平线上发出了强有力的声音，但只能把被说服的人引向灭亡。因此，柏拉图在《美诺》（91c）中才让阿尼图斯（Anytus）大声疾呼："但愿我的亲朋好友不会突然发疯，让自己沾染上那帮人（智术师）；对与他们过从甚密的人来说，他们显然是瘟疫，是腐蚀剂（$\lambda\dot{\omega}\beta\eta$ $\tau\varepsilon$ $\varkappa\alpha\dot{\iota}$ $\delta\iota\alpha\varphi\vartheta o\varrho\dot{\alpha}$）。"阿尼图斯的意思是：智术师这剂腐蚀剂药性太强，会不知不觉地蔓延开来，让身体强健的那一部分人中的大部分也感染上病毒。与他们为伍简直就是愚蠢，因为他们的方法能毁灭社会中一切体面的、荣誉的事物。

由于智术师在那个时代相当受欢迎，[①]柏拉图想把他们驱逐出公众思想的愿望必然遭遇困难，即逆转普遍的话语品位与情感的困难。由于羞辱智术师等于冒犯民主的态度、等于抗击贵族绅士中一股相当强大的教育潮流，这项困难就显得尤其突出。即便是在柏拉图门徒的较窄的圈子中，他们也认为这样的逆转绝非小事。柏拉图批判工程所面对的问题是所有哲学长期面对的问题：如何悬置那被认为是清晰的常识，如何将其扔进迷雾里，让系统学理加以质疑。所以，面对苏格拉底七弯八拐的论证——修辞对无意作恶者无用、只能用于指控自我或亲属、用于不让罪犯受到应有惩罚以便让他永远处于煎熬中（《高尔吉亚》480a-81b），

[①] 如参《美诺》92a。

卡里克勒斯回答说："告诉我，苏格拉底，我们是该把你的话当成认真的还是在开玩笑？如果你是认真的，如果你说得对，那么我们凡人的生活就一定是彻底颠倒过来的，而且，好像我们正在做的事情是我们应该做的事情的反面，难道不是这样吗？"（《高尔吉亚》481c）。欲知柏拉图如何对付这个长期的哲学问题，让我们转向他对智术师的描述。

先让我简要说明一点。在柏拉图宏大的哲学工程中，智术师的地位如何，我并不关注；我只考察柏拉图书写他们的内容与形式。柏拉图希望同代人或后人如何理解自己，也不在我讨论范围之内。换言之，我并不指望能发现柏拉图对智术师的描述与他的错综复杂的、相互联系的形而上学、认识论或本体论的观念是否相一致。在这一方面，我的设定只是柏拉图觉得智术师很具挑衅性，所以对他们修辞行为的各种设定与含义大书特书。尽管柏拉图有个著名观点——哲人是完全专注于内心的反思性思想者（《泰阿泰德》173c-e以下），柏拉图这位哲人还是认识到了智术师对他那个时代的文化产生的影响，并且将这种影响视为带有确定（哪怕是不理想的）结果的社会现象。他依据自己这些假设对待智术师，这一事实并不能否定他们的社会地位，也不能把他们降格为一个观念而已。柏拉图本人将我们的注意引向这样一个事实：智术师的生活与活动离哲学边界很近，但还是在哲学边界以外（《欧绪德谟》305c-d）；对柏拉图而言，这正是使他们变得危险之所在。那么，像他那么刻画智术师，就是要把他们带入哲学的边界以内，确定无误地定义他们，从头到脚地揭露他们，最后宣布他们是披着羊皮的狼。

尽管柏拉图认为谴责智术师这个群体一点也不难，但他还是发现，要抓住并描画智术师这种老滑头并不容易。智术师整个家族（τὸ γένος）都很麻烦，很难猎取（χαλεπὸν καὶ δυσθήρευτου）（《智术师》218c-d；261a）。智术师是一个单手抓不住的多面野兽（ποικίλον εἶναι τοῦτο τὸ θηρίον）（《智术师》226a）。①他以多种外形出现（πολλὰ πεφάνθαι），只抓住他的一种外形，几乎不可能对他下确切的定义（《智术师》231c）。因为智术师是多头怪物（πολυκέφαλος），他会不断地向猎人提出多种反对意见，制造多种困难（ἀντιλήψεις καὶ ἀπορίας）（《智术师》241b）。换言之，给智术师下定义，并非轻而易举之事。在这方面，可以说他有许许多多防线（προβλημάτων γέμειν）；只要他筑起任何一道防线，他的对手必须首先穿越防线才能捉住他本人（《智术师》261a）。这两种意义中，他就像神话里的九头水蛇海德拉（Hydra）：赫拉克利斯每砍下他的一颗头颅，他就会长出两颗（《欧绪德谟》297c）。②他真是一个令人着迷的人，但很难长久停留在你的视线里（ὄντως θαυμαστὸς ἀνὴρ καὶ κατιδεῖν παγχάλεπος）（《智术师》236d）。这两个特征让他看起来像哲人（《智术师》253e）。哲人难以被发现是因为存在（being）之耀眼的光芒，③而智术师却逃进了非存在（nonbeing）的黑暗之中，以实践摸索道路，他难以被发现是因为非存在之地的黑暗（《智术师》254a）。智术师难以被发现，还因为他躲在他的主张——根本没有虚假与矛盾——之后。具体而言，他声称非存在不可被构想，也不可被言说，因为非存在不会以任何形式参与存在（《智术师》260c-d）。那么，要逮住智术师，你必须把他引到阳光之下，必须证明的确有虚假，虚假与意见、言语相关，也

---

① 野兽（θηρίον）这个名称，柏拉图不仅将其贴在了智术师这一类人身上，而且也专门贴在了特拉绪马科斯身上："等我讲完了刚才那番话稍一停顿时，他（特拉绪马科斯）再也无法保持沉默。他抖擞精神站起来，就像一头野兽，向我们猛扑过来，似乎要把我们撕成碎片。"（《王制》336b）

② 与正义与非正义相关的、涉及多头野兽的讨论，参《王制》588c以下。

③ 有关哲人及其相似于与不同于智术师的引文如下："哲人始终凭借理性致力于存在之理式，他很难被看见是因为他的领域光芒万丈；多数人的灵魂之眼不够强壮得足以承受神圣的景象。"（《智术师》254a-b）

就是确立非存在是存在之一部分。

　　然而，定义智术师的困难不仅仅在于他有多种外形、模棱两可和变化无常。除了普罗透斯般（Protean）*变化多端的特征外，他还能出色地模仿演说家、哲人、政治家。他对这三类人的模仿是如此逼真，很难将他与他们分别开来。就像苏格拉底在《高尔吉亚》中对波卢斯解释的那样，尽管修辞与智术的确有区别，但它们也相似："智术师与演说家经营同一片领地，对付一样的主题，所以他们动辄被混为一谈，而且，谁也说不清如何理解对方，谁也说不清广大民众该如何理解他们"（465c）。在与卡里克勒斯交谈时，苏格拉底重复了这一观点："尊敬的朋友，智术师与演说家是同一回事，或者说非常相似。（520a）"还有一次，演说家与智术师又被相提并论，那是在《克拉底鲁》中，苏格拉底表示，从动词 *legein*［to speak（说话）］的词源来看，英雄（ἥρωας）这一类人可理解为一帮演说家与智术师（ῥητόρων καὶ σοφιστῶν）（398d-e）。在《智术师》中，苏格拉底提到哲人与智术师/演说家之间的明显相似性，他告诉塞奥多洛（Theodorus）哲人有时伪装成智术师（216c-d）。后来，在同一篇对话中，那个爱利亚（Eleatic）外乡人告诉泰阿泰德，由于哲人与智术师很相近，本来是寻找智术师，找到的却可能是哲人（253c）。① 同样的混淆还会发生，因为智术师经常模仿辩证论者/哲人，让他们的学生参与反诘问［cross-questioning（Elenchus）］（《智术师》230e-31a）。还有一次，也是依赖于词源，柏拉图让年轻的苏格拉底（Younger Socrates）表示，因为智术师这个术语几乎可以用来称谓各种政府的所有领导人，

---

　　* 普罗透斯（Proteus），希腊神话中的海神，能随心所欲地改变自己的面貌。
　　① 然而，那位外乡人最终区分了两种人："一个在大庭广众之中发表长篇演讲伪装自己，另一个在私下里发表短篇演讲，迫使与之交谈的人自相矛盾"（《智术师》268b）。显然，前者指的是演说家，后者指的是智术师；或者说，前者指的是专攻修辞的智术师，后者指的是专攻争论的智术师。

它与政治家这个术语悬殊不远(《政治家》303c)。智术师的确切身份是什么,这个问题说不清楚,部分原因即来自于这样一个事实:他们也像演说家一样撰写巧妙的演讲稿($\delta εινοὺς\ λόγους\ συντιθέναι$)。而且,哲学与政治两者他们都还算精通($μετρίως\ μὲν\ γὰρ\ φιλοσοφίας\ ἔχειν,\ μετρίως\ δὲ\ πολιτικῶν$)——事实上,柏拉图认为,那正是普罗狄科斯把智术师置于哲人与政客的交界处的原因所在(《欧绪德谟》305c-d)。爱利亚外乡人对智术师的模仿能力给予肯定,但他也警告大家,要提防这些相似之处,因为他们很不可靠,不可靠的程度甚至到了你可能把动物中最驯服的家犬误以为是最凶猛的野狼(《智术师》231a)。所有这些阐述传递了一个明白无误的警告——在寻找哲人以便与之为伍的过程中,要小心谨慎,切勿落入智术师之手。① 柏拉图没有在任何地方澄清智术师与演说家的区别,但他却不厌其烦,一再把哲人与智术师、演说家对立起来,一再论述两者之间的差别。

柏拉图知道确切地、毫不含糊地定义智术师困难重重,于是他想消除那种普遍看法,即智术师的意义隐含于名称$σοφιστής$里,表示一个懂得智慧事物的人($τῶν\ σοφῶν\ ἐπιστήμονα$)(《普罗塔戈拉》312c)。《智术师》中,泰阿泰德赞同外乡人的观点:智术师"离智慧很遥远,尽管他的名称隐含智慧"(221d)。在外乡人看来,仅凭考察对象的名称,是不能明确了解它的性质的:"迄今为止,我和你们一样,知道的就只有这个名称($σοφιστής$);但是,这个名称指称什么,或许我们各自的心中都有自己的看法。但是,在每一种情形中,我们总该通过论证对指称之物达成一致意见,而不是不加论证仅赞同名称而已"(《智术师》218b-c)。②《智术师》以及其他地方,柏拉图大

---

① 在去见普罗塔戈拉的路上,苏格拉底向年轻的希波克拉底提出了建议(《普罗塔戈拉》312b-14c)。这正是建议隐含的意思。

② 对讨论对象进行定义很重要。类似观点另参《斐德若》237b-d。

规模的追捕行动，目的就是要借助于理性论证，抓住智术师这头狡猾野兽。

爱利亚外乡人与泰阿泰德手里拿着用逻辑手段编成的罗网（《智术师》235b），加上概念划分的辩证之法（διαίρεσις）设下的陷阱（《智术师》235c，264e-65a），他们开始追踪猎物，也就是给它下定义。但在追踪之前，他们还要在垂钓者上练一练打猎手艺，因为"所有的人早就达成了共识，要适当地完成对大事的调查，应该先在较容易的小事情（垂钓者）上练练手，然后再去对付那件最大的事情（智术师）"（《智术师》218c-d）。他们的追寻冗长乏味，令人厌倦，但他们决心已定，绝不松懈，得不出关于智术师的好的观点绝不罢休（《智术师》254b）。划分了再划分，他们防备着它的许多反应（对抗），终于，他们困住了它，再也逃不过他们那无法再分的论证（《智术师》231c，235c）。①

在《智术师》较前面的地方，柏拉图把智术师描写为猎取年轻人与富豪的猎人（νέων καὶ πλουσίων θηρευτής）（231d，222a）。但是，后来，很奇怪，柏拉图把方向倒了过来，把智术师变成被猎取的对象，让自己成了猎取智术师的猎人。在柏拉图，智术师作为猎人只成功了一部分，原因在于他的打猎方法缺乏科学性和理性。尽管智术师的大部分成功都是出于偶然，但有些也是他的欺骗手段（《智术师》240d）以及猎物的低下智力所致。更重要的是，智术师对年轻人和金钱的猎取是不正当的，因为其目的是服务于非理性与非存在。与此相反的是，哲人的打猎方法总是、在所有的情形中都是成功的，因为它是科学的和系统

---

① 外乡人把概念划分作为达到事物本质的一个步骤，他说道："让我们将讨论的这个种类一分为二，继续划分时总是划分右手边这一部分，紧挨着智术师所属的那个群体，直到我们将他与其他人共有的属性剥离干净，只剩下他自己的属性，这样，我们首先是让自己，其次是让那些运用最类似于这种辩证方法的人，清清楚楚认识他。"（《智术师》264e-65a）

的。他的使命完全合理，因为他执行的是理性的指令，还因为他服务的是真理的事业。在追踪过程中，有一个地方，智术师被发现属于魔术师（ϑαυματοποιῶν）那一类（《智术师》235b），外乡人解释了他和泰阿泰德将要实施的步骤，听起来信心十足的样子：

> 那么，就这样决定了，我们尽快划分影像制作艺术，而且要对它进行细分。如果智术师负隅顽抗，我们就以理性——我们的王者——的指令逮捕他，然后送到王者面前，向他展示俘虏的真面目。但是，如果智术师在模仿艺术被细分的各种区域的某一个之中找到藏身之地，我们就必须追踪下去，继续划分他退守的那个区域，直到抓住他为止。尽管放心，他或任何其他野兽永远也不可能夸口曾经逃脱过追捕者。要知道，他们的追捕者采取的就是这种条清缕析的方法，追查起来细致入微，任何地方也不放过。（《智术师》235b-c）

按照这个步骤，泰阿泰德与他的导师发现，智术师拥有七种外形：（1）猎取年轻人和富豪的雇用猎人；（2）向灵魂出售知识物品的商人；（3）出售同种知识的零售商；（4）自己生产的知识商品的销售者；（5）参与言辞竞赛的运动员，关注论辩艺术；（6）灵魂的净化者，清除阻扰灵魂的各种舆论（《智术师》231d-e）；（7）模仿性伪装的实践者："舆论艺术（δοξαστικῆς）中有那种模仿性的伪装部分，是矛盾艺术之一部分，属于影像制作（ἐναντιοποιολογικῆς）那个荒诞的种类（φανταστικοῦ），它不是神性的，而是人性的，在辩论中被定义为生产活动中的杂耍（ϑαυματοποιικὸν μόριον）"（《智术师》

268c-d）。① 虽然这些外形或定义或多或少还算贴切，却使人无法看见所有七种都具有的共同原则（《智术师》232a）。外乡人建议用智术师是争论者这句话来定义他，认为这句话比其他任何定义都更直白地表达了智术师的特性（《智术师》232b）。

即便如此，柏拉图在其他对话中，只要讨论到智术师的行为与活动、他们的主张、他们对他那个时代的大文化的影响，他就会重复、补充、延伸、解释或强调这些定义中的大部分定义。在柏拉图的文本中，智术师被描写成实践并执教语言艺术（τέχναι λόγων），包括修辞与争论。作为教师，他们从一个城邦走到另一个城邦（《普罗塔戈拉》315a；《申辩》19e；《蒂迈欧》19e），展示（ἐπιδείξεις）自己的技艺（《欧绪德谟》274a-b, 275a；《高尔吉亚》447c；《大希庇阿斯》282b），只要愿意付学费，可以给任何人以指导（《申辩》19e-20a；《拉克斯》186c）。②

众所周知，作为争论者的智术师喜好言语竞赛，喜好以反驳的论证还击彼此的论证（《泰阿泰德》154e）。除了是聪明的争论者（ἀντιλογικοί）之外，大家还知道他们是把别人培养成争论者（ποιεῖν ἀντιλογικούς）的教师，是争论技艺（ἀντιλογικῆς τέχνης）手册的作者（《智术师》232b, e）。对智术师而言，争论是一门反驳对手的技艺（ἅ δεῖ πρὸς ἕκαστον ... ἀντειπεῖν）（《智术师》232d），一门保持自己的观点不致驳倒的技艺（《大希庇阿斯》286e-87b），一门制造、强调、遮掩事物间相似之处的技艺（《斐德若》261d-e）。换言之，争论是那种可以就所有事情

---

① 有一篇论述很有趣，为每一个定义都配上了一位智术师做例证，参Frederick S. Oscanyan, "论智术师的六种定义：《智术师》221c-31e"（*On Six Definitions of the Sophist*: Sophist, 221c-31e）载于Philosophical Forum 4（1973），页241~259。

② 其他地方也提到了智术师收费授课的事，见《普罗塔戈拉》310d, 311b, d-c, 313b；《大希庇阿斯》282b, d-e；《智术师》225e；《泰阿泰德》167c；《泰阿戈斯》121d。

进行论证的能力（περὶ πάντων πρὸς ἀμφισβήτησιν ἱκανή τις δύναμις）（《智术师》232e）。①智术师争论的话题或主题包括看不见的神圣事物、看得见的天上地下的事物、创造与存在、法律与公共事务，一句话，所有事情（《智术师》232c-e）。

  作为修辞家，智术师被描写为宣称修辞是所有技艺中最优秀的技艺（καλλίστη τῶν τεχνῶν）（《高尔吉亚》448c）、在大庭广众下以长篇大论伪装自己（《智术师》268b）。大家都知道，他们以散文的形式赞美诸如赫拉克利斯一般的神话人物，或者赞美诸如食用盐一般的普通商品（《会饮》177a-c），他们在公共葬礼上致悼词［《墨涅克塞诺斯》（Menexenus）234b-35d］，他们在修辞技艺方面有新发现（《斐德若》266c-67d）。在知名度较高的智术师中，普罗狄科斯一再被提到，因为他最擅长分析词语的意义（《拉克斯》197d，《普罗塔戈拉》337e，《美诺》75e），因为他主张演讲不应该太长也不应该太短，而应该长度合理（《斐德若》267b），还因为他坚持认为了解名称是否正确（ὀρθότης ὀνομάτων）是第一要务（《欧绪德谟》277e）。普罗塔戈拉被刻画为一个受到普遍赞扬的人，他的声名来自于他对演讲的熟练驾驭（《普罗塔戈拉》310e），熟练地驾驭演讲包括ὀρθοέπεια（措辞的准确性）的概念以及其他许多精细的事物（《斐德若》267c）。高尔吉亚也被描绘为卓有成就的修辞家（《高尔吉亚》449a），他的声名缘于他对或然性的兴趣超越了对真理的兴趣，也缘于他能够运用语言的力量，使微不足道的事情显得重要、重要的事情显得微不足道，使新鲜事物显得陈旧、陈旧事物显得新鲜（《斐德若》267a-b）。高尔吉亚和普罗塔戈拉都被说成是能把学生培养成聪明的演说家的大师（《普罗塔戈拉》312d，《高尔吉亚》449a-b，455c，458a，《美诺》

---

  ① 另参《美诺》75c-d以及《普罗塔戈拉》337b-c。

95c）。最后，特拉绪马科斯被刻画为最擅长撰写"哀婉动人的讲稿，以唤起对老人和穷人的怜悯……而且简直就是一个天才，能激起民众愤怒，而当民众被煽动起来以后，他又能用他的咒语平息他们的情绪；在设计与破除任何理由的诽谤方面，他的才华无人能及"（《斐德若》267c-d）。

　　智术师具有几项共性，为此，柏拉图把他们归为一类人。首先，他们所在的行业都是教育（παιδεύειν ἀνϑρώπους）（《申辩》19e；《普罗塔戈拉》317b），都是通过教育赚钱。[1]其次，他们的技艺关注言语（περὶ λόγους）（《智术师》234c；《高尔吉亚》449d），都对语言的运作与用途感兴趣。第三，他们都趋向于相信哲学一文不值，[2]有些人甚至认为"在他们取得举世公认的声名的道路上，除了哲学的追随者外，再也没有其他障碍了。所以他们相信，如果能把哲人的地位降到一个不受尊敬的地位，大家就会一致赞同把胜利的大奖授予他们"（《欧绪德谟》305b-d）。智术师的第四个共性是他们宣称自己懂很多事物，甚至无所不知。譬如，柏拉图让高尔吉亚吹嘘自己能回答任何人提出的任何问题（《高尔吉亚》447c-48a，458e，《美诺》70b-c）；也让希庇阿斯自诩，只要与他准备好的语言表演相关，任何事情他都可以讲一通，他可以回答任何人提出的任何问题（《小希庇阿斯》363c-d）。第五，智术师都长篇大论

---

[1] 柏拉图让希庇阿斯声称，高尔吉亚、普罗狄科斯、普罗塔戈拉从教学、私下里做演讲示范以及公开演讲中赚取了不少钱。柏拉图还让他自吹，说自己挣的钱比任何两个智术师加起来还要多（《大希庇阿斯》282b-e）。

[2] 譬如，卡里克勒斯将哲学藐视为一种毫无用处的行当（《高尔吉亚》484c-86c）。又如希庇阿斯对苏格拉底的辩证方法的评说："但是，苏格拉底，你没有考虑事物的整体性……但你们所有人检验美与每一独立实体，都是分别进行的，把它们都切成了碎片"（《大希庇阿斯》301b）。再往前几页（304a），希庇阿斯把苏格拉底的谈话称作"分成了碎块的……话语的碎屑与刨花"（κνήσματά τοί ἐστι καὶ περιτμήματα ... κατὰ βραχὺ διῃρημένα）。再如，克力同对苏格拉底说：智术师认为哲学毫无价值且滑稽可笑（《欧绪德谟》305a）。

（《高尔吉亚》449b，c，461d；《政治家》286b-c）。只要问到一个问题，他们的回答就会连篇累牍，就像敲击了铜锣，铜锣会一直响个不停，你不用手按住它它就不会停（《普罗塔戈拉》329a-b）。①

许多智术师都说自己聪明、有智慧（δεινοὶ καὶ σοφοί）（《泰阿泰德》154d），声称能让他人变得有美德（《拉克斯》186c；《欧绪德谟》273d；《美诺》91a-b，95b-c）。他们的美德（ἀρετή, καλοκαγαθία）观念是物质的而非形式的。所以，他们主张，美德是一个相对的问题，因人、因事而异。至少对高尔吉亚而言，我们被告知，男人的美德包括"能胜任对城邦事务的管理。把城邦事务管理好，让朋友受益，让敌人受害，还能避免自己受苦"。女人的美德为"把家料理得井井有条，照管好家里的财物，服从丈夫"（《美诺》71e）。苏格拉底追问以形式定义美德，美诺就把它等同于统治人的能力（ἄρχειν τῶν ἀνθρώπων）（《美诺》73c-d）或者对荣誉之事的欲求与获得荣誉之事的能力（ἐπιθυμοῦντα τῶν καλῶν δυνατὸν εἶναι πορίζεσθαι）（《美诺》77b）。

尽管美诺这样定义了美德，但柏拉图的作品中并无迹象表明所有智术师都赞同这个美德观。譬如，普罗塔戈拉就被证明是文化与美德的教育者（παιδεύσεως καὶ ἀρετῆς διδάσκαλον）（《普罗塔戈拉》349a），教学生"好好判断（εὐβουλία）私人事务，教他们如何最好地料理自己的家；在城邦事务中，教学生如何通过演说与行动对公共事务产生最大影响"（《普罗塔戈拉》318e-19a）。苏格拉底将其理解为普罗塔戈拉教授的是政治技

---

① 对长篇的（修辞的）与简短的（辩证的）话语之相对优点的讨论，参《普罗塔戈拉》334d-38e。对柏拉图作品中长篇话语问题的论述，参 Harold Barret，《智术师：修辞、民主与柏拉图的智术观念》（*The Sophists: Rhetoric, Democracy, and Plato's idea of Sophistry*, Novato, Calif.: Chandler & Sharp Publishers, 1987），页 55~62。

艺（πολιτικὴν τέχνην），目的是把人们培养成好公民（πολιτικὴν τέχνην）（《普罗塔戈拉》319a）。希庇阿斯对具有美德的事物的看法，被说成是只有修辞倾向："在法庭、议事厅或其他任何可能发表演说的公共场合发表精彩、美丽的演讲的能力，让观众信服，拿走最大而不是最小的奖品，使自己得到拯救，也使财产和朋友得到保全。"（《大希庇阿斯》304a-b）最后，据说高尔吉亚还嘲笑过那些声称教授美德的智术师，他本人只一门心思培养聪明的演说家（《美诺》95c）。虽然他们教授的内容不尽相同，但几乎所有的智术师都被描绘成某种形式的智慧、美德或杰出特质的提供者。[①]

一来是对可能成其门下的人许下夸大的诺言（《智术师》233e-34a；《欧绪德谟》274a），二来是他们拥有卓有成就的公众人物的声誉，[②]智术师被说成诱惑年轻人，因为年轻人急于想在城邦中赢得瞩目（ἐλλόγιμοι γενέσθαι ἐν τῇ πόλει）（《普罗塔戈拉》316c）。如前所示，之所以产生这种诱惑，一是年轻人还处在易受别人影响的年龄，二是智术师的话太蛊惑人心（《智术师》234c；《克拉底鲁》403d-e）。[③] 修辞教师每到一个城邦，

[①] 譬如，在《美诺》91b处，智术师被一概而论为"这样的人：自称能当美德教师，把自己宣扬为希腊人的共同教师，愿意教授任何前来求学的人，只要他支付定额的学费"。

[②] 譬如，普罗塔戈拉是伯利克里制定图里（Thurioi）宪法的政治顾问；高尔吉亚是叙拉古（Syracuse）的大使；希庇阿斯是伊利斯的大使；安提丰与克里蒂亚都是带有寡头政治倾向的极具影响力的政客。

[③] 外乡人提到了一种技艺："它与言辞相关；借助于这种技艺，当年轻人还远离事物的真相时，通过向他们展示所有事情的语言形象，让他们以为这些事情是真实的，以为智术师在所有这些事情上是最有智慧的人，让言辞经由耳朵迷惑他们就成为可能。"（《智术师》234c）

但是，智术师并非是唯一其言辞对年轻人产生迷惑作用的人。苏格拉底也似乎具有同样的能耐。美诺说："苏格拉底，在我见到你以前有人告诉我，连你自己都疑惑不清，还让别人犯糊涂。现在，我发现自己简直被你的咒语迷惑了，迷惑得一塌糊涂。……假如你去任何一个城邦，你作为外乡人，还继续这样做，很（转下页）

就会"说服那些可以与城邦中任何同胞公民交往的年轻人，放弃同胞，去与他们为伍，而且要支付学费，还要感恩戴德"（《申辩》19e-20a）。由于许多年轻人都被说服，加入了某个智术师的圈子，他们实际上就脱离了自己社会的根基。但是，前面已经提到，因为这种现象很容易引起城邦人民的怨怼，致使他们做出许多宣泄嫉妒的事情与无数宣泄敌意的事情，据说智术师非常小心谨慎（《普罗塔戈拉》316d-e）。然而，普罗塔戈拉反对将自己从事的职业与技艺掩饰起来的做法，他公开声明："我承认我是智术师，我承认我教育人们"（ὁμολογῶ τε σοφιστής εἶναι καὶ παιδεύειν ἀνθρώπους）（《普罗塔戈拉》317b）。

柏拉图对智术的批判

柏拉图对智术师及其修辞的描述，离不开对他们毫不含糊的批判：批判他们游方夫子的活动，批判他们自诩为知识者，批判他们对所教之人的影响。因为这种批判已经成为许多评论的主题，也因为本章的主要任务是解释柏拉图的接受，我们对他的批判，将一笔带过。大凡批判性论述皆是全面而详尽的，柏拉图的批判也不例外，如他对智术师能教授美德的自诩的批判。苏格拉底不仅挑战教授美德的可能性（《普罗塔戈拉》；《拉克

（接上页）有可能被当作巫师。"（《美诺》79e-80b）再看一看《会饮》（215e-16a）中阿尔基比亚德（Alcibiades）对苏格拉底的赞美："一听见他（苏格拉底），我比最疯狂的人还要疯狂；一听见他讲话，我觉得我的心在狂跳，眼泪夺眶而出。我看见其他许多人也和我一样。我听到伯利克里以及其他技艺精湛的演说家演说，我承认他们口才好，但我从来没有这种感觉。他们从来没有使我的心神如此激荡。听他们讲话我不会抱怨自己的生活像奴隶。而我们这位马尔苏亚［Marsyas（希腊神话中的吹笛手——译按）］却让我进入这样一种状态，让我觉得再也无法这样生活下去了。"

斯》186b-c），他还郑重质疑是否有人做得到什么都教（《申辩》20c）。谈到智术师时，苏格拉底表示，他们的自诩太夸张了，根本不可严肃对待。所以，外乡人在《智术师》中问道："有人说他知道世间万事，可以将其教授与他人，而且学费低，费时少。我们可不可以把这当笑话？"（234a）。① 欧绪德谟和迪奥尼索多洛（Dionysodorus）就自诩能迅速教会美德，对此，苏格拉底说道："你们的豪言壮语让我难以相信。"（《欧绪德谟》274a）智术师的学生们偶尔也会拒付学费（《高尔吉亚》519c），苏格拉底从中看出智术师不能教授美德（如公正这种美德）。根据苏格拉底的评判，学生不付学费，智术师真是活该："我向来认为，公共演说家与智术师所教的那个家伙反过来对他们作恶，但他们是唯一没有理由抱怨的人。"（《高尔吉亚》520b）

　　智术师教学生收费的做法，苏格拉底也毫不犹豫地加以谴责。他告诉卡里克勒斯，只要涉及"如何让自己变得尽可能好、如何最好地管理家庭与城邦这一类需要指导的事务，有人是你不拿出现金交学费他就不给你指导，这被认为是可耻的"（《高尔吉亚》520e）。这层意义上的金钱对柏拉图来说是有问题的，因为它贬低教育，把最严肃的知识切磋变成了灵魂商品的交易（《普罗塔戈拉》313c），把知识变成了一种可以随意买卖的东西。如果金钱决定谁接受教育、谁不接受教育，那么严肃之事与非严肃之事、有才智者与无才智者之间的界限就被抹去了。其结果是，教师愿意给任何人、给所有的人以指导，只要他们答应最后支付学费。如果我们可以相信色诺芬记述下的苏格拉底与安提丰之间的那场对话（87A. 8.13），柏拉图的观点就可以被理解为：为金钱出售智慧无异于为金钱出售自己的身体，两种行为都

---

① 另参那位外乡人的看法：一个人不可能万事皆知（《智术师》233a, 235a）。

等于卖淫。除了金钱的问题之外，柏拉图还质疑智术师叫卖的知识商品的质量。由于他们执教的目的就是赚取金钱，那么，什么也阻止不了他们出售不适于精神消费的商品。此外，大多数人都不知道如何区分优质产品与劣质产品，无论这些产品是物质的还是非物质的（《普罗塔戈拉》313d-e）。[①] 所以，年轻人应该先征求长者、朋友和亲属的意见，然后再去找智术师购买智慧（《普罗塔戈拉》313a-b，314b）。

　　施教者具有多种外形，又善变，由此可以想象，智术师的技艺是多面性的（εὖ μάλα ποικίλης）（《智术师》223c），它声称涵盖各种各样的目的与主题。而且，这是一种欺骗性的技艺（ἀπατητική）（《智术师》240d）。通过这种技艺，智术师欺骗学生，"向他们展示所有事情的语言形象（εἴδωλα λεγόμενα），以便让他们以为这些事情是真实的，以为智术师在所有这些事情上是最有智慧的人"（《智术师》234c）。如果智术师的技艺有任何基础，基础就是意见而非真正的知识（《智术师》233c）。智术师属于那帮模仿各种真实的人群，不属于对各种真实具有知识的人群（《智术师》267e）。那么，他就得被理解为杂耍，他的工作就是为观众带去娱乐（《智术师》235a）。由于所有这些原因，智术师教授美德的自诩不过是一句空话，因为美德是一种

[①] 苏格拉底警告年轻的希波克拉底说："我的朋友，我们一定不要让智术师在夸耀自己的货色时给蒙骗了，他们骗人的伎俩与那些出售食物的批发商和零售商如出一辙。那些商人出售粮食，连自己都不知道什么对身体有益，什么对身体有害，他们样样都夸。购买粮食的人也不知道什么对身体有益，什么对身体有害，除非他碰巧是体育教练或医生。同理，那些带着学说周游列邦的人，向某位需要这些学说的怪人叫卖自己的货物，夸耀他们出售的所有货物。或许其中有那么几位，对自己的物品于灵魂是好是坏，一无所知。买主也不例外，除非他碰巧具有灵魂医生的知识。所以，如果你完全能够甄别这些货色的好坏，那你想从谁那里购买学说就从谁那里购买，普罗塔戈拉也好，其他任何人也罢，都是稳妥的。但是，我亲爱的朋友，假如你不能甄别，千万当心，不要把你最珍贵的东西押在一枚硬币的正反面上。"（《普罗塔戈拉》313d-e）

知识。同样，智术师教授政治与法律的承诺也无法践行，因为他们不具备这些事物的知识（《政治家》291b-c）。但是，他们却承诺给予他们实际上不能给予的东西，否则，没人会来上他们的课（《智术师》232d）。就好像欺骗学生还不够一样，智术师偶尔也让学生经历入会仪式*（《欧绪德谟》277d-e），也和他们玩文字游戏（《欧绪德谟》278c）。最后，当他们的言辞不能说服学生，他们就以剥夺公民权、罚款、死刑来惩治学生（《王制》492d-e）。智术师应该为这些行为感到羞愧。①

因为擅长打赢法庭之战，有能力"挥舞语词当武器，马上驳倒正确的论证就好像它原本就是错误的一般"（《欧绪德谟》271d-72a），从事并教授争论的智术师享有知名度。但是，当你看穿他们的伎俩，你就会发现，争论者一般都是对无足轻重的事情小题大做，胡说八道（《欧绪德谟》304e）。至于从事修辞教育的那些智术师，他们基本上都是邀请更有成就的学生去做非正义的事，即帮助非正义者逃脱应受的惩罚。此外，他们还叫人们，即便是间接地，偏爱轻松排斥艰辛——得到信念与或然性是轻松的，获得知识与确定性是艰辛的；叫人们沉溺于感观享乐、身体欲望而不是思维享乐、精神欲望；青睐权力而非善好：一句话，只专注于俗务，不用心于适合所有自由人的那桩要务，即改善他们的灵魂。②如前所示，智术师被描写为，"对与他们过从甚密的人来说，他们显然是瘟疫，是腐蚀剂"（《美诺》91c）。但是错并非完全在他们；也应该想一想，过错是不是"也在付给他们学费的年轻人，更在把年轻人托付给他们的那些亲属，尤其在于允许他们进入、不驱逐他们的城邦"（《美诺》

---

*　这里的入会仪式指的是刚进智术师圈子时要经历的测试或考验，如概念游戏等。

①　关于做一名智术师一般都会生发的羞愧之感，参《斐德若》257d，《普罗塔戈拉》312a。

②　参《申辩》29d-e。

92a-b）。说真的，一名学生从他可能碰到的任何一位雅典公民那里得到的见识，都比他从智术师那里得到的要多、要好（《美诺》92e）。

如前所示，智术师的招生行为的一大影响是，对所到城邦的社会关系产生了逐渐腐蚀的作用（《申辩》19e-20a；《普罗塔戈拉316c-d》）。年轻人要么离开自己的母邦，去追寻智术师的智慧，于是当地失去工人与公民，再也得不到他们的服务；要么继续留在城邦，但是却将家人与朋友抛诸脑后。然而，对年轻人的最大影响，不是某一位智术师造成的，而是大众造成的，大众才是所有智术师中最伟大的智术师。每当众人聚集在一起，喧哗之声是如此声势浩大，从某个智术师那里得到的教导在喧哗中根本站不住脚，结果是年轻人只好遵从大众的看法（《王制》492a-d）。

智术师的言语起源于普通大众共同持有的意见（οἱ πολλοί, δῆμος, πλῆθος）。因为智术师所在的职业就是对人群阿谀奉承（《高尔吉亚》463a），他们只说观众想听的话。他们与哲人不同。哲人对人群想听阿谀奉承的欲望漠然处之，对相同的主题，总是说相同的话。智术师从来不说同样的话（《高尔吉亚》，481d-82a，490e-91c）。智术师的行为使他们的话前后不一、不可信赖，与听他们演讲的变化无常的人群一样。智术师的行为实际上使他们成了无知听众的奴隶。但智术师却宣称他们不得不说的那些话都是智慧，虽然那些话不过是公众信念的另一个版本。柏拉图长篇累牍地解释了智术师与听众的关系（《王制》493a-c）：

> 这就好像有人饲养了一头猛兽，现在要了解它的脾气与习性：如何接近它、触摸它；什么时候、用什么东西能使它变得最凶猛或最温驯；对了，它凶猛时习惯于发出哪几种吼

叫，温驯时又发出哪几种；什么声音会使它温驯，什么声音让它发狂。通过与野兽长期生活在一起，他掌握了这些知识，并称之为智慧，由此构建一门体系，一门技艺，再拿去教别人。但是，这些叫声和习性，哪一种是高尚的，哪一种是低贱的，哪一种是善意的，哪一种是邪恶的，哪一种是正义的、哪一种是非正义的，他本人一无所知，只管胡乱使用这一类词语去对野兽下判断：猛兽喜欢的他称之为善，猛兽不喜欢的他称之为恶；找不到其他词语，他就干脆把必然的东西称为正义与荣誉，殊不知必然的与善好的有天壤之别，不能用一个去解释另一个。

柏拉图对智术师及其观众都不屑一顾，现在又凭借类比再次表明自己的立场：就像驯兽师慢慢熟悉他要驯化的野兽的习性一样，智术师经常接触群众，也了解他们习惯性的行为方式。但是，智术师不如驯兽师，因为他接受大众的荣誉观、善恶观、正义观，而这些观念的本质，普通大众太无知根本无从判断。智术师的最大问题又一次表现为：他不懂悦耳的与善好的之间的差别，不能解释他对别人做的事情，他教的是一种伪智慧，他讨好观众。简而言之，智术师的最大弱点就是他不是哲人。

至此，有一点已经昭然若揭：智术师的在世（being-in-the-world）方式与哲人的在世方式尖锐对立，柏拉图对智术师的接受追寻的就是这条对立主线。智术师时而是柏拉图用以阐明自己哲学计划的由头，时而又被说出是可憎的社会顽疾。柏拉图推出自己的辩证法———一种替代智术师话语与争论话语的激进方法，一种旨在消除智术祸害的方法。在一系列的戏剧（对话）中，也通过这些戏剧，柏拉图把智术师刻画为智力低下、道德败坏、方法笨拙。根据柏拉图，驱动智术师的是腐败社会中赚取功名的野心，对物质利益的贪念，以及对感官享乐的欲求。他们的语言，大多形象生动，但无规无矩，虽给大众留下了深刻印象，但大众没有批判能力，看不穿这种语言的欺诈与欺骗属性。因为智术师和哲人难以区分，柏拉图试图明确无误地定义他，追查他，逮捕他，以建立在概念划分步骤之上的定义法将其带出模棱两可的模糊之地。也就是说，柏拉图试图将智术师纳入自己的僭主般的思想体系中。他们在这个体系中的角色是模仿者——模仿哲人、政治家、演说家。总而言之，柏拉图认为智术师的话语行为，由于具有两歧性、欺骗性、模仿性，为他周围的社会带去了有害影响。所有，若要将智术师纳入他的概念框架，他们的危险观念与有害行为必须矫正。

柏拉图对智术师的描写为何如此苛刻、如此消极？他攻击他们为何如此猛烈？下一节将试图回答这些问题。

柏拉图对智术师的排斥

柏拉图对智术师及其修辞的敌视，引起了许多古希腊文献评论者的大量关注。① 但是，前4世纪的辩证哲人与前5世纪的游方夫子之间的激烈对抗，对此的大部分解释都局限于个人差别、知识差别、阶层差别、公民身份的差别。根据这种观点，柏拉图不喜欢智术师，是因为他们与他不一样：他们受人欢迎，他不受人欢迎；他们是自由主义的，他是保守主义的；他们是中产阶级分子，他是贵族分子；他们是外邦侨民，他是雅典公民。

---

① 如参Brian Vickers，《捍卫修辞》（*In Defense of Rhetoric*，Oxford：Clarenton Press，1988），页83-147；Nancy S. Struever，《文艺复兴时期的历史语言》（*The Language of History in the Renaissance*，Princeton：Princeton University Press，1970），页5-39；Havelock，《柏拉图绪论》，前揭，页155-294；Guthrie，《智术师》，前揭，各处。

第三章　柏拉图对智术师的接受　115

　　1857年，刘易斯（George Henry Lewes）*提出了一个问题，今天的许多修辞历史学家仍然在考察这个问题："柏拉图谈起智术师来，为什么那么刻薄？他为什么说他们的教学那么危险？"[①]刘易斯的回答毫不含糊："因为他与他们完全不同。"[②]刘易斯把柏拉图与智术师间的差别称之为"信念差别"，还用人性观——嫉恨他人成功、愤恨自己受冷落——来进一步明确自己的回答。[③]

　　智术师富裕，智术师强大，智术师光彩夺目、能言善辩但缺乏深度。让我们追问人性，尤其是哲人的本性，探讨他们对智术师对手们有怎么的情绪。询问一个孤独的思想者，问他对那个卖弄的、强大的但肤浅的修辞家的看法，这个修辞家盗取了世人的注意。有信念的人对那个只会卖弄口才或逻辑论证的人，从来都是居高临下，嗤之以鼻。思想者知道世界由思想支配，但他又看见赢得世人瞩目的是言辞。他或许知道，他的思想关乎人类的福祉，但他看见，穿着迷人语言外衣的、似是而非的谬论煽动大众的热情，让他们如痴如醉。他洞穿谬论，却不能让他人眼光敏锐。他的警告无人理睬，他的智慧遭人摒弃，他的壮志遭受挫折，而大众偶像却一路顺风顺水，屡战屡胜。如果这位受冷落的思想者还能泰

---

　　* George Henry Lewes（1817—1878），英国哲学家、文学戏剧批评家。他的作品包括《歌德的一生》（*The Life of Goethe*）、《生命与思维的问题》（*Problems of Life and Mind*）（5卷）、《演员和表演艺术》（*Actors and the Art of Acting*）、《从希腊源头至今的哲学史传》（*The Biographical History of Philosophy From Its Origin In Greece Down to the Present Day*）。

　　① George Henry Lewes，《从希腊源头至今的哲学史传》（*The Biographical History of Philosophy From Its Origin In Greece Down to the Present Day*，New York：D. Appleton and Co.，1857），页103。
　　② 同上，页104。
　　③ 同上，页103。

然处之，那他还是人吗？他不能泰然处之。他悲叹世界走错了方向，悲叹世界遭受如此命运，他的悲叹如雷贯耳，愤怒至极；他嘲弄那些领错方向的人，他的嘲弄如雷贯耳，愤怒至极。（强调由笔者所加）[1]

顺着这条思路，格罗特在他的《希腊史》中把柏拉图与智术师之间的纷争理解为缘于沉思生活与行动生活之间的分野：

柏拉图对那些智术师怀有敌意，解释这种现象完全没有必要说智术师很腐败。现代作家动辄就说智术师腐败，甚至还会加以夸大。柏拉图对智术师的敌意，缘于他们的视角大不一样。柏拉图是伟大的改革者与理论家；智术师所做的工作是让年轻人在雅典的行动生活中有能力为自己挣得荣誉，有能力为他人服务。（强调由笔者所加）[2]

格罗特进一步解释了柏拉图的改革思维，指出智术师只是柏拉图激进的、全面的变革工程中的一小部分："柏拉图所做的批判受自己视角的影响。从他的视角看过去，整个社会都是腐败的；用来实现社会功能的所有工具，打造时所用的金属基本上都是劣质次品。"[3]

晚近时代，哈夫洛克指出，柏拉图蔑视智术师，至少部分缘于"职业竞争的压力"与对智术师各种观点的恐惧心理。智术师的各种观点，在鼓吹者作古很久以后，还大量保留于公共生活的

---

[1] 同上，页103–104。

[2] George Grote,《希腊史：从最早期到亚历山大大帝那一代人》(*A History of Greece From the Earliest Period to the Close of the Generation Contemporary with Alexander the Great*, London: John Murray, 1888), 页38。

[3] 同上，页75。

许多表现形式之中。① 维克斯也表示，柏拉图对待智术修辞家的负面姿态可以解释为他妒忌他们取得的成功，妒忌他们的修辞在形成他那个时代的文化的过程中所起的显著作用。② 再者，格思理认为柏拉图与智术师的对立缘于两种相互排斥的哲学观：

> 第一种哲学观体现于普罗塔戈拉的名言：人是万物的尺度、诸神的存在是无法证明的假设。第二种哲学观在柏拉图的理想理论中达到了至高境界。根据理想理论，正义与美一类的概念是一种无关人的思想的存在。③

这些解释无论多么有价值，都忽视了两个重要事实。其一，柏拉图生长在智术师的时代，也就是说，他一定熟悉他们的所作所为与声名狼藉；其二，他成年后也生活在他们持续的影响之下。如果《第七封信》(Seventh Letter) 可以采信，在前5世纪的最后那些年与前4世纪的最早那些年，人们接受了老一辈智术师的训示与行为方式，正在慢慢品味其中的含义——至少柏拉图是这么认为的。那么，他敌视他们，与其说是他们之间的差异所致，还不如说这表现了柏拉图厌恶他成年后的希腊的政治混乱。在他看来，他经历的混乱是智术师思想与行为的直接后果。他的结论是否站得住脚，我们暂且不论。他们要讨论的事实是，柏拉图排斥智术师。他之所以排斥智术师，是因为他认为，社会政治生活的败坏随处可见，智术师是罪魁祸首。所以，排斥的逻辑并非差异逻辑，而是因果逻辑（要拒绝某件事物带来的果就要拒绝它得以产生的因）。为了看清这种逻辑在柏拉图的作品中如何发挥作用，我们有必要研究他的周遭环境，就像我们研究智术师的

---

① Havelock,《柏拉图绪论》, 前揭，页163。
② Vickers,《捍卫修辞》, 前揭，页84。
③ Guthrie,《智术师》, 前揭，页4。

周遭环境一样。要做到这一点，我们必须与传统背道而驰，因为传统把柏拉图刻画为希腊世界里古怪的思想者、思想精英，换言之，一个不能代表希腊世界的知识人。① 因为追随这一传统就意味着承认研究柏拉图或任何思想者时，可以不研究他们生活与思考过的历史时期。

柏拉图的话语环境

第一章论述了伯利克里时代的智术师及其行为与学说。那是一个具有冒险精神的时代，那个时代具有那样的特征，智术师功不可没。鉴于他们的环境逻辑、盛行的竞赛伦理、起主导作用的表演美学，我们认为他们是将某些文化行为留给后人的功臣，是催生新文化行为的催生剂。到柏拉图成年时，老一辈智术师的修辞革新已经证明具有多种用途，已经产生了深远影响，因为这些革新已经进入了欧里庇得斯的戏剧、修昔底德的历史、希波克拉底的医学。但这时的智术师却变得平庸了。他们失去早年的魅力主要是因为，就像他们代表的时代一样，他们让大家失望了，

---

① 关于柏拉图的哲学是情境性话语（situated discourse）的观点，参Raphal Demos为Jowett写的引言："观众喜欢为自己给哲人画这样一幅肖像：他住在奥林匹亚山上，远离世间纷扰。但是，柏拉图的哲学并非来自真空，它产生于柏拉图与当下的接触。柏拉图理想中的哲人是哲人王，也就是把思想置于社会生活正中央的哲人。在柏拉图的作品中，对当下事物的看法刺激出抽象的思想。他的哲学源于他对时下雅典这个大舞台的批判。在这个舞台上有荷马，受到普遍尊敬的诗人。但柏拉图不喜欢荷马，因为荷马为诸神赋予凡人之形。通过对荷马的批判，柏拉图装帧了一幅神（God）的画像——神超越了凡人的弱点与邪恶。在这个舞台上有大喊大叫的智术师。通过对智术师的抨击，柏拉图得以形成自己的理式学说。柏拉图是雅典民主政体的一员。通过修正这个政体的缺陷，他得以形成自己的理想国构想。柏拉图面临苏格拉底这个巨大事实。……从老师对学生人格的影响中，诞生了柏拉图哲学中的最高价值——正义与美德。"[B. Jowett,《柏拉图对话集》(The Dialogues of Plato, vol. 1, New York: Random House, 1937)，页11]

曾经许下的诺言——把人们培养成好公民（ποιεῖν ἄνδρας ἀγαθοὺς πολίτας）——无法践行。① 所以，柏拉图时代那些有思想有见地的人不无道理地追问：智术师配作5世纪希腊人的教师吗？他们的课业还能适应4世纪希腊世界的社会、政治、智识生活吗？可不可能产生一种智术师政权？在后伯罗奔尼撒战争时代，人们有太多的理由怀疑这一切。

如果柏拉图同时代的对手伊索克拉底的话可以采信，那么，修辞教育，最初只是一种谋取政治职业或有效公民身份的手段，现在已经变成毫不在乎公共利益、只为实现个人目的的一门技艺了。言辞竞赛，当初只是一种检测机制——检测一个人应对他人时智力的灵活程度，现在却变成了一门技艺，一种途径：这门技艺根本不管公平不公平，这种途径会不惜代价赢取法庭官司及其他胜利。表演性演说，本来只是为娱乐公众以及批判其各种建制，现在已经完全失去其目的，成了一种为演说而演说的活动。②

柏拉图认为话语与行动之间存在紧密联系，某些政治状况是各种历史因素的结果，于是，他必然得到这样一个结论：智术师不配当教师，因为他们教育公众任何的、所有的行为都是正当的，只有你有完美的修辞技巧。对柏拉图来说，这样的教育注定失败，因为它已经从好城邦的方程式中抹去了对秩序、比例与权威的尊重。当时的情形似乎证明了柏拉图迟到的失败预言。你无须走远就可以看见智术师的影响在起作用。在柏拉图的思想中，舆论领袖和普通公民都在以修辞方式思维，以修辞方式行事。城邦之内这样的取向的结果就是不负责任的国家管理、为了个人胜利的竞赛、戏剧化的政治与法律程序、为演讲表演而进行的演讲表演、伴随社会骚乱的普遍不安情绪。在政治上，演说的政客

---

① 参《普罗塔戈拉》319a。对智术师运动缺点的论述，参E. R. Dodds,《智术师运动与希腊自由主义的失败》，前揭，页92～105。

② 参Isocrates,《反智术师》与《论交换》。

可以随心所欲左右人群的立场，完全不考虑他的计划是否合理、他的政策对国家和人民将产生怎样的长远影响。在他们眼里，普通大众不守规矩且反复无常，凡是听上去不错的，他们都非常乐意被说服；他们非常轻信，根本不考虑后果。法庭上，群氓原则（mob rule）就是当时的秩序，因为在无知的大陪审团手里，在朗诵无耻之徒撰写的修辞的狡猾演说家手里，正义事业正在遭受屈辱。在国家节庆上，演讲已经变成了语言技巧炉火纯青的无聊表演，完全不考虑提高观众的道德修养。

除了这些言论之外，柏拉图还说道，一个智术师的国家，万一有此可能，就是"无序与混乱的一团乱麻"，因为它有太多标准，太多个人目的，太多互不相让的舆论，太不关心什么于自身最好，太盲目看不见真理。[①] 在《第七封信》（324b-326b）那段有名的论述中，柏拉图给人的印象是：他当时二十出头，恰恰就生活在这样的国家之中。在被认为是解释他不从政的那段话中，柏拉图讲述了一个在政治事务方面十分可怕的国家：革命一场接着一场，改革与适当管理城邦的诺言空泛无物，邪恶的事件数不胜数，最可恶的弊病，非正义之事一件接着一件，一派怀疑

---

① 关于这一点，请看《阿尔基比亚德后篇》中（145e-46b）苏格拉底与阿尔基比亚德的简短对话：

苏格拉底：有一个国家，人们都是好弓箭手、好吹笛手，通常还有运动员和艺术家。混杂在这些人中间的还有我们提过的懂得战争本身与屠杀本身的人，以及说政治大话的空话连篇的演说家。但是，所有这些人都不具备有关最好（the best）的知识，没有一个人知道何时、对何人运用他们各自的技艺更好。你认为那是一个什么样的国家？

阿尔基比亚德：我应该称它为微不足道的国家，苏格拉底。

苏格拉底：对，我想你会这样称呼它的。你还会看见人人都在与别人竞争，人人都把国家行为中最大的那部分分给他身处其中并被认为干得最出色的那个行业，我的意思是，根据他所从事的职业规则他做得最好；但是，什么对国家最好、什么对他本人最好，他基本上不知道，因为，我觉得，他把信任都放在了远离理智的意见上。于是我们说，这样的国家就是无序与混乱的一团乱麻，难道不对吗？

阿尔基比亚德：肯定是对的。

与腐败的气氛。

这些情形打消了柏拉图进入政界的愿望，却是他批判智术师机会主义运作方式的良机。柏拉图认为，对社会局势的即兴修辞反应通常是不成熟的、盲目的，演讲者以及那些被说服的人今后都有可能对此感到后悔。[①] 柏拉图觉得，需要开辟一条更加开明的进路，不是依据时局而对付时局的进路，而是从一个更加坚实的立足点出发的进路，这个立足点就是定义与原则。[②] 柏拉图一定觉得，依据时局而对付时局的人一般都没有充分准备，行动欠考虑，结果是时局往往将其压倒。而依据定义与原则的人，进入时局时已经做好准备要从一定距离坚定而从容地应对出现的问题，结果是时局低眉顺眼，为其所用。在第一种情形中，时局控制人；第二种情形中，人控制时局。显然，智术师与柏拉图都是站在一系列特殊时局之内表达他们完全不同的观点的。但是，智术师让自己见机而行以适应身边环境，而柏拉图则通过种种所谓超环境的（也就是哲学的）原则与定义拒抗身边环境。

柏拉图对时局威力的哲学式拒抗反映于他对智术师修辞的看法之中。人们常说，柏拉图讨厌的不是修辞，而是智术师及其门徒实践的那种修辞。这个问题尚无定论，但有一点值得特别注意：柏拉图对话中的智术师自诩能睿智地对付任何话题，能令人信服地谈论任何问题，能以他们的演说随心所欲地迷醉人群。但是，你叫智术师定义他们从事的技艺，却发现他们无能为力（《高尔吉亚》449c-60e）。当然，这并不是说他们能力不足。他们的能力柏拉图心中有数。智术师的话语在引导人们的思想与

[①] 柏拉图完全可以支撑他的论点。围绕西西里远征或米蒂利亚暴动的社会局势，演说家与雅典人是如何反应的，柏拉图只要提一提就支撑自己的观点了。

[②] 有关论述，参Richard Weaver，《埃德蒙·伯克与从情势出发的辩论》（*Edmund Burke and the Argument from Circumstance*）与《亚伯拉罕·林肯与从定义出发的辩论》（*Abraham Lincoln and the Argument from Definition*），收录于Richard Weaver，《修辞伦理》，1953，页53~114。

行动方面作用巨大,柏拉图对此并非视而不见。但柏拉图也知道,如果从伯罗奔尼撒战后的社会、政治局势来看,智术师修辞对希腊诸国并无什么好处。在他看来,智术师对一会儿一变的形势的开洛应对方式,导致了短视的、考虑不周的行动计划;他们的争强好胜促使人们自私自利、互不合作;他们引人入胜的修辞表演是催眠曲,把公民带入一种知识梦乡。

在柏拉图,不再热衷于悖论[《斐德若》中吕西阿斯(Lysias)的讲词]或能超越时局紧迫性(高尔吉亚的《帕拉墨得斯》)的修辞才是必须的。具体而言,一种自我意识的修辞才是必须的,这种修辞立足于明确定义的土壤之上,遵从一套明智的规则,解释自己步骤中所含的逻辑,说服"人们走向正义以便协助驾驶国家的航船"(《政治家》303e-4a)。柏拉图在《斐德若》苏格拉底的第二次讲词中以及《申辩》中举例说明了这种修辞。[①] 而且,在《斐德若》中他为一种普通修辞学绘制了蓝图。苏格拉底和斐德若一起讨论一种适当修辞所需的条件,苏格拉底对他们的讨论作了精彩的总结。他说道:

> 一个人必须知道他谈论或写作的所有事物的真相,必须能够给每一个事物分别下定义。当他下了定义以后,他必须知道如何对它们进行分类,直到不可再分为止。而且,他必须理解灵魂的本性,必须找到适合每一个本性的那类言说,

---

[①] 关于把《帕拉墨得斯》与《申辩》两者加以比较,参Jamnes A. Coulter,《〈苏格拉底的申辩〉与高尔吉亚〈帕拉墨得斯辩护〉的关系以及柏拉图对高尔吉亚修辞的批判》(*The Relation of "Apology of Socrates" to Gorgia's "Defense of Palamedes" and Plato's Critique of Gorgianic Rhetoric*),载于Harvard Studies in Classical Philosophy 68(1964),页269~303;Guido Calogero,《高尔吉亚与苏格拉底的修辞原则"Nemo Sua Sponte Peccat"》(Gorgias and the Socratic Principle "Nemo Sua Sponte Peccat"),载于Journal of Hellenic Studies 77(1957),页12~17;Kenneth Seeskin,《〈苏格拉底的申辩〉是戏仿吗》(*Is the Apology of Socrates a Parody*),载于Philosophy and Literature 6, nos 1~2(1982),页94~105。

必须相应地安排和修饰他的话语,对复杂的灵魂用复杂而和谐的话语,对简单的灵魂就用简单的谈话。只有他做到了这一切,他才能用艺术的方法说话(只要言说能被方法驾驭),要么为了给人教导,要么为了说服别人。(277b-c)

柏拉图直接呼唤这种修辞,实际上是间接呼唤辩证法。对他来说,辩证法是一种新的话语方向,这个方向可以将他同代人的修辞实践往更好的路子上引。具体而言,它可以将演说家、政治领袖、知识人等都引上正道,在这条道路上,既可对当时的各种问题作出颇有见地的反思,还可以找到周全地管理国家的方法。有赖于争辩与论辩(eristic)的传统,柏拉图提出了辩证法这样一种话语模式。这种模式拒抗时局的威力,批判主宰他那个时代文化地平线上流行的观念与行为做法。① 辩证法对哲人而言是头等大事,它力图重新表达话语的意义、形式与方向。为此目的,柏拉图让它发挥作用的范围就已经不在智术师绘出的话语界限之内了。假如柏拉图是智术的变革者而非诽谤者,他可能会主张一种围绕善好而非机会、围绕真理而非游戏、围绕理想而非可能的修辞。但事实证明,柏拉图开垦了新的话语疆界,建立了辩证法这样一个政权(regime)。

在这个政权之内,也通过这个政权,柏拉图试图摆脱外观($\varphi\alpha\acute{\iota}\nu\varepsilon\sigma\vartheta\alpha\iota$)与意见($\delta\acute{o}\xi\alpha$)的束缚,他要为真实的存在($\varepsilon\tilde{\iota}\nu\alpha\iota$)与知识($\dot{\varepsilon}\pi\iota\sigma\tau\acute{\eta}\mu\eta$)的必要性而辩护。就拿他对时局的拒抗来说,他强调的重点不是在无数的话语外观中哪一个最有魅力,而是什么话语表达能够与所有外观分庭抗礼。同理,问题的关键不在于在那海洋般浩繁的意见中哪一种最有说服力,而是什么话语构建能够对抗所有意见。由此,他精心策划了一对新的对立:把

---

① 就争议(eristic)、争论(disputation)、辩证法(dialectic)之间区别的论述,参George B. Kerferd,《智术师运动》,页59~67。

智术师及其修辞放在一边，把哲人及其辩证法放在另一边。这样一来，他明确表示出自己的偏向：偏向一种观念（one idea）、而非无数已在流行着的语言表述；偏向一位知识渊博的专才、而非社会上固执己见的所有通才；把一种真理置于世界上所有的谎言之上。这就是柏拉图的哲学立场，它暗示了一种补偿性的工程——旨在将混乱无序的社会回归秩序的工程。这项工程的总体结构和具体事项，在《王制》中被长篇大论地讲述。基于这样的理解，可以说柏拉图哲学产生于一组文化张力（one set of cultural tensions），又引入了另一组张力。①

柏拉图以及任何激进的改革者所面对的新问题是：如何让自己的观点有权威。由于改革者可以通过诋毁前辈们的功绩而建立自己的威信，柏拉图一定知道，他自己的思想工程要想开始，首先必须揭露智术师行业的各种弱点与不堪一击的特征。但是，柏拉图一定也知道，智术的思维方式不是那么轻易就能贬损的。如前所述，智术的各种表现形式（干预的、竞赛的、表演的）都具有深深的文化根源。据此，柏拉图的回答是以对话的形式，这种形式既适用于环境逻辑、竞赛伦理、表演美学，又能对这些问题加以质询。②

---

① 根据Havelock的观点，柏拉图引入的文化张力反映于普遍的"朝向抽象的驱动力"与"概念、范畴、原则之间的斗争"之中，后者早就出现在"荷马英雄们的战斗"中与本书已经论述的智术师之间的修辞竞争中。见Havelock，《柏拉图绪论》，前揭，页304。

② 根据凯尔恩斯（Huntington Cairns），"对话形式允许柏拉图将人们带向理性遍布世界这种认识，允许他表现游戏与痛苦、嘲讽与公正。他的对话变得广为人知，也得益于这些内容。对话形式还赋予他当代小说家的那种创作自由。这种形式不会把任何限制强加在他的诗学意象上，而且，也给予他最高的哲学严肃性。尽管他运用对话驾轻就熟，无出其右者，但他从不让意义服从形式"。见其《引言》（*Introduction*），载于The Collected Dialogues of Plato, Edith Hamilton and Huntington Cairns, eds., （Princeton：Princeton University Press, 1973），页xiv。

耶格尔与凯尔恩斯的看法不同。凯尔恩斯是从美学的视角看待柏拉图使用的对话形式，而耶格尔选取的却是历史的视角。耶格尔说，柏拉图知道得（转下页）

柏拉图推动对话话语，意在邀请哲学出场。① 柏拉图的推动行为体现在几个方面。首先，引入了一种威胁修辞构建的挑战。柏拉图认为，在话语显明的双重论证（dissoi logoi）背后，存在着一种唯一真理。要获得这个真理，可以与卓有成就的辩证家（通常是苏格拉底）对话。其次，宣称话语并非是一种竞争的事业，而是一种合作的事业，一种依赖训练有素的讨论中的你来我往的事业。再次，声明话语的主要目标是向内反思而非向外展示——它要将听众问题化以便涤除其无知，而不是把观众弄得眼花缭乱，而不是满足他们看表演的欲望。最后，它减少了观众的规模，重新组织话语流（flow of discourse）。以往是被动的人群聆听演讲者滔滔不绝的、自我封闭的话语，现在的对话只需要几个积极表达观点的对话者，他们相互提出问题、回答问题、表达反对意见、寻求澄清问题，但无须得出一个确定的结论。在所有这些方式中，对话话语对抗修辞话语，推出哲人成为文化的思想新领袖。在柏拉图，新领袖的主要任务是挑战修辞的主导地位。

柏拉图的对话与演说不一样。演说这种话语形式只是大背景中的一个部分，而柏拉图许多对话的背景都是大的话语之一部分。背景本身（如《克力同》中苏格拉底的牢房）、对话人物的事务（如《大希庇阿斯》中希庇阿斯的旅行与表演）、他们的境况（如《泰阿戈斯》中泰阿戈斯对儿子的教育左右为难的问题）、他们的声誉（《普罗塔戈拉》中普罗塔戈拉的声名狼藉）

（接上页）"太清楚了，他的哲学产生于一种特殊的思想氛围，在希腊思想的整个发展中占有一席之地，所以，他给自己的辩证法赋予戏剧的对话形式，让当时持各种意见的代表相互辩论"。见Werner Jaeger，《教化》（Paideia, vol. 2, trans. Gilbert Highet, New York: oxford University Press, 1976），页x。

① 柏拉图的对话是向哲学发出的邀请，相关论述参Arthur A. Krentz，《柏拉图对话中的戏剧形式与哲学内容》（Dramatic Form and Philosophical Content in Plato's Dialogues），载于Philosophy and Literature 7, no. 1（Spring 1983），页32~47；Drew A. Hyland，《柏拉图为什么写对话》（Why Plato Wrote Dialogues），载于Philosophy and Rhetoric 1（1968），页38~50。

以及对话过程中他们的表现（如《高尔吉亚》中卡里克勒斯的不合作态度）都成了评说的对象。但是随着对话展开，所有这些情景元素都退居后台，主要观点慢慢现身，占据舞台的中心位置。对话结束时，如《高尔吉亚》，重点不在高尔吉亚是出色演说家的名誉、波卢斯年轻幼稚、卡里克勒斯不懂礼貌，而在这一系列的问题上：修辞是什么？作恶与遭受恶行，哪一个更好？强大是什么意思？行动生活与沉思生活哪一种更优越？这样一来，那些在对话中提到、引起或促进对话内部活动的情境元素，最终屈从于对话所阐述的观点。但是，读者也必须（和高尔吉亚、波卢斯、卡里克勒斯一同）承认，说到底，修辞必须关注正义；强大意味着能控制自己的欲望；沉思生活优越于行动生活。

除了环境与观念的对抗性张力以外，柏拉图的某些对话还描述一种观念全力对抗另一种观念。苏格拉底一再伪装成幼稚无知的样子，与某位智术师调侃。这位争强好胜的智术师愿意就某个共同关心的话题打一场符号之战。在讨论过程中，有一点越来越显明：尽管智术师的观念流传甚广，但最终经不起辩证法的审视（ἔλεγχος），最终低下了头。② 每场讨论下来，苏格拉底无不占上风。他占上风，不是因为他是更优秀的辩手（ἀγωνιστής），而是因为他是爱智者（φιλόσοφος）（《泰阿泰德》164c）。这表明，他不怎么在乎胜利与否，更在乎追随辩论的轨迹，无论它引向何方。对话快结束时，苏格拉底与智术师之间的竞争被他们之间的合作关系冲淡了。由于这种合作，他们要么抵达一种真理，要么进入一种ἀπορία状态，即困惑状态。若找到了真理，竞争则被证明为无此必要；若最后是困惑状态，对话者和读者都必须抛开他们的好斗脾气，一起努力找寻是什么一直在躲躲藏藏。那么，在这些对话中，也通过这些对话，柏拉图与智术师竞争，既

---

② 正如苏格拉底在《申辩》21b-22e中讲道，苏格拉底与雅典的工匠、政客讨论，同样的事情也会发生。

为了破坏竞争，也为了支持竞争：要让他的对话工程取得成功，柏拉图必须最终使智术师的修辞竞争意识从属于寻找真理的对话合作。换言之，柏拉图必须参加若干场与智术师的竞争，以便证明他们好斗的倾向存在缺点，并且讨论自己版本的合作具有优势。

除了竞争的特征之外，柏拉图对话的另一个特点是它们很像在剧场上演的戏剧。就像前5世纪悲剧诗人们的剧作一样，柏拉图的对话也让人物表演出自己的骄傲、自以为是与不可战胜，结果也发现自己的见解被嘲笑为不完美、不充分、不可靠。就像舞台上的演员挣扎于凡人的世界与诸神的世界，柏拉图文本中的人物也发现自己不得不在世俗世界与半神半人者的世界之间作出选择，世俗世界是智术师修辞的世界，半神半人者的世界是哲学的世界。在戏剧中，典型的主角面临诸神的制裁，因其选择了依据人的法律而行事，或者面临凡人的制裁，因其选择了依据诸神的法律而行事。① 就像戏剧一样，哲学或修辞的选择也要付出代价。选择哲学意味着准备过一种被不懂哲学的多数人疏忽、蔑视、嘲笑的生活。② 选择修辞的代价就是生活在可耻的妥协、自我矛盾、虚伪、不诚实以及谎言之中。凡此种种意义上，柏拉图的对话可以被看成为了新一代观众的表演，新一代观众就是读者。但是，观看戏剧或修辞表演的观众习惯于向外看，以寻找"声调、色彩、形状以及所有运用这些元素造就的艺术品"带来的感官享受，柏拉图的读者却被敦促向内看，去理解美本身的理式（idea），从中获得知识的乐趣（《王制》476b）。又一次，柏拉图创造了一种新的表演形式，以便削弱修辞表演的人气与魅力。

由于这种对话话语涉及智术师，那么，它至少在形式上包含环境的、竞争的、表演的元素。但是，它也将自己的形式与自己的内容尖锐对立起来。结果是环境服从理式，竞争服从合作，表

---

① 譬如，悲剧诗人索福克勒斯（Sophocles）的《安提戈涅》（Antigone）。
② 参《泰阿泰德》174b–75b。

演服从反思。柏拉图的对话,无论讨论的是政治、社会、教育还是思想的话题,它们作为一个整体构成了对不尽如人意的形势的及时反应。在这层意义上,它们与智术师的修辞话语无甚差别。① 但是,不同于智术师修辞(智术师修辞在公共生活的各种表现形式中寻找灵感与论据),柏拉图的对话是向内的,进入人类智慧的仓储,以便重新聚拢那里的所有。于是,对话不仅抛弃了智术师修辞,而且表达了一种新的政治——理式的政治(politics of ideas)。柏拉图从结果追踪到缘由,试图证明,智术师运动没有导向一个更好的世界;恰恰相反,它把继承而来的世界弄得一团糟,几乎完全毁灭。所以,现在到了开始修补的时候了。柏拉图的对话也是一种竞争,一种旨在推翻修辞行为和争论行为的智术师文化的竞争。但是,如果果真如此,智术师式的论争(如《欧绪德谟》中所描写的)与柏拉图式的辩驳性($\dot{\alpha}\nu\alpha\tau\varrho\varepsilon\pi\tau\iota\varkappa\grave{o}\varsigma$)对话(如《高尔吉亚》)之间的差别并不太大。然而,不同于智术师式的竞争(它被认为违犯比赛的规范性原则并且只为取胜),柏拉图式的竞争忠实遵循着一套规则,目的是寻找真理,而非以较弱论点取代较强论点。在这方面,柏拉图的对话关心的不是谁赢得了一场话语竞赛,而是参赛者是否公平地(理性地)竞赛。最后,柏拉图的对话是受戏剧启发而产生的,目的是赶走表演性修辞的智术师文化。但是柏拉图的对话话语与智术师话语并无实质上的差别——对话也是为了上演游戏性的话语上的相遇(discursive encounters),这种相遇能引导读者穿越某一条道路,最终到达某个目标。但是,柏拉图的对话不同于智术师修辞:智术师修辞依赖语言对人群产生的影响,因为公开场合中人群容易受迷人的语言左右;柏拉图对话针对的则是非凡的读者,他能理解睿智的对话,并从中受益。

---

① 譬如,特拉绪马科斯(Thrasymachus)的《论政制》(On the Constitution)85B.1。

本章考察了柏拉图对智术师的接受,他对智术师的大量描写毫不留情。笔者解读他对智术师的描述时,参照了他对自己成年以后的希腊世界的社会-政治情形的看法。柏拉图确信,对于造成这些情形,智术师罪不容辞。只要看见有智术师活动的苗头,他就奋起抨击。在他的心目中,智术师必须滚蛋。因为智术师实践的是语言的竞技运动,以言辞做武器,为了取胜不惜代价,所以,他们的行径是不道德的。因为他们表演起来像演员,以言辞做面具,目的是取悦大批观众,所以,他们诺言夸张,满嘴欺骗。因为他们授课收费,以言辞做商品,以言辞随意承诺,所以,他们从事的是欺诈性的交易。因为他们模仿哲人,用言辞做自我指涉的实体(self-referential entities),还装模作样教导学生,所以,他们传播的是谎言。在柏拉图看来,国家不需要耍嘴皮子的运动员、修辞表演的行家、贪婪的商人,或者无知的教师。国家需要的是具有哲学头脑的政治领袖或具有政治头脑的哲人——简而言之,国家需要的种种人才,智术师没有能力培养。①只有通过哲人王(philosopher-king)或王者哲人(king-philosopher),国家才可能重新掌握导向幸福生活的方向盘。

本章已经证明,柏拉图曾多次试图定义智术师,明确分清他们是什么、他们不是什么。柏拉图清楚,智术师周游列国,没有固定的政治或智识身份,所以他不辞辛苦地用他的理式新词汇去规范他们的行为与学说。在他看来,智术师必须被辨识清楚。因为他们现在为某个问题的这一面辩护,过一会儿又站到另一边去了,弄不清他们究竟是什么立场。因为他们占据了许多话语位置,在某一给定时刻,在哪一个位置也找不到他们。因为他们是卓有成就的模仿者,人们不知道他们究竟是政治家、哲人还是演说家。在柏拉图看来,思想的世界需要正确的名称以及清晰明确

---

① 参《第七封信》326a–b 与《王制》473c–d。

的理式,不需要在知识与道德操守问题上界限模糊的话语。通过严格的定义程序与想象性描写,柏拉图辨明了智术师,其实就是把他们称为机会主义者、耍嘴皮子的运动员、欺骗性的演艺人、知识上的伪装者、多头怪兽,诸如此类。有了这些定义,他的同代人与后来者就可以更明智地决定拿智术师怎么办了。

随着柏拉图的到来,希腊历史开始了新纪元。它的特征表现为人们决心医治伯罗奔尼撒的战争创伤、重新思考个人与国家的关系、进行法制改革、阐明对文化的新欲望、拿出适于上述种种事情的新的话语手段。从柏拉图的视角看,建立新的文化欲望,就必须同时抛弃智术师在希腊人身上注入的欲望,尤其是修辞的欲望。柏拉图时代的修辞家们所实践的修辞,已经成了乱糟糟的话语,乱糟糟的话语又促使了乱哄哄的社会、政治行为,而乱哄哄的社会、政治行为又导致一个乱纷纷的国家。

柏拉图对智术师话语的反应,并非那个新纪元的思想界(intelligentsia)的唯一反应。伊索克拉底、他同时代的对手,便作出了不同的反应。欲知其详,请看第四章。

第四章
伊索克拉底对智术师的接受

相对于柏拉图的接受，伊索克拉底的接受更为复杂。柏拉图与伊索克拉底的接受的差异表现在：柏拉图彻底抛弃智术师修辞，并试图以自己的辩证法取而代之，而伊索克拉底谴责的只是智术师的某些修辞做法，对于智术师的其他修辞做法，他持赞同意见。伊索克拉底这种毁誉参半的反应，其结果不是提供了另一种选择，而是一个新版的修辞。这个新版本虽保留了智术师传统的若干假设，但也挑战它的某些方法、质疑它造成的后果。难怪专门研究伊索克拉底因何对智术师持赞同意见的人把他看作第二代智术师。这种解读在耶格尔对伊索克拉底的描绘中反映得最清楚：耶格尔把伊索克拉底说成是"伯利克里时代重要的智术与修辞文化代表"、[1]"把教育智术运动推向巅峰的……真正智术师"。[2]

---

[1] Werner Jaeger，《教化：希腊文化之理想》，前揭，页49。

[2] 同上，页48。对耶格尔持赞同意见的观点，参Henri I. Marrou，《教育与修辞》(*Education and Rhetoric*)，收录于Henri I. Marrou, ed., The Legacy of Greece: A New Appraisal (Oxford: Clarendon Press, 1981)，页189~190；George A. Kennedy，《希腊的说服技艺》，页17、178；R. C. Jebb，《阿提卡演说家》(*The Attic Orators*, London: Methuen, 1919)，页12~13；Jacqueline de Romilly，《古希腊的魔力与修辞》(*Magic and Rhetoric in Ancient Greece*, Cambridge，（转下页）

根据这种描述，伊索克拉底走的是智术师的路子，但改进了他们开创的传统。不错，他采取了他们的做法，以教授修辞为职业，以教授修辞赚钱；提出修辞本身没有有益或有害之别；① 支持修辞被误用或滥用，责任在修辞实践者而不在教师的说法。② 像智术师一样，他发扬修辞的巨大潜能——凝聚人心、做武力所不能做之事、激发并满足人民的欲望。③ 与普罗塔戈拉一样，他致力于把学生培养成能管好自己的事、也能效力国家的人。与高尔吉亚一样，他撰写辞藻华丽的演说词，其中有一个连主题都一样——海伦。与安提丰一样，他也为法庭撰写辩护词。像其他演说家一样（如高尔吉亚、吕西斯），他也论述希腊人之间应该保持和谐的主题，尽管他自己认为，他对该主题的处理，无论是思想性还是在典雅表达方面，都远远超过了前辈。④ 在自我标榜方面，伊索克拉底也不让智术师：他一再吹嘘自己的修辞创作在说服力、原创性与周详细致方面都超越了他们。⑤

基于这些相似点以及其他相似之处，把伊索克拉底看作第二代智术师也不无道理。但伊索克拉底与老一辈的智术师之间也

（接上页）*Mass.*: Harvard University Press, 1975），页55、57；Lorenzo Sears，《演说史：从伯利克里时代到现代》（*The History of Oratory from the Age of Pericles to the Present Time*, Chicago: Scott Foresman, 1897），页45；Charles S. Baldwin，《中世纪修辞与诗学》（*Medieval Rhetoric and Poetic*, New York: Macmillan and Co., 1928），页5。

① 他曾泛泛谈道："就其本质而言，事物既不会帮持我们，也不会危害我们。事物被人们利用的方式才是降临到我们身上所有不测的根源。"（《泛雅典娜节演说辞》223）在《致尼科克勒斯》（1~2）中，他的论述要具体一些：人们不应该"谴责那些可以从中获益又无须牺牲美德的方式，而应该谴责那些做坏事的人，谴责那些以言辞欺骗、将口才置于非正义用途的人"（强调为笔者所加）。

② 参《高尔吉亚》456a-57c，并与《论交换》251~253比较。

③ 参《致尼科克勒斯》5~9，并与《普罗塔戈拉》（320c-28d）中的普罗塔戈拉的"宏大讲词"（Great Speech）、高尔吉亚的《海伦颂》（8~14）进行比较。

④ 参《泛希腊集会演说辞》（*Panegyricus*）3~6。

⑤ 作为他的话语卓尔不群的证据，伊索克拉底指出，有些人模仿他的话语，却又对他的话语说长道短（《书信》9，15）。

存在巨大分歧,甚至可以说,前4世纪中出现的诽谤智术师的话语,伊索克拉底对其有推波助澜之作用。于是,强调伊索克拉底谴责智术师的评论者,说他背离智术师传统,建立了新的智术惯例。的确,他们恣意语言,游戏语言,或者说在修辞上虚张声势,而他完全不会这样做;他们的方法是世界主义的,是游牧式的,而他的却是都市的,尤其是具有鲜明的雅典特征;他们的教学是辅导式的,显然没有系统性,而他的却是学园教学,似乎更有计划;他们没有明确的政治远见,而他却设想了一个统一的大希腊国家,其疆域与文化影响都远远超出希腊;他们看不出希腊人与野蛮人的区别,而他却宣扬希腊民族优越论。

伊索克拉底实践修辞的文化环境与智术师的大相径庭,只要我们想一想这一点,那些差异就会变得尤其突出。如前所示,他们的世界文化繁荣,不乏文化自信心,思想呈现实验特征,而伊索克拉底的世界则是一种向内的、自我反省的、须进行社会-政治重建的文化。难怪他们的修辞敢打敢冲,具有游戏性,甚至有些厚颜无耻,而伊索克拉底的修辞却是保守的,谦卑的,甚至防御性的。他们是神话-诗学传统的继承人,在文化地域上冲锋陷阵,为的是要找到一种新的散文,因为当时诗歌在文化上虽然还是主导话语的力量,但已经呈现出颓废之势(如果说智术师面临任何竞争,竞争也是来自于他们圈子内部)。伊索克拉底也冲锋陷阵,虽说是自封的将军,但使命要繁重得多。他不仅要跳出智术师传统的藩篱,自立门户,还要与哲学争夺文化主权,与当时智术的极端形式作斗争,重塑大众对智术、演说术(oratory)和哲学的看法。

伊索克拉底对智术师的接受是复杂的,因为它对智术师传统的态度既肯定又否定,既赞同也谴责,根本无法一概而论。而且,它对柏拉图的接受显然既是贬损又是支持,这让它变得更为复杂。有时,伊索克拉底看待智术师与柏拉图如出一辙:好斗的装腔作势者、骗子、言辞的杂耍；有时，他又把他们当作可敬的前辈或同辈，只是他自己作为修辞实践者和教师超越了他们而已。尽管他们之间存在共同之处，但柏拉图与伊索克拉底对智术师的接受还是不一样。柏拉图的接受依赖理智的能量，去辨识关于修辞的真实，伊索克拉底的接受完全依赖历史的经验教训。伊索克拉底不怎么关注智术师学说是否具有哲学上的完整性（philosophical integrity），关注更多的是他们的世俗声名和对当时社会的影响。他批判他们时，批判的标准通常都是实用性（$\dot{\omega}\varphi\acute{\epsilon}\lambda\epsilon\iota\alpha$），并非真实或准确的知识。他一再表明，他们讲授的许多内容于生活纯粹不适用（$\chi\rho\acute{\eta}\sigma\iota\mu\alpha$）。① 这正好解释了他为什么经常把他们看作超智的杂技演员（hyperintellectual acrobats），沉溺于吹毛求疵的辩论，辩论的都是一些琐碎的、无关痛痒的细枝末节。在他的思想中，强调培养学生到法庭上的论辩能力是短视的、狭隘的、自私的，因为法庭修辞一般只关注极少数几个人的利益。同样，他们的话语在表现艺术上做过了头，或许能够使人——尤其是年轻人——心驰神往，但他们无益于雅典，也无益于希腊去应对那些更大的、更紧迫的悬而未决的问题。②

就像伊索克拉底与老一辈智术师之间的关系一样，伊索克拉底与柏拉图之间既有很多相似之处，也有很多差别。这也不足为奇。他和柏拉图都远离政治，虽然原因显然各不相同。他们各自都办学校，尽管所教的内容大不相同。两个都是生活优裕的雅典人，但他们对伯利克里时代的态度以及所提出的解决雅典诸多问题的方案却不尽相同。两人都关心政治与教育状况，虽然柏拉图的进路更偏向理论，伊索克拉底的更偏向实际。两人都批判智术师，但角度不同，批判的标准也不一样。两人都拥护哲学，视

---

① 参《海伦颂》（*Helen*）5~6。
② 参《海伦颂》7，《论交换》269。

之为一种生活方式,但是他们对哲学一词的运用与理解却悬殊很大。两人都试图影响政治领袖,试图让政治领袖看见他们各自构想的新世界远景:柏拉图的是一个由无与伦比的理智所统治的世界,而伊索克拉底的则是一个由实用智慧所引导的世界。

显而易见,伊索克拉底既不是纯粹的智术师,也不是纯粹的哲人。随意浏览一下他的创作,就能看出,他发现修辞与哲学都有可嘉之处。① 然而,他作品中随处可见的智术师、修辞、哲学一类词语,其意义既不明确,又不一致,这也是我们最难理解伊索克拉底接受的地方。他不是不知道老一辈智术师(他几次提到高尔吉亚、普罗塔戈拉的名字),但他运用智术师这个词语时,大多是泛指,一般指的是与他同辈的智术师。② 我们已经习惯了主要依据柏拉图的观点,这让我们对伊索克拉底更感费解。伊索克拉底认为,智术师一词不仅可以指称讲授修辞、政治话语与论争的那些人,还可以指称那些在辩证哲学、抽象的伦理原则、永恒命题的真理方面训练学生的人。同样,他也常用哲学一词表示修辞。③ 但是,即便是他对待修辞的态度,也不统一。某些种类的修辞,尤其是他自己的,他就认为该当如此:有思想、典雅、有智慧;其他种类的修辞,尤其是竞争对手的,他就认为根本不配修辞这一称号。

直到不久以前,后学大体上都采用了柏拉图对这三个词语(智术师、演说家、哲人)的解释,但是,也不可错怪伊索克拉

---

① 这不难理解,如果我们接受他师从高尔吉亚与苏格拉底两人的传说。参George Norlin,《伊索克拉底·导言》("Introduction" in Isocrates, vol. 1),页 xii~xviii。

② 譬如,他在《反智术师》(Against the Sophists, 19)中提到"最近涌现的智术师"。

③ 根据George Norlin,伊索克拉底用 $\varphi\iota\gamma o\sigma o\varphi\iota\alpha$(哲学)一词"可能只是一种抗议,抗议某些智术师荒谬不羁的承诺,说他们给予的教导无所不能。"参《伊索克拉底·导言》,前揭,页xxvii。

底胡乱用词或粗枝大叶，因为每个词语的意思以及它们之间的差别，在当时的知识人中间可谓争执不下，在民众中间也是混淆不分。① 所幸的是，与每一词语相应的实践，他都给予关注。所以，他有资格说，有些智术师、演说家、哲人是值得景仰的，另外的则令人鄙视——取决于他们的所作所为。譬如，有些智术师向学生教授演说术与政治话语，而另外一些却训练学生进行论辩，训练学生在违背法律精神的情况下如何打赢官司。同样，有些演说家为雅典带来最大的福祉，而另外一些却危害雅典观众，怂恿他们仅仅支持那些他们听上去心里舒坦的事情。② 有些哲人真正关怀思想的发展与操守的改进，而另外一些哲人论述的却是一些毫无价值的抽象概念。对这三种情形，伊索克拉底的观点都是：智术师、演说家、哲人一类的归类，不适合于具有明辨头脑的人，对任何一类中的非凡之人也不公平。

且将伊索克拉底接受中的复杂因素放在一边。伊索克拉底的接受让我们认识到：无论柏拉图多么苛刻，都不是唯一谴责智术师修辞的人。伊索克拉底的接受也迫使我们不光盯着柏拉图，迫使我们看得更远，并明白一点：同样的文化现象（智术师运动），即便在同代人中，也可以用多种而非唯一一种方式进行考察。这样一来，伊索克拉底的接受就是多种解读中的一种而已，它向我们表明，柏拉图对智术师的判断可能本无必要那么苛严、那么极端。但这并非是说伊索克拉底完全支持智术师——如前所述，他既是支持者也是批评者。最后，因为伊索克拉底的接受与他自己的修辞版本密切相关，对伊索克拉底笔下智术师的彻底了

---

① 此处我们可以回想一下《高尔吉亚》（465c）中苏格拉底的话："智术与修辞十分相近。智术师与演说家（orators）经营同一片领地，对付一样的主题，所以他们动辄被混为一谈，而且，谁也说不清如何理解对方，谁也说不清广大民众该如何理解他们。"在苏格拉底的评论之上，我们还可以增加一点：哲学也让"普通大众"困惑不解。

② 参《论交换》231以及《论和平》5。

解，不仅能让我们多少理解前4世纪智术师修辞的命运，还能形成对伊索克拉底本人的修辞的看法。

前面已经揭示，要理解伊索克拉底对智术师修辞的接受，有不少难题。本章随后的篇幅将尽力解决这些难题。笔者不仅关注他对智术师、演说家、哲人的评说，也关注他对修辞的理解。关注他对修辞的理解很有必要，因为伊索克拉底的修辞观有助于解释：他为什么既称赞又谴责智术师；他为什么认为智术师修辞的某些方面很重要，某些方面不重要；他为什么继续运用某些元素，而把别的元素抛诸脑后。以下论述的第一部分将表明：他对智术师、演说家、哲人的评说与他在每一种类中进行的区分与评价密不可分，也与他将自己从那些他反对的智术的、修辞的、哲学的做法脱离开来密不可分。第二部分考察的是他的境遇，尤其关注社会-政治形势的变化、教育以及书面修辞的成长。本文将表明：伊索克拉底对智术师的接受不仅是他对形势的回应，也是一种手段，通过这种手段，他提出了一种与前辈明显不一样的修辞。

伊索克拉底论智术师、演说家和哲人

伊索克拉底笔下的智术师是一帮声名不佳但颇有影响力的职业教育者。① 他们声名不好，是他们让人反感的各种言行造成的：声称无所不知（πάντα φασκόντων εἰδέναι）；针对以往的诗人发表意见，但说的话毫无新意；② 用言辞夸大小事（τὰ μικρὰ τοῖς λόγοις ὑπερβάλλεσθαι）；③ 在空洞无

---

① 伊索克拉底宣称，公众对智术师存在偏见，参《致菲利普》（*To Philip*）26（τὰς δυσχερείας τὰς περὶ τοὺς σοφιστὰς）以及《论交换》168（τῆς περὶ τοὺς σοφιστὰς διαβολῆς）。

② 参《泛雅典娜节演说辞》（*Panathenaicus*）18。

③ 参《海伦颂》13以及《泛雅典娜节演说辞》36。

聊的事情上喋喋不休（μάτην φλυαρεῖν）；① 忽视观众的真正兴趣，追求享乐（ἀμελήσαντς τοῦ συμφέροντος ἐπὶ τὰς ἡδονὰς ὁρμῶσιν）；② 在公共集会或私人聚会中炫耀演说之才（ἐπιδείξεις ποιουμένους）；相互竞争（διαγωνιζομένους）；许下豪言壮语（καθ' ὑπερβολὴν ὑπισχνουμένους）；③ 争论不休（ἐρίζοντας）；相互谩骂（λοιδορουμένους），辱骂的语言，要多难听就多难听（οὐδὲν ἀπολείποντας κακῶν）［《论交换》（Antidosis）147~148］。然而，伊索克拉底注意到，他们的行径、他们的言行并非从来如此。回想智术师受到同代人尊敬与景仰的那些时光，他断言"在我们祖先的时代，事情并不是那样子；相反，人们景仰智术师，赋予他们智术师的美名，嫉妒别人走红运成为他们的门下"（《论交换》313）。

针对当时的智术师话语作品，伊索克拉底在《海伦颂》中批判他们过分执着于那些在他看来是荒谬的、自相矛盾的主张。譬如，有些人声称"不可能说什么是错误的又否认它是错误的，或者不可能站在同一问题的两面发表言论"。有些人坚持认为"勇气、智慧、正义是完全同一的，都不是我们的天生品质；对于三者，只有一种知识"。还有人"在吹毛求疵的争论中浪费时间，这种争论不仅毫无用处，而且肯定会给门徒造成麻烦"。④ 伊索克拉底说，首先，这些说法与做法，其中的许多一点儿也不新鲜——老一辈的智术师如普罗塔戈拉、高尔吉亚、芝诺（Zeno）、麦里梭（Melissus）早就说过、做过。的确，当老一辈智术师第一次表明设计虚假讲词轻而易举（ψευδῆ μηχανήσασθαι λόγον）时，他们以当时看起来新奇的知识发现也许给听众留下

---

① 参《致菲利普》13。
② 参《论交换》221。
③ 参《反智术师》16。
④ 参《海伦颂》1。

了深刻印象。① 但是，若继续沿着这条路走下去，以狡辩证明事物，无异于不放手早已被否定了的做法。更为糟糕的是，这也会伤害学生，因为他们学不到有关城邦实际事务的知识，却在一些自相矛盾的、毫无用处的主题上争来争去、接受训练（譬如，乞丐和流放者的生活比其他任何人的都更让人羡慕）。② 除了自相矛盾之外，当时智术师的不少话语讨论的都是一些琐碎的主题。③ 有意义的题材，如城邦生活、国家福利、年轻人的教育，难度很高，不易撰写，因为它们要求各种形式的知识，灵活多样地运用话语，以及一定程度的严肃性，还要体现尊严。而琐碎的话语，如赞美大黄蜂、食用盐、人的灾难，撰写起来容易，因为有现成的套话可用——掌握套话不费吹灰之力。伊索克拉底把这些奇奇怪怪的写作归咎于作者具有的弱点（δι' ἀσθένειαν）。因为高贵的、崇高的话题，在公民之间已有争论的话题（ἐν οἷς ἅπαντές εἰσιν ἀνταγωνισταί），有些智术师没什么新鲜的、有趣的可说，于是退而求其次，选择一些无关痛痒的话题，这些话题，因为没有听说过，也许能引起人们的好奇，但除了演讲者以外，谁也不会在乎。这些智术师可以说就像这样一位"运动员，他装出一副最优秀运动员的架子，参加一种没有人愿意俯就迎战的比赛"〔《海伦颂》（Helen）10〕。因此，他们应该到此为止，不要

---

① 比较高尔吉亚的说辞：说服者的手段就是"打造虚假辩词"（ψευδῆ λόγον πλάσαντες）（《海伦颂》11）。

② 在《论交换》（268~269）中，伊索克拉底提出了几乎同样的思路，他建议年轻人不要"困扰于古代智术师的种种推断（τῶν παλαιῶν σοφιστῶν）。他们中的有些人坚称万物由无限多的元素组成；恩培多克勒（Empedocles）断言万物由四种元素构成，斗争与爱在其中运作；伊翁（Ion）声称组成万物的元素最多不超过三种；帕默尼德（Parmenides）和麦里梭（Melissus）认为只有一种；高尔吉亚说什么元素也没有。我觉得这些稀奇古怪的想法（περιττολογίας），就像杂耍手上的戏法一样，不会给任何人带来益处，却吸引大批头脑虚空的人群。所以，我认为，要想在世上做点有益之事，就必须从自己的兴趣中彻底抛弃所有华而不实的虚妄沉思（speculations），远离与自己的生活全无关系的所有活动"。

③ 对该问题的批判，参《海伦颂》8~13。

继续纠缠那些奇怪的、与众不同的话题。他们应该认识到，"虽然很容易把琐碎的主题以演说的语言讲得非常出色，却很难达到其他主题的伟大的巅峰。大家耳熟能详的主题，你很难找到前人没有表达过的思想；微不足道、无关紧要的话题，你随便说什么都是全新的、原创的"（《海伦颂》13）。总而言之，伊索克拉底的中心要义就是：技艺上的原创性，为原创而原创，达不到社会-政治实用标准。

因为智术师喜欢说些自相矛盾的话，喜欢琐碎的题材，他们说的话大多无益于提高公共生活。在伊索克拉底看来，受过教育的公民，比起没有受过教育的人，更应该是有见地的公共舆论的重要源泉。他们的学识应该用来实际可行地部署城邦事务、明智地解决政治问题、深思熟虑地解决社会问题。但是，当学识仅仅是一些为演说而演说的技巧，或者是吹毛求疵的争论，没有目的性，也不为有益的结果，那么，国家的重要功能、国家的命运，不是被忽视不顾，就是交到了那些无知的、无教养的、卑鄙的人手里。所以，满足于教授这些技艺的智术师应该改弦易辙了。他们尤其应该"追求真理，在我们政府的实际事务方面给予学生指导，让他们拥有专门的知识。须知，对有用之事的可能推测（$\dot{\epsilon}\pi\iota\epsilon\iota\kappa\tilde{\omega}\varsigma$ $\delta o\xi\dot{\alpha}\zeta\epsilon\iota\nu$）远比对无用之事的准确知识（$\dot{\alpha}\kappa\rho\iota\beta\tilde{\omega}\varsigma$ $\dot{\epsilon}\pi\dot{\iota}\sigma\tau\alpha\sigma\vartheta\alpha\iota$）可取；把重要之事做得有点好，总比将对生活毫无价值的琐事（$\mu\eta\delta\grave{\epsilon}\nu$ $\pi\rho\grave{o}\varsigma$ $\tau\grave{o}\nu$ $\beta\acute{\iota}o\nu$ $\dot{\omega}\varphi\epsilon\lambda o\tilde{\upsilon}\sigma\iota\nu$）做得完美无缺更有价值"（《海伦颂》4~5）。

鉴于对智术师的上述批判，也就难怪伊索克拉底急于要和他们脱离干系。他观察到，智术师的修辞作为赢得广大观众的赞誉极少，受到的嘲笑、引起的仇恨却很多。[1] 更为糟糕的是，他们伤害了那些正派的智术师，也让他们背负坏声名。[2] 伊索克拉底

---

[1] 参《论交换》148。
[2] 参《反智术师》1、11，关于外行如何看待智术师的承诺与实践，参7~8。

自称是智术师,但他却抱怨说,虽然他从没干过那些典型的智术师所干的勾当,但和他们一样声名不好。他从两个方面解释了这种现象。首先,外行人都以为,共同的职业标签(如智术师)必定意味着干同一类事情。所以,他们"把那些自称为而实际上根本不是智术师的人的不当行为,归咎于其行为方式完全不同的人身上"(《论交换》215)。其次,有些智术师在散布错误的谣言,说伊索克拉底仅仅是法庭辩词的写手。他回应说,这是多么荒谬,就像称呼"雅典娜神像的雕塑大师菲迪亚斯(Pheidias)为玩具制作者一样"(《论交换》2)。深知很多人对他有误解,他说,假如人们愿意费一点心思去熟悉他的作品和行为,就会发现他并非普通的智术师。他痛苦地承认,人们不公正地中伤他:"我一再地被那些不知名的、无价值的智术师胡说八道($τῶν\ σοφιστῶν\ τῶν\ ἀδοκίμων\ καὶ\ πονηρῶν$),一再被公众下判断,但依据的不是我的真实,而是道听途说。"[《泛雅典娜节演说辞》(*Panathenaicus*)5]

因为伊索克拉底怀疑公众把自己与典型的智术师混为一谈,在《论交换》(193)中他说自己不对可能的学生作出过高的承诺,以免别人谴责他:"我当初开始这个职业,就曾写下并发表了一篇讲词。你们在这篇讲词中会发现,我抨击那些装腔作势、空口说大话的人,然后提出我自己的观点。"① 但是,他的先发制人的措施显然徒劳无益。从《论交换》的开篇几页来看,伊索克拉底不想人们误解他的幻想还是破灭了:

> 我一直认为……由于我作出的这项选择(不像智术师那样纠缠于琐碎问题,就重要的、崇高的主题进行演讲与写作),还由于我基本上退隐的生活,我在普通大众的舆论中

---

① 他指的当然是《反智术师》。

地位颇高。然后，当我的职业生涯接近终点……我慢慢意识到，即便是在本行以外，也有些人对我的看法并非如我想象的那样；而且，有些人完全误解了我的追求，他们听信我的诽谤者的言语；还有一些人，虽然十分清楚我工作的性质，但就像智术师对我的态度一样，心存嫉妒。这些人喜欢看见人们错误评判我的品德。（《论交换》4）

121　　还有一个问题是伊索克拉底不愿意与智术师相混淆的，那就是钱财问题。如前所示，人们对智术师普遍抱有偏见，造成偏见的一大因素就是据传他们通过教学敛聚财富。在《论交换》中，伊索克拉底觉得有必要反击公众对他的这种看法，即他也是通过担任修辞教师敛聚巨额财产。他的论辩分为两步。首先，他质疑智术师收取高额学费的普遍看法；[①]其次，他指出，这些年间他赚取的钱，大多用于履行公务了，很少用在自己身上。[②]"大体而言，你们会发现，所谓的智术师中，没有一人聚敛了大笔钱财，他们中的有些人生活拮据，其他人的境况也只是中等水平"（《论交换》155）。如果你去调查一番高尔吉亚，那位传说中终生都在赚钱的智术师，那位被认为比任何其他智术师都赚得多的人，你会发现，他死后留下的不过一千斯塔特（Staters）而已。[③]

　　虽然批判智术师的某些修辞做法，虽然极力想脱离这个群体，伊索克拉底还是为智术师说了一些好话。就像他的批判言辞一样，他的赞誉性评论也是建立在适用观念基础之上的。在明确

---

①　参《论交换》156～157。另参《反智术师》3～5：他责难智术师，说他们的课业价值很高，但开出的价格却很低："尽管他们标榜自己是如此宝贵的商品（幸福、美德、致福的智慧）的主人和发售者，但要价不过三四个迈纳（Minae），他们也不嫌害臊。"

②　参《论交换》158。

③　同上，155～156。

肯定智术师的一次评论中，他表示某些智术师是值得学习的。虽然没有道出名字，他建议德莫尼克（Demonicus）博采众家之长，这就意味着要汲取智术师教给学生的那些有用的东西：你应该"不仅仅遵从我的言语，也要熟悉诗人们作品中的最优秀的东西（τά βέλτιστα），也向其他聪明人学习（τῶν ἄλλων σοφιστῶν）他们讲授的有用的功课（εἴ τι χρήσιμον εἰρήκασιν）。就像蜜蜂飞落在所有的花朵上，汲取每一朵的精华，有志于培养文化修养的人也应该遍尝智慧百花，从每一源头获得有用知识"[《致德莫尼科斯》（To Demonicus）]。①

有些智术师值得学习，这种说法本身就是在质疑对智术的两项最常见的指控：智术都是欺骗与强词夺理（φλυαρία καὶ φενακισμός）；智术腐蚀学生。提出第一种指控的人认为，修辞能力是天生的，要么有，要么无，根本无法教授。提出第二种指控的人认为，学生一旦对修辞驾轻就熟，就会用来图谋他人的钱财。②伊索克拉底正面回应了这两项指控："两项指控没有一个字有道理。"（《论交换》198）首先，众所周知，有些智术师的确帮助学生提高了修辞技巧："在智术师下手的许多人（πολλοὺς τῶν ὑπὸ τοῖς σοφισταῖς γενομένων）并没有受欺骗或受到不良影响……他们中的有些人最终成为（演说比赛）优秀的冠军（ἱκανοὺς ἀγωνιστάς），还有人成了出色的教师。"（《论交换》203~204）③其次，智术师腐蚀学生，既不能给他带来快乐，也不能给他带来钱财，也不能给他带来荣誉。一个职业教师，要想生活无忧且受到社会尊重，全看他能输出了什么样的学生。

---

① 在《致尼科克勒斯》（13）中，伊索克拉底表达了大致相同的观点。
② 参《论交换》197~198。
③ 伊索克拉底还提出，单凭天赋不一定充分，还需要接受教育。"正规训练……不可能彻底改造缺乏天赋的人，不可能将其造就为优秀辩论手或优秀写作者，尽管它能指引他们自我提高，指引他们在诸多科目上表现得更机灵。"（《反智术师》15）

所以，他必须培养出最优秀的人才。① 伊索克拉底也质疑第二种说法，即修辞能力是算计人家财产的工具。他辩驳道，如果真是这样，那么所有卓有成就的演说家都是阴谋家和马屁精。但事实却是，最杰出的政治家出自学习修辞之艺学得最多的人中间（《论交换》230~231）。显而易见，这种现象不仅当今如此，历史亦然。譬如，"梭伦曾被称为七大智术师之一，被赋予现在看来很不名誉的头衔……伯利克里曾师从两位智术师，克拉左门尼的阿那克萨戈拉（Anaxagoras of Clazomenae）和达蒙（Demon）。据说达蒙在世时是雅典人中最有智慧的人"（《论交换》235）。

显然，伊索克拉底对智术师的评论兼备了两条相互矛盾的接受线路——一条支持，一条批判。两条线路都是建立在伊索克拉底的修辞观念之上的：修辞是文化上必须的活动，既能讨论重要的主题，也能讨论琐碎的主题，可以用来达到有益的目的，也可以用来实现有害的目的，要么使公共生活丰富多彩，要么让公共生活陷入枯寂。把两条接受线路综合起来就可看出，说智术师富裕、教授不可教之事以及腐蚀学生，这种说法并不可靠。有些智术师在经济上富裕，有些拮据；有些教授实用的知识，有些教授无用的东西；有些腐蚀学生，有些帮助学生进入政治中的显赫职业。所以，只注意他们积极的贡献是片面的，只看见他们负面的影响也是片面的。鉴于修辞具有向善与向恶的双重特征，伊索克拉底得出的结论一定是：批判性接受要求一种混合性评价（a mixed appraisal）。

大体而言，伊索克拉底对演说家的接受与他对智术师的接受一样，走的是同一条路子。具体而言，他批判演说家的某些做法，但并不排斥所有的演说家，也并不因为某些人的做法让人

---

① 对该问题的详细论述，参《论交换》209~229。

不敢苟同，就贬低修辞之艺。① 其次，他要与所有的演说家脱离干系，要与他认为其课业不可接受或完全无益的演说术教师脱离干系。最后，按照自己对修辞的理解，按照自己实践与教学的方式，他对修辞持肯定态度。

在伊索克拉底看来，演说家在形成公众舆论方面相当有影响力。② 因为他们能够操纵矛头指向，能够有说服力地倡议某一行动方针，通常被政客雇用来为自己的利益服务。③ 但是，由于他们通常身不由己，他们在公开场合说的很多话都不可信。④ 总体而言，大家都知道演说家是这样的人：向人群滔滔不绝地演讲，"不是为了国家的利益，而是为了自己想得到的东西。……这些演说家，要么在集会上，就在自己人中间，为存钱的多少就争吵起来，要么中伤我们的同盟者，要么谁撞到他枪口上他就敲诈谁"（《泛雅典娜节演说辞》13）。

作为一个阶层，当代演说家没有为雅典做什么好事；相反，他们造成了许多灾难。⑤ 滥用自己位高人群的权利，演说家宣称热爱人民，而实际上却是整个国家的祸根。自从他们得到权力以来，他们一再误导城邦，现在又指责城邦对希腊人滥施武力、强取同盟者之钱财。而且，他们让绝大多数普通人相信：把水搅浑比风平浪静好，非正义比正义好，垂涎他人财物比专心自己事务好。⑥ 如此这般，他们引起了很多骚乱，最严重的就是战争。他们惯用的战术就是着眼于人群一时的快意，根本不管国家的未来。演说家当初地位低下，现在让人嫉妒，除了这个事实以外，

---

① 参《致尼科克勒斯》47。
② 参《论交换》136～139。
③ 参《马队》(*The Team of Horses*) 5～7以及《波拉提克斯》(*Plataicus*) 3。
④ 参《波拉提克斯》38。
⑤ 一群特殊的邪恶演说家，即给雅典带来了损害的谄媚者，参《论交换》312～320。
⑥ 参《论和平》26。

他们自己发家致富了,却让殷实之家破败了,让穷困者靠公家的钱打官司。实际上,演说家希望同胞公民一直处于无助状态,因为他们意识到,只有这样,他们才能维持自己的权力。凡此种种原因,他们活该遭人憎恨:"没有哪一个阶层像我们堕落无良的演说家和蛊惑者那样对人民如此的不怀好意。"① 但奇怪的是,他们令人反感的做法以及产生的让人质疑的影响,公众似乎很喜欢,或者无动于衷。②

伊索克拉底解释说,演说家的邪恶应该归咎于公众。公众聚集在一起听他们演说,通常是演说家说什么,他们就支持什么。演说家诉诸公众的恐惧、虚荣和贪婪,从而迎合公众。公众越是支持他们,他们越有力量形塑公众的思想、左右公众的行动。反言之,演说家越是迎合公众,公众就越是趋向于支持他们的言辞。③ 伊索克拉底在《论和平》(On the Peace)的一段话(这段话让人联想起克里昂对沉醉于修辞表演的听众的沮丧心情)中,批判公众腐蚀了演说家:"的确,你们造成的结果是,演说家实践与学习的($\mu\varepsilon\lambda\varepsilon\tau\tilde{\alpha}\nu\ \varkappa\alpha\grave{\iota}\ \varphi\iota\lambda o\sigma o\varphi\varepsilon\tilde{\iota}\nu$)不是对国家有利的东西,而是如何演讲起来你们才高兴。他们中的绝大多数人都诉诸于这种演讲话语,因为大家慢慢看明白了,比起倡议和平的人,你们更喜欢号令你们去战场的人。"(《论和平》5)

演说家对公众产生影响并在公众中赢得成功,还有一个更为重要的原因,那就是它们喜欢修辞表演与竞赛,并且参与这种文化。当时,智术师话语表演过了头,比赛的成分过于明显,伊索克拉底的评论就是对这种现象的回应。伊索克拉底注意到,

---

① 同上,129。
② 对演说家的这种刻画出现在《论和平》(On the Peace)121~131。
③ 在《论交换》(133)中,伊索克拉底详细论述了他对民众的看法,他提到曾对学生提摩修(Timotheus)说过:"'你看民众的本性,'我会对他说,'他们多么喜欢溜须拍马的假话;他们喜欢迎合他们好恶的人胜过为他们寻求福祉的人,他们喜欢以满脸堆笑和兄弟情义欺骗他们的人胜过以尊严和克制为他们效劳的人。'"

在公共集会上，在他们雄辩的言辞（eloquent words）中也通过雄辩的言辞，演说家们让听众的听觉和视觉都得到愉悦，但就是不给他们的理智带去愉悦。伊索克拉底本人即相信愉悦的话语具有强大的说服观众的能量，所以建议年轻国王尼科克勒斯（Nicocles）在对臣民讲话时，不要运用最有用的话语，而要运用最具神话色彩的话语。他说道，很显然，

> 那些为了赢得广泛注意写作诗歌或散文的人，寻求的应该不是对自己最有利的话语（τοὺς ὠφελιμωτάτους），寻求的应该是虚构成分最多的话语（τοὺς μυϑωδεστάτους），因为耳朵喜欢听这些东西，就像眼睛喜欢看游戏与竞赛一样（τοὺς ἀγῶνας καὶ τὰς ἁμίλλας）。为此，我们完全有理由钦佩诗人荷马以及悲剧的发明家们，因为他们真正洞见了人的本性，在他们的诗歌中表现听觉和视觉两种愉悦：荷马为半神半人者的竞赛与战争穿上神话的外衣，悲剧诗人赋予神话以竞赛与斗争的形式（τοὺς ἀγῶνας καὶ τοὺς πολέμους），如此一来，它们不仅仅表现给我们的耳朵听，也表现给我们的眼睛看。有了这些先例，那些志在赢得听众注意的人就必须力戒劝诫与忠告一类的言辞，而要说最能讨大家高兴的那些事情。[《致尼科克勒斯》（To Nicocles）48~49]①

从这段忠告来看，伊索克拉底似乎认为，那些来参与修辞事件的人，不仅仅是听众，也是观众，于是演说家把自己的修辞搬上舞台，表演给他们看。从他在《泛希腊集会演说辞》（Panegyricus 43~46）中的论述来看，演说家的技艺（techne）似乎根植于公共节日（πανηγύρεις）的古老风俗，这个风俗到伊

---

① 另参《泛雅典娜节演说辞》1。

索克拉底的时代方兴未艾。他注意到，这些风俗的目前表现形式，即已成惯例的各种公共集会，包括"速度与力量的竞赛、口才与智慧的竞赛（λόγων καὶ γνώμης）以及所有其他技艺的竞赛"（45），他对这种现象持赞成态度。在参加节日的人潮中，有些是来表演（ἐπιδείξασθαι）自己的才艺的，其他人则是来观看（θεάσασθαι）选手表演的（ἀγωνιζομένους）；选手们为了赢得大奖相互比拼。这种互动的结果是，观众和选手都感到满足和骄傲，因为观众知道表演是为了他们而表演，选手知道全天下的人都来观看他们的表演（44）。

伊索克拉底一定认为，演说家除了具有修辞表演的天赋，也通过多次实际比赛练成了说服本领。尽管从未说过自己是参赛者，[①] 他至少原则上赞同比赛这个观念，因为他说："荣誉与功勋不是可以坐等而来的，必须依靠奋斗（οὐκ ἐκ τῆς ἡσυχίας ἀλλ' ἐκ τῶν ἀγώνων）。"[②] 修辞领域的竞赛在雅典最为激烈，雅典是培养所有卓越演说家的学校，是他们的培训基地：

> 雅典被看作一所培养杰出演说家与演说术教师的学校。这很自然，因为大家看到，她为那些具有这种才干的人悬出最大的奖赏，她为那些愿意参与这种竞赛（τοῖς ἀγωνίξεσθαι περὶ τὰ τοιαῦτα）、希望在这方面受到训练（γυμνάζασθαι）的人提供了数量最多、种类最多的练习场所（γυμνάσια），而且，每个人在这里都能获得那种最能训练演讲能力的实际经验。（《论交换》295~296）

在伊索克拉底看来，当时的演说家的所作所为受到两种脉

[①] 事实上，他从未说过自己是公共演说家、普通演讲者或其他什么名称的有影响力的人（μήτε δημηγορῶν μήτε στρατηγῶν μήτ' ἄλλως δυνάστης）（《书信》1, 9）。

[②] 另参《海伦颂》17，以及《埃瓦戈拉斯》（Evagoras）4。

动的驱使——表演的和竞赛的。然而，大多数演说家的问题并非出在时代脉动本身，而是出在他们展现自己的方式，也就是说，许多演说家过分强调演说的表演性与竞争性。于是他们给人留下的印象是：只有两种话语——展示性的与斗争性的（combative）。但事实是，话语还有很多种类，包括希腊性的（Hellenic）、政治性的和颂词性的（panegyrical）（λόγους Ἑλληνικοὺς καὶ πολιτικοὺς καὶ πανηγυρικοὺς）。① 后面这几种话语，好就好在高度程式化，而且都关注当时急迫的重大主题：它们"较之于法庭演讲，更接近于韵律与歌咏作品。它们把事实置于更具想象力、更华美的形式中，体现的思想也更崇高、更有创意，从头至尾大量运用辞格，而且运用得惟妙惟肖"（《论交换》46~47）。但是，尽管这些话语的风格卓越、主题无可挑剔，但是修辞的竞赛伦理非常盛行，有些人"用法庭上微不足道的案件的答辩标准来衡量志在青云的演说"（《泛希腊集会演说辞》11）。② 同样，展示美学在当时的演讲惯例中居主导地位，致使演说家一叶障目，看不见对自己和同胞公民都意义重大的政治话题。

由于这些原因，伊索克拉底试图与大多数演说家脱离干系。就像他与智术师脱离干系一样，这一举措意在强调琐碎话题与重大话题、无用话语与有用话语、有益修辞与有害修辞之间的区别。他在若干场合指出，由于自己的身体条件，他从来就不是普通意义上的演说家。③ 即便如此，他还是像一个演说家一样地生活和工作："我躲进学习、工作、记录自己的思想中，选择的领域不是琐碎小事或个人私交，也不是别的演说家讲个没完没了的那些事情，而是希腊的事务、君主的事务、国家的事务"

---

① 其他种类的散文话语包括半神半人者的宗谱、诗人研究、战争史以及对话（《论交换》45）。
② 伊索克拉底对比了自己的修辞和法庭论辩，参《论交换》48~50。
③ 参《致菲利普》81；《泛雅典娜节演说辞》9~10；《书信》1.9；《书信》8.7。

（《泛雅典娜节演说辞》11）。① 他告诉我们，在他长长的职业生涯中，别的许多演说家都忙于相互争吵、误导公众、立下毫无依据的豪言壮语，而他自己却是一个孜孜不倦的声音，一再规劝"希腊人对内和睦相处，对外齐心协力与野蛮人作战"（《泛雅典娜节演说辞》13）。② 在那些对雅典慷慨陈词的人中间，有些肆无忌惮地谴责，有些极尽能事地赞美，有些虽也赞美，但言辞吝啬；而伊索克拉底的赞美是：雅典无与伦比。③ 他一再申明，他与大多数演说家最大的区别（这一点存疑）在于：他们进行的是表演性的演讲（ἐπιδείξεις）与法庭上的论战（ἀγῶνας），而他撰写的讲词是为了教导（instruction）目的（διδασκαλικοὺς καὶ τεχνικούς），在技艺上超群绝伦；他们试图将听众误入歧途，他撰写的讲稿以真理为方向；他们的演讲是为了观众开心满意，他的写作斥责听众错不容辞，并辅之以谆谆告诫。④

然而，在伊索克拉底看来，所有这些区别基本上都被人们忽视了。结果，大多数人把他与演说家混为一谈："尽管事实上我自己与这些演说家思维方式天渊之别，我选择的领域的价值与他们的不可同日而语，但是绝大多数人不是依据我们的美德而是以一种混淆是非的、完全没有理性的方式评价我们"（《泛雅典娜节演说辞》15）。如前所示，伊索克拉底把这种混淆是非归咎于公众不具备判断力：他们连智术师、演说家、哲人这三类人尚

---

① 在《致米蒂利尼领袖书》（*Letter to the Rulers of the Mytilenaeans*, 7）中，伊索克拉底重复了这一观点："的确，我不参与政治活动，也不实践演（转下页）（接上页）说术，因为我的嗓音不够雄浑，我的自信不够上讲台。但我并非废人一个，并非没有声望。恰恰相反，你们会发现，那些对你们和其他盟友大家赞赏的人，我是他们的顾问和助手。我为希腊人的自由与独立创作的话语，比那些鞋底磨光了演讲台的所有人的话语还要多。"

② 就雅典与菲利普在安菲波利斯城（Amphipolis）战役的问题上，伊索克拉底曾提到他与演说家们有分歧（《致菲利普》2）。

③ 参《泛雅典娜节演说辞》37~38。

④ 同上，271。

且不能区分，更不用说区别每一类人中的高尚者与卑劣者了。但是，问题的重点与其说是公众因何混淆是非，还不如说是他如何利用这种混淆。伊索克拉底将这种混淆视为有害无益，终其一生似乎都在努力将其消除，并在此过程中向天下人不厌其烦地解释自己作为修辞教师与修辞实践者的所作所为。

如此多的演说家实践的都是他认为那种具有破坏性的或无关大局的修辞，在他的心目中，这个事实并非意味着所有修辞都是一种颓废的活动。同样，如此多的教师所教授的都是那种他认为讨人厌的修辞（如何赢得法庭辩论、如何以悖论的言辞让观众眼花缭乱），这个事实并非表明修辞教育就应该是那个样子。在伊索克拉底看来，问题不在修辞本身，而在于修辞被拿来用作的用途。① 但是，大多数外行是看不出这层区别的，所以，他们发现自己对修辞一概很反感。② 这些外行不知道，如果修辞教授的方法得当，运用修辞的人有责任心，修辞会带来最大的利益。在伊索克拉底经常被引用的那段话中（《致尼科克勒斯》5~9），我们读到修辞的教化（civilizing）功能、修辞在建设与维护社会方面起着至关重要的作用、修辞在人类思维与理解中是不可或缺的角色。在《泛希腊集会演说辞》（48~49）中，我们还读到这样的话：雅典比其他任何国家都更能理解修辞在所有智识文化中的中心地位。口才（eloquence），说它是技能也好、才华也罢，对雅典人都是企望的目标，③ 理智的体现，自由教育的标志，通往权力与荣誉的手段。

虽然在这些地方伊索克拉底对修辞的赞美毫无保留，但他赞美的主要还是自己的修辞版本。该版本力图对当时紧迫的社会-政治局势作出反应，力图展示对语言艺术资源的熟练驾驭，而且

---

① 参《致尼科克勒斯》2~4。
② 同上，5以下。
③ 另参《论交换》246~248。

力图最终走向有益的结果。用他的话来说，"最好（最美）的修辞是讨论最伟大事物（主题、事务）的修辞，是在展示讲话者的才能的同时为听众带来最多利益的修辞"（《泛希腊集会演说辞》4）。既然该版本认可公共修辞的展示元素，可以说它至少保留了智术传统的一个方面。但是，由于它坚持宏大主题和有益的结果，可以说它又偏离了智术师的修辞实践。只要我们稍稍考察一下伊索克拉底曾试图将自己的修辞解释为一种哲学活动的种种努力，这种偏离会变得异常清晰。

在若干场合，伊索克拉底给人的印象是，他的话语完全可以被说成是关于修辞的哲学（τὴν περὶ τοὺς λόγους φιλοσοφίαν）。① 他将自己刻画为哲学学生的引导者（ἐγὼ τοὺς φιλοσοφοῦντας ἐπανορθῶ），② 将自己所从事的工作称为哲学（φιλοσοφία），③ 而且声称自己的学生从事哲学（περὶ τὴν φιλοσοφίαν διατρίβοντες）。④ 这是不是说他的思想追求与其他哲人（如柏拉图）的追求完全相同？不一定。有一次，他区分哲学教师与修辞教师：前者注重学生的道德操守，后者以培养学生的修辞才能为目的（《致德莫尼科斯》3~4）。⑤ 还有一次，他区别了演说家（ῥητορικούς）与优秀的思想者（εὐβούλους）：演说家可以在大庭广众下慷慨陈词，优秀的思想者在自己的思维世界中激烈辩论。⑥ 尽管作了这些区别，伊索克拉底把自己的修辞说成是哲学，其动机似乎是要让自己摆脱智术师的坏声名，并且创建一片新的话语空间。在这个空

---

① 参《泛希腊集会演说辞》10。
② 参《致德莫尼科斯》（To Demonicus）3。
③ 参《论交换》50。在同一段话中，他也把自己从事的工作称为力量、动能（δύναμις），或职业/日常事务（διατριβή）。他还说，《论交换》一定程度上就是对哲学的论述以及对哲学力量的阐述（《论交换》10）。
④ 参《论交换》41。
⑤ 然而，在《反智术师》（21）中，他提到，他的哲学虽然包括研究政治话语，但比起培养演说能力，它培养诚实品格的可能性更大。
⑥ 参《致尼科克勒斯》8。

间中，哲学与修辞共存，且相互依存。①在他的心目中，哲学是作出合理判断的手段："能够利用推断能力大致制定出（行动的或言语的）方针的人，我认为他们有智慧（σοφούς）；一心从事他们能最快地从中获得那种洞见的研究的人，我认为他们是哲人（φιλοσόφους）"（《论交换》271）。然而，那些研究不外乎修辞研究而已。正如伊索克拉底解释道，智慧的获取至少需要三个条件：把话说好的抱负、说服别人的愿望、把握自己优势的心愿。②有了把话说好的抱负，就必定讨论重大主题，有关人类的共同利益的那种主题；你就必须效法那些最光辉的、最能陶冶情操的行为。要想说服别人，首先就要在同胞公民中表现得品行高尚并赢得颇高的威望。至于把握自己优势的心愿，它将引导你在与人打交道时，正直自持、信守承诺、凭良心做事。所有三种情况中，追求智慧的人奉行的信条是：好人最容易说服别人。这样一来，修辞研究必定提高自己的诚实意识与正义感。③

由于他那个时代的哲人也声称培养人的道德修养是他们的领域，伊索克拉底一定又一次面临着将自己同又一类知识人区分开的任务。但是，他划分出的他自己与哲人之间的区别并没有他与智术师或演说家之间的区别那么多，那么显著。伊索克拉底根本没有办法反对道德教育，所以转而抨击某些哲学主张。如前所述，他认为，说勇气、智慧、正义三者同一，就像说所有的美德只有一种知识一样，既自相矛盾，又毫无益处。④这样的话语毫无益处，因为它根本就不能提高个人的道德情操。针对哲学声称的第二个领域——科学知识，他说像几何、天文一类的学科，严格说来，不属于哲学研究的范畴，应该被看作"思维的体操

---

① 参《论交换》270~280。
② 同上，275。
③ 反映于接受了修辞教育的人身上的聪明或才干，还有另一种版本，参《泛雅典娜节演说辞》30~31。
④ 参《海伦颂》1。另参《反智术师》（21）：伊索克拉底表示正义不可教授。

和为哲学的准备"（γυμνασίαν τῆς ψυχῆς καὶ παρασκευὴν φιλοσοφίας）（《论交换》266）。他还注意到，很多追求哲学的人（πολλοί τῶν φιλοσοφησάντων），一直生活在个人小圈子里（《反智术师》14），言下之意则是：大多数从事修辞的人生活在公共竞技场上。这最后一点似乎仅仅是就事论事，但也不难读出其批评的调子，尤其是联想到伊索克拉底一生致力于改进公共生活这一点，批评的余音就更明显。

虽然这些区别并无进一步论述，但它们与伊索克拉底对哲学的其他评说是相矛盾的，那些评说给人的印象是伊索克拉底纯粹是在挪用普通意义上的哲学关怀。譬如，他承认肉体与灵魂迥然不同（《致德莫尼科斯》40），断言后者优于前者（《论交换》250）。他还表示，哲学有能力确立法律，探究事物的本质（καὶ νομοθετῆσαι καὶ τὴν φύσιν τῶν ὄντων ζητῆσαι）[《布西里斯》（Busiris）22]。① 而且，他还注意到，那些真正站在哲学立场思考的人（τοῖς ἀληθῶς φιλοσοφοῦσιν）与那些装模作样思考的人（τοῖς προσποιουμένοις）之间存在区别（《泛雅典娜节演说辞》263）。② 他还说"思想的磨炼是所有追求中最崇高、最有价值的事情"（《论交换》304），认为修辞教学中，草率承诺者（τοῖς ῥᾳδίως ὑπισχνουμένοις）与真正懂得话语的人（τοῖς εἰδόσι τι περὶ αὐτῶν）之间存在巨大差别（《反智术师》（[Against the Sophists] 16）。这些评说完全有可能是柏拉图的观点。

迄今为止，我们已经看见，伊索克拉底对智术师的接受，在谴责那些无谓的、有害的修辞实践的同时，也肯定了那些有效的、有益的修辞实践。他评说的主旨让我们认识到，智术师与智术师不一样——有些值得学习，值得模仿，有些则应该受到谴

---

① 哲人对人及事物本性的兴趣，另参《泛雅典娜节演说辞》240。

② 另参《书信》（9，15）：伊索克拉底提到，那些装模作样做哲学思考状的人（προσποιούμενοι φιλοσοφεῖν）令人反感。

责，遭人蔑视。在伊索克拉底那里，智术师有时是他提出自己教育计划的基础，有时则是公共话语中概念混淆、做法难以理解、效果很难认同的根源。他发表了许多作品，将自己的修辞实践与竞争对手的区分开来。如此这般，他让一种本质上完全不同的修辞运作起来，这种修辞通常让人联想到公民口才的传统（tradition of civic eloquence）。

根据伊索克拉底的接受，逻各斯在人类文明的每一成就与每一表现中都起着中心作用，智术师激发了公众对这种作用的敏感性，因而是值得赞扬的。但他们的话语太过好斗、太过华丽，给人留下的印象是：修辞要么是一种赢取法庭论辩的手段，要么就是一种漠然的言辞艺术表演。因为每一个人都想取胜，因为所有的人都喜欢娱乐，这些话语行为赢得了广泛的欢迎。但是，因为志在取胜，道德不道德也就不管不顾了；因为心在娱乐，严肃的事务也就放到一边去了。于是，这些活动也就成了人们怀疑的目标。事实上，对那些能言善辩的人，公众既崇拜又怀疑，既嫉妒又憎恶。公众知道，演说家（通常为智术师的学生）随时准备告诉大家如何思考、如何行动，但他们经常把自己的利益放在听众和国家的福祉之前。针对这种根本的矛盾情绪，伊索克拉底阐明了一种修辞，其宣称的目的既不是赢得比赛，也不是为了演讲表演，而是在社会与政治问题上提出有洞见的建议。因为这种修辞在实践智慧方面与哲学重合，伊索克拉底认为它至少部分地算得上一种哲学追求。

伊索克拉底的修辞及其环境

综合伊索克拉底对修辞传统及哲学话语的肯定和批判，笔者将伊索克拉底置于修辞与哲学相交之处。笔者认为，就在这一相交之处，出现了一种新版的修辞，一种试图解决时代紧迫需求的修辞版本。这种修辞既不着力于表演性修辞（λόγους ἐπιδεικτικούς）、竞赛性论辩（λόγους ἀγωνιστικούς），也不着力于抽象性知识（λόγους φιλοσοφικούς），而是把注意力转向希腊的政治生活；这种修辞创造出有建设性的话语，试图教给学生和政治家如何颇有洞见地对付他们的环境。但是，为什么会出现这种转向？什么是这种修辞能成就的而纯粹智术或纯粹哲学不能成就的？要回答这些问题就必须考察与伊索克拉底修辞息息相关的环境。

和柏拉图一样，伊索克拉底也生活在希腊的内观（introspection）与重建时期，这个时期的意义他显然想要形塑，这个时期的方向他无疑希望影响。就像柏拉图，伊索克拉底也生长于文化欢欣雀跃的时代，成年以后，却遇上了政治呈颓势的年代。虽然伊索克拉底与柏拉图之间存在分歧，但他们都面临着政治与社会的诸般状况：城邦之间战乱频仍，城邦之内纷扰不断，叛乱接二连三，思想领域迷茫不辨方向，无法无天，社会无序，政治混乱。在某种程度上，伊索克拉底对付这些状况的方式与柏拉图的如出一辙：对政治腐败、疯狂追求个人利益、智识缺失、毫无意义的表演、毁灭性的竞赛等诸般现象，他一概谴责。但伊索克拉底的反应与柏拉图的还是有差别。柏拉图在几个哲学上训练有素的政治家或政治上积极活跃的哲人手里看见了人类的救赎，而伊索克拉底却在新一代的演说家身上看见了救赎（《论和平》145）。柏拉图的新统治者必须拥有无与伦比的理智，伊索克拉底的统治者必须拥有健全的判断力，这种判断力可以通过学习（他自己版本的）修辞与吸取历史教训而获得。最后，柏拉图的改革会限制修辞（《政治家》[Statesman] 304；《斐德若》259e以下），伊索克拉底的改革是利用修辞为雅典的利益、为整个希腊的利益服务。简而言之，柏拉图在辩证法中看见了矫正修辞的良药，伊索克拉底就在修辞本身中找到了良药。严格说来，伊索克拉底的修辞既不依赖个人的语言才华和语言对个人的影响（就智术师而言），也不依赖于政治的或法律的哲学（就柏拉图而言）。伊索克拉底的修辞依赖于生活在城邦中的群体，他们身处滔滔修辞洪流之中并受制于一定的政治与法律制度。所以，伊索克拉底的修辞的重心不在政治或法律改革，而在修辞改革。这种改革将在他的学校中实现，并在他对活生生的政治领袖（如菲利普、尼科克勒斯，而非设想中的哲人王或政治家）的吁请中得到体现。

就像老一辈智术师，伊索克拉底也教授修辞。但是，为了教授这门新技艺（techne），老一辈智术师从一个城邦走到另一个城邦；而伊索克拉底在雅典开办了一所学校，不是他周游列邦去授课，而是学生们走到学校来上课（《论交换》87~88，24，226）。有了这个崭新布局，修辞不再仅仅是一种游牧式的表演，修辞第一次有了学校的根基。① 自从伯利克里时代以来，智术师的修辞，雅典一点儿也不陌生。但是，智术师走到哪里，就把他们的课业带到哪里，一路走一路展示。② 也就是说，一心想坚持不懈地学习修辞、但又无法跟随老师周游的学生，只好等待他下一次来访。相对于游方教师提供的短期的、断断续续的指导，伊索克拉底开办的学校就是一个永久之地，在这里，学生可以长久地、不间断地学习话语的技艺。

当然，这种新的学校设置并非仅仅意味着在一个中心位置不

---

① 对该问题更为详细的论述，参G. C. Field,《柏拉图与他的同代人》（Plato and His Contemporaries, London: Methuen, 1930），页32~33；John W. H. Walden,《古希腊的大学》（The Universities of Ancient Greece, New York: Charles Scribner's Sons, 1909），页33。

② Kenneth J. Freeman and M. J. Rendall,《希腊的学校：从前600到前300年间古希腊教育的实践与理论》（Schools of Hellas: An Essay on the Practice and Theory of Ancient Greek Education from 600 to 300 B. C., New York, Kennikat Press, 1969），页163~164。

间断地学习。第一，它意味着智术师当初以新鲜事物引进的那种技艺已经登堂入室进入了主流文化，进一步说，它必须关注自己地位的提升，而不是像当初那样仅追求显示度与合法性。伊索克拉底开创学校以前，修辞教育就已经使其他形式的教育黯然失色。现在，修辞教育还有一个额外的任务：让自己取得更高水平的优秀成绩、让自己创造出富有意义的成果，以此消弭观众对修辞的模棱两可的态度。第二，它意味着"（可以）组织长期的、系统的教学课程，而不是游方教师——无论多么杰出——必然采取的填鸭式教学模式"。①第三，它意味着学生与学校之间的关系比个别辅导性的师生关系更加正式——一个学问渊博的学生不大可能对学校不利，不大可能像提西阿斯（Tisias）对待科拉克斯（Corax）*那样对待学校。第四，也许也是最为重要的一点，它意味着修辞必须专注于国家事务。既然学校旨在培养学生以便将来到公共生活中去历练，那么，它就必须知晓国家的脉动。四种情形中，可以说伊索克拉底都偏离了智术师传统，他启动了一项富有挑战性的新工程：将修辞教育机构化，并且根据政治生活的需要规定其未来的走向。

在伊索克拉底启动这项挑战性工程之前，智术师许下的诺言是：要为有兴趣的人配置必要的修辞装备，"以成为城邦中真正

---

① Field，《柏拉图与他的同代人》，前揭，页33。

* 科拉克斯和提西阿斯，据说是古希腊修辞的创始人。公元前5世纪间，西西里人推翻了独裁者，民众纷纷拥向法庭试图重新收回被侵占的私有财产。这时，叙拉古人科拉克斯和他的学生提西阿斯将法庭演说的相关技巧归纳成规则，以便人们易于学习掌握，从此便开启了修辞术研究和学习的历史。

据传，当初提西阿斯前来向科拉克斯学习修辞时，和老师有约在先：他打赢了第一场官司后才付学费。但约定之后他就不去法庭参加论辩了。后来，科拉克斯将学生告上法庭，并且表示：如果他打赢了官司，自然对方应该把学费交来；如果他输掉了官司，他依然可以得到学费，因为对方赢了官司，符合他们当初立下的约定。提西阿斯反驳道，如果他输了，依据约定他自然不用交学费；如果他赢了，他还是不用自己掏钱，因为他会得到对方赔偿，赔偿款就权当学费。据说法官将这一对"坏乌鸦下的坏蛋"轰出了法庭。

强大的人"（《普罗塔戈拉》318e-19a）。现在，伊索克拉底承诺把学生培养成有见地的统治者或有责任心的公民。这之间的差别并非两种教育观念的差别——每一个方案都是对时代状况的反应。经过伯利克里的政治改革，权力出现了空缺，智术师方案出现的一个原因，就是要填补这些空缺。这个方案是受时局的驱使，目的是要满足个人野心。另一方面，伯罗奔尼撒战后数十年间，整个希腊大地上，开明政治领袖与有思想的公民明显不足，伊索克拉底的方案就是要弥补这个缺口。老一辈智术师的做法有欠章法规矩，伊索克拉底与他们分道扬镳，把修辞用于阐述明智管理和公民良知。显然，每一种方案都试图解决一系列特殊的需求。但是，智术师方案将修辞看作在社会上生存下去、在政治上获得显著地位的关键，伊索克拉底的方案却把修辞看作泛希腊福祉的一种表现形式，看作泛希腊福祉的一个导向。

虽然智术师并无一个共同的修辞教育进路，但他们不同的进路可以理解为中心主题——掌握逻各斯是通往权力的最佳途径——的各种变体。① 这种逻各斯中心主义并非旨在阐明一旦大权在握应该何去何从。② 它仅仅是声称逻各斯具有影响人们思想与指引人们行动的潜能。因此，智术师教的是语言特性、语言运作规则、语言结构的多种可能、语言产生影响的条件。③ 要达到什么目的、要运用什么主题都不是他们的教学内容。对他们而言，修辞是一个形式问题，并非道德问题。他们的主要任务是赋

---

① 参James Jarrett，《智术师的教育理论》（*The Educational Theories of the Sophists*，New York：Columbia University Teachers' College Press，1969），页16。

② 有两个对立的观点，参《高尔吉亚》与《论和平》（103~105）。

③ 对智术师语言关怀的详细阐述，参C. J. Classen《苏格拉底同代人的语言研究》（*The Study of Language Amongst Socrates' Contemporaries*），收录于C. J. Classen，《智术师》，（*Sophistik*，Darmstadt：Wissenschaftliche Buch geselschaft，1976）），页215~247。

予能力，并非教化启智。①

这些教育实践对如何适当运用修辞的问题自然也就避而不答[如前所述，智术师修辞以第三选择开洛（kairos）回避了贝利贲-艾贝利贲（prepon-aprepes）之对立]。但这个问题柏拉图与伊索克拉底都讨论过。柏拉图的回答是认识论的和道德论的，而伊索克拉底的回答却是实用主义的。伊索克拉底信奉这样一条原则：说服的技艺必须用于有益的用途，所以，他为修辞教育引入了两个新要求——主题性要求与实用性要求。②主题性要求就是修辞必须着力于重大主题，实用性要求则是修辞必须为观众的生活做出积极贡献（《泛希腊集会演说辞》189；《海伦颂》12；《致尼科克勒斯》10）。引入两项要求，目的显然是与修辞中两个令人质疑的做法——漠然的言辞表演主义（verbal exhibitionism）与不择手段的追求个人利益——打擂台。伊索克拉底似乎认为，再也不能仅仅用审美或竞赛的理由为修辞开脱，或者说，修辞如果仅仅是为了审美或竞赛，那它已经没有多大意义了。在一种极力妥协于政治的紧迫形势、甘心忍受公民的优柔寡断的文化中，伊索克拉底一定认为，为了演说而进行的演说，是一种不合时宜的选择。同样，一种好斗的修辞或许有助于培养坚强的自我，却无视社会寻找重心的需求。

即便如此，公共修辞基本上离不开表演与竞赛的元素。如前所述，公众被认为受到杰出演说表演的震动最大，其思想在与对立思想的竞争中起起落落。但是，如果智术师传统的这两个方面不能彻底消除，那么，至少可以用来在政治-社会上凝聚人心、服务于政治-社会秩序。伊索克拉底最后得出的结论一定是：如果最重大的事情可以通过某种途径取代琐碎主题，如果社会利益

---

① 参Gunther Heilbrunn，《伊索克拉底论修辞与权力》（*Isocrates on Rhetoric and Power*），载于Hermes 103，no. 2（1975），页166。

② 参Jaeger，《教化：希腊文化之理想》，卷三，前揭，页60~61。

可以取代个人利益,修辞将证明:它的最伟大之处在于具有修复一个民族的社会-政治大盘的能量,在于它随时准备着阐述该民族的集体利益。

修辞的功能可以通过认识以下两点得以实现:首先,由于伯罗奔尼撒战争,竞争的文化伦理已经濒临危机的边沿;其次,在前4世纪那些新兴的、迫切的主要观念中,合作观念是其中之一。但是,如果不挑战当时的修辞现状,伊索克拉底的修辞改革则举步维艰。所以,在教育领域,他把《论交换》形塑为一场法律斗争,就并非纯粹巧合。他要颠覆观众对智术师修辞中必然的恶的反感情绪,他要打败竞争对手。针对所谓的能干、忠诚的公仆紧缺的背景,他可以自豪地说,他的学校致力于教育学生不要只盯着自己的利益,要放眼于雅典与希腊,为雅典与希腊无私服务。他的方案的优越性体现在输出学生的人数与学生的类型上。在他的思想中,没有哪一位教育家能像他一样,输出如此多"把大笔私有钱财花费在城邦事务上"的卓越学生(《论交换》93~94)。那么,作为一个教育家,伊索克拉底不仅与其他教育家一比高低,而且宣称自己在让学生以身为范方面也是胜利者。

以竞争的方式谴责智术师修辞的竞争特点,这一悖论在伊索克拉底的政治话语中也很明显。伊索克拉底自封为和平主义者,但他也必须与贪婪的盲目、权力的渴求、获胜的意志做斗争——这三个弱点表现于他的雅典同胞以及其他希腊人的政治行动中。而且,伊索克拉底的和平主义是一个有限和平方案,因为旨在阻止希腊领土内部几个国家相互釜底抽薪的合作只是事实的一半。事实的另一半是重新与野蛮人开战。伊索克拉底设想了一个由雅典领导下走向强盛的希腊联盟,他相信马拉松(Marathon)*与

---

* 马拉松战役发生于希波战争期间(前499—前449)。公元前490年,雅典在位于其东北42公里处的马拉松平原上与强大的波斯帝国军队交战,雅典军队大获全胜,仅阵亡192人,而波斯军队共阵亡6400人。

萨拉米斯（Salamis）*的光辉时代会再一次来临，所以主张希腊人内部和谐一致、希腊人与外部的野蛮人打仗。这样一来，与其说他谴责智术师传统中的竞争伦理，还不如说他为这种伦理换了一个地方。希腊人内部的竞争导致了灾难性的后果，但正如历史所示，希腊人与野蛮人的交战可能带来利益啊！

如果说竞争伦理被伯罗奔尼撒战争带向了危机，那么，表演美学也受到书写这种新技术的发展的制约。到前4世纪中叶，书写在口头文化占绝对优势的土壤里已经深深扎下根基。[1] 虽然如此，书写还是被看作一种创新。既是创新，必然受到怀疑。[2] 而且，口头言辞第一、书面言辞第二，这一点被当时的著名人物一再重申。[3] 在创造与传播逻各斯的事业中，在这场从口头言辞到

---

* 萨拉米斯海战也发生于希波战争期间。公元前480年9月，希腊联军海军在位于希腊半岛和伯罗奔尼撒半岛之间的萨拉米斯湾大败波斯海军。希腊联军海军损失约四十艘战舰，波斯人的损失史学家普遍认为超过六百艘，而人员伤亡数万。

[1] 对口头言辞与书面言辞进行区分的背景，参Freeman and Rendall,《希腊的学校》，前揭，页208~209；Frederic G. Kenyon,《古希腊罗马的书籍与读者》(Books and Readers in Ancient Greece and Rome, Oxford, Clarendon Press, 1951)，页25；William C. Greene,《口头言辞与书面言辞》(The Spoken and the Written Word)，载于Harvard Studies in Classical Philosophy 60 (1951)，页51；Eric A. Havelock,《口头言辞与书面言辞：重新评价》(The Oral and the Written Word: A Reappraisal)，收录于Eric A. Havelock, ed., The Literate Revolution and Its Cultural Consequences (Princeton: Princeton University Press, 1982)，页338；Eric A. Havelock,《缪斯学习写作》(The Muse Learns to Write, New Haven: Yale University Press, 1986)；Walter Ong,《言辞的在场》(The Presence of the Word, New Haven: Yale University Press, 1967)；Walter Ong,《口传与文写》(Orality and Literacy, New York: Methuen, 1982)。

[2] 参S. H. Butcher,《口头言辞与书面言辞》(The Spoken and the Written Word)，收录于Some Aspects of the Greek Genius (London: Macmillan and Co., 1983)，页178ff；Tony Lentz,《作为智术的书写：从保存到说服》(Writing as Sophistry: From Preservation to Persuasion)，载于Quarterly Journal of Speech 68, no. 1 (February 1982)，页60~68。

[3] 譬如阿尔西达玛，他认为"书面讲词根本配不上称为演讲，它只是演讲的形式、比喻、模仿"。他把口头演讲比作身体，把书面讲词比作雕塑："即兴的、直接来自思维的演讲是活的，有灵魂的，它追随情势，酷似活生生的身体，而（转下页）

书面言辞的关键转型中,伊索克拉底本人即处于引人瞩目的中心。他要面对两个问题:他自己的声音不够洪亮、公众对书面修辞不以为然的情绪。针对第二个问题,他在《致菲利普》(To Philip)(25)中承认了两点:有一大区别存在于"口头表达的话语的说服力与阅读的话语的说服力之间;所有人都认为发表的口头演说都是关于重要的、紧迫的主题,书写的讲词都是为了炫耀和个人利益"。这其实在说他自己作为一个书写的演说家的两难处境。随后,他请求这位马其顿国王"抛开对书写的、用来阅读的讲词的偏见"(29),以开放心态阅读他的讲词。①

尽管人们对书写的态度是负面的,但在伊索克拉底时代,越来越多的修辞都在用书面形式创作。②还在前四世纪以前,智术师就写修辞手册、为学生写示范讲词,为客户出庭写辩论词。不过,智术师的坏声名主要还是来自他们口头上的雄辩,无论其听众是对他们感兴趣的少数几个人,抑或出于公共目的而集会的大庭广众。③与智术师不同的是,伊索克拉底的好声名来自于他的书写作品(《论交换》87)。伊索克拉底缺乏站在讲台上面对公众慷慨陈词的豪迈与气势恢宏的声音,他成了一个书写中的演说家,但他的作品至少可用来证明人们可用书面形式来创作、学习和实践修辞。

(接上页)书写的讲词,本质上就像一场演讲的映象(image),注定是空洞的。"《论智术师》(On the Sophists, 27~28)。相对于书面话语,柏拉图更青睐口头话语,这一点广为人知,参《斐德若》274c-75e及《第七封信》344c。亚里士多德也对书写的讲词抱有偏见。他说(《修辞学》1404b):"书写或文字形式的讲词,其效果主要产生于辞藻,而非思想。"顺着这条思路,我们还可以增加一句话:口头或非文字形式的演讲,其效果主要产生于思想,而非辞藻。当然,具有讽刺意味的是,三位作者反对书写的言论都记录于书写之中。

① 另参《书信》1.1~3。
② 诗歌也不例外。但伊索克拉底书写为的是读者,而诗人"书写总是为了听众"。Havelock,《柏拉图绪论》,前揭,页46。
③ 参《高尔吉亚》447a-b,《普罗塔戈拉》310e,《大希庇阿斯》282b-d。

与口头修辞不一样的是，书面修辞可以逃脱公共表演的仪式性，避免口头形式的短暂性，还可以超越当地公众的要求。诚然，伯利克里民主改革开辟了公民发表言论的公共空间。但从实际修辞事件来看，从这些改革中受益最多的还是智术师。具体而言，是智术师的言论最常被公众所听见，促使公众行动起来，让他们觉得问心有愧或问心无愧，呼吁他们为战争或和平投票。人民大众似乎无法抗拒智术师言语的能量与魅力。演说家实际上成了民主的暴君，他的言论与其说代表了人民的意愿，还不如说塑造了人民的意愿。但是，由于口头修辞必须符合本地观众的趣味，它反而加强了他们狭隘的价值观，由此保持了一个城邦与一个他者城邦之间的差别和敌视态度。[①] 在演说家的鼓动之下产生的任何改变，也大多局限于一个国家的疆界之内，根本不可能让几个国家团结和睦。这样一来，口头修辞的功能就是维持每一城邦孤立于其他城邦。虽然这种孤立的状态不可能是演说家的本意，他们的修辞还是造成并保持了城邦之间分裂的效果。

由此看来，老一辈智术师为泛希腊睦邻友好而发表的慷慨演说，不过是劳而无功罢了。演讲修辞必定无法跨越口头/听觉的交流局限。[②] 演讲修辞缺乏物质实体，话一出口，就注定随风而逝。虽然演说家从诗人那里借来了各种便于记忆的工具（节拍、韵律、高度形式化的比喻和象征），口头修辞主要只能用于及时目的。某一天说的话如果将来再说就站不住脚了。同理，同一位演说家现在这样说，下一次那样说，完全相反。要辨识演讲是否前后一致、是否没有矛盾现象，至少要求强大的记忆力——那种广大观众并不在行的强大记忆力。

---

① 柏拉图在《墨涅克塞诺斯》（Menexenus）中对这一点有所隐射：他说"赞美雅典人中的雅典人"不难做到，但"赞美伯罗奔尼撒人中的雅典人、或赞美雅典人中的伯罗奔尼撒人"却很不容易做到（235d-36a）。

② 参《海伦颂》8，11，13。

书面修辞与口头修辞完全不同，它是哈夫洛克所谓的无声革命之一部分。① 这场革命颠倒了口头修辞经历的顺序，它让言辞看得见，让效果看不见。② 作者、演说家依然可以创造出诗歌一般的语句。③ 这些语句相当于设想的演讲的声音痕迹、书写符号，其目的是间接地鼓动和影响观众。如果我们以伊索克拉底为据进行归纳，那么可以说，书写邀请读者追随论点而非铿锵有力的节奏；书写引导读者做出有思想的反应，而非随随便便放任自己于仪式化的公共表演之中。④ 所以，书写要求读者将地方主义的观念放置一边，思考文本，思索统一的大希腊世界的可能性。

　　口头修辞一次的受众只能是一个小圈子，这个圈子究竟有多大取决于演说家音量的辐射半径。但是，由于文本比人的声音走得远，可以这样说，伊索克拉底演讲词的读者，其地理分布要宽广得多，他们生活在远离雅典的地方，遍及希腊世界。⑤ 不过，当时文化水平低下，他书写的信息的受众人数一定很有限。对这一局限性，伊索克拉底似乎并不在意，他更在意这样一个事实：只要涉及像泛希腊计划这样严肃的大事，面对群众演讲基本上产生不了任何作用。正如他在《致菲利普》（12）中所言，"以演说烦扰国民大会，以乌压压会聚的人群为听众，等于一个听众

---

① Havelock，《柏拉图绪论》，前揭，页41。
② 参高尔吉亚的提法：逻各斯是看不见的，但效果是看得见的（《海伦颂》8）。
③ 参《论交换》47。值得注意的是，伊索克拉底承认诗歌比修辞的影响力更大。他抱怨说，诗人被授予特权，可以运用语言的美学资源，而散文演说家无此特权，正因为如此，诗人引起的反响才更大（《埃瓦戈拉斯》8～11）。
④ 伊索克拉底知道，他那个时代的受众希望修辞有华丽辞藻的点缀，所以不得不为自己两篇措辞平淡的作品辩护，说只有年轻气盛者才会特别关注语言风格问题（《致菲利普》27～29；《泛雅典娜节演说辞》1～4）。R. C. Jebb（《阿提卡演说家》，前揭，页51～57)注意到，伊索克拉底的创作中，风格典雅之处不让智术师的演讲，只是典雅措辞不及智术师演讲中那么多。
⑤ 伊索克拉底把雕塑与书面讲词（纪念碑与文献）对立起来，他在《埃瓦戈拉斯》（74）中写道："我知道，在城邦中建造了神像，神像就只能屹立于该城邦的人们中间，而文字描述与神像不同，它们可以传遍全希腊。"

也没有"。比起严格意义上的地方演说家，伊索克拉底必须更多地考虑意见的纷繁复杂、鉴赏力的良莠不齐，但他的书面修辞似乎只针对那少数几位有影响力的人物（《致菲利普》13）。与地方听众不同的是，一个遍及全国的读者群体所要求的修辞，必定是覆盖面宽广，必定包罗广泛的政治取向。更为重要的是，这个群体所要求的修辞必须以具有持久趣味的事物为中心。这种修辞只要产生出来，必将跨越城邦的疆界，也就是说，它能将许多场地方大会变成一次国民大会。准确而言，这种修辞把雅典人、斯巴达人、底比斯人（Thebans）、阿尔戈斯人（Argives）变成了分布于雅典、斯巴达、底比斯（Thebes）、阿尔戈斯（Argos）的希腊人。换言之，它可以超越狭隘的地方关怀，打造出一个真正的大希腊思想境界。在伊索克拉底看来，思想境界的转变可以借助于书面修辞而实现。因为书写不需要作者与读者面对面，因为阅读是一种私下里的个人行为，书写便能让读者超然于地方利益，有充裕的时间认真思考、认真研究［《埃瓦戈拉斯》（*Evagoras*）76］。泛希腊计划的最大障碍——排他主义与城邦权威——也就克服了。①

139　　上述论述是针对伊索克拉底对智术师的接受的，从这些论述可以看出，修辞——虽然它在柏拉图那里受到敌视——还是有受到肯定的时候，只要它愿意满足新的标准、适应新的条件。修辞现在以新的方式、在不同的情形之下被实践、被教授、被运用，开始偏离其智术师的各种形式，拓展自己实用的与概念的视域。在实用层面上，它从舞台上搬到书本里。这一迁徙，把观众变成了读者，把暂时的环境变成了多少具有永恒价值的思想，把即兴发挥变成准备充分的发挥。而且，它从喧哗与骚动的演讲赛场或你来我往的争论辩场搬到了有章可循、与世隔绝的学校环境之

---

① Heilbrunn，《伊索克拉底论修辞与权力》，前揭，页160。

内。这一搬迁,把野心勃勃的演说家变成勤奋好学的学生,把具有公共辩手潜能的人变成了深谋远虑的思想者。此外,它从环境逻辑转向了原则(principles)逻辑。这一转身,其目的是把意见分歧变成了意见统一、把具有对立选项的表述转化为一种掌控性话语(master discourse),这种话语能在分裂的人群中实现强有力的团结一致。

在概念层面,修辞开始偏离批判功能,渐渐走向保守(conserving)。若把两段著名论断并置起来审视一番,这一点就非常清楚了。这两段话分别来自高尔吉亚的《海伦颂》(8~14)和伊索克拉底的《致尼科克勒斯》(5~9)。① 前者将逻各斯说成 δυνάστης(君王、主人、统治者),后者将它说成 ἡγεμών(领袖、指挥官、霸权者)。两者都运用了拟人手法,都承认逻各斯的权威。高尔吉亚强调的是专横地凌驾于人们头上的那种权力,伊索克拉底强调的是带领人们实现有价值的目的的那种能力。两位修辞家都认识到,人们会受说服影响,也有说服他人的潜力。高尔吉亚阐述的是逻各斯对个体灵魂的冲击,伊索克拉底强调的是修辞对人类社会的教化作用。② 简而言之,前者凸显语言的君权力量(dynastic power)——强加、破坏、违反、欺骗、歪曲;③ 后者突出语言的霸权力量(hegemonic power)——汇集、统一、领导、促进。

只要我们考察一下文本的语境,就会发现形成这两种概念不足为奇。为了证明海伦的清白无辜,高尔吉亚把逻各斯描述为一

---

① 对这两段话的比较,参 de Romilly,《古希腊的魔力与修辞》,前揭,页 52~54。
② 高尔吉亚对逻各斯的灵魂学性质的理解,对此有人做过精彩的论述,参 Charles P. Segal,《高尔吉亚与逻各斯的灵魂学》,前揭,页 99~155。
③ 参 Roger Moss,《智术的案例》(*The Case for Sophistry*),收录于 Brian Vickers, ed., Rhetoric Revalued (Binghampton, N. Y.: Center for Medieval and Early Renaissance Studies, 1982),页 207~224。

种压倒一切的力量，海伦根本没有机会反抗："那么，海伦可能不由自主地受到了言辞的影响，就好像她被强大者的武力强暴了一样，难道有什么理由妨碍我们得出这个结论吗？"（12）更有甚者，"假如她被言辞说服，相信自己没有犯错，只是时运不济"（15）。在伊索克拉底这一边，他提出君主制（monarchy）具有合理性，坚称逻各斯构成了君主制生存的基石，构成它长盛不衰的条件："我认为那些话语是最优秀的话语，完全配得上君主的身份……那些话语教导掌权者如何与普通人打交道，普通人又如何投统治者所好。据我观察，正是通过这样的话语，诸邦才到达了繁荣、伟大的巅峰"。（10）

在文本性语境的范围之外，对逻各斯的这两种概念化，可以说构成了对两种相应的政治局势的适当反应。在希腊世界政制改革到来之前，僭政是一种常见的统治形式。僭主，尤其是那些力图拓展自己利益范围的自命的独裁者，一朝掌权和一朝倒台的方式都大同小异：家族继承、推翻前一僭主、暗杀。一朝大权在握，武力即为他们的统治手段：在社会中制造恐怖、消灭异己、抑制民权。[①]结果，有人崇拜他们，有人鄙视他们，但所有人都惧怕他们。在他圈定的地盘之内，任何人都可能成为他狂飙一般暴烈脾气的牺牲品，无人能逃脱他的手掌心。终于，僭主这种统治形式没落了，代之以代表性统治。

但是，即便没落以后，僭主政治却是百足之虫死而不僵，具体表现在希腊城邦之间和城邦之内。譬如，雅典成了希腊世界最强大的城邦，原因主要在于僭政性政策：把自己的意志强加给盟邦、侵犯盟邦主权、奴役盟邦人民、控制盟邦事务。[②]雅典，希

[①] N. G. L. Hammond,《迄至公元前322年的希腊史》（*A History of Greece to 322 B.C.*, Oxford: Clarendon Press, 1963），页145~152。

[②] 对雅典专制政策的生动描述，参修昔底德的"米洛斯对话"（"The Melian Dialogue"）（《伯罗奔尼撒战争志》5.17）。

腊城邦中传说中最民主的城邦，其内部也保证不了能免于僭政。前404年三十人僭主集团*的无情统治已经证明，雅典也不能免于僭主的残暴行径——关闭修辞学校，迫害知识人，没收私有财产，流放和处决许多人。显然，推翻僭政并不意味着僭主残暴行径的结束。

上述历史资料表明，从使用僭政性权力到逻各斯的君权性概念，这之间只有一步之遥。"逻各斯君王"（logos *dynastes*）这个说法本是高尔吉亚提出的，这使它们之间的距离更短了。高尔吉亚，就像大多数林地尼人（Leontinian）一样，对邻邦叙拉古僭主格隆（Gelon）和希厄龙（Hieron）的暴政一定并不陌生。高尔吉亚认为，大致而言，就像典型的僭主一样，一种逻各斯首先要赶走其前任，自己才能掌握大权（《海伦颂》13）。一朝大权在手，它就要运用各种手段——欺骗（8，10）、约束（12）、恐吓（9，14）臣民，甚至大开杀戒，到后来，又轮到它被另一种更为强大的逻各斯所推翻。海伦事件表明，逻各斯是一种僭政性力量，专断地控制着人的命运；僭主政体的历史也昭示，逻各斯是僭主的死敌。

逻各斯的君权性概念的形成，除了依据于语言与政治之间的这种相互依存关系，在前5世纪后半叶的思想政治模式中还能找到更多的依据，得到进一步解释。在那个思想政治领域中，智术师运动暴露了该文化传统遗产中的专横，也利用了该文化传统遗产中的弱点。这场运动呈现出修辞反叛的形式，它践踏以往的许多观念，而把新的观念强加给这种文化。在新的逻各斯政治（logocracy）之下，人被宣称为万物的尺度（普罗塔戈拉），诸

---

* 公元前404年，伯罗奔尼撒战败后，柏拉图的两个舅舅、曾经是苏格拉底学生的克里蒂亚（Critias）和卡尔米德（Charmides）组成了三十人僭主集团，被雅典人引以为荣的民主被废止了，代之以僭主集团的政治。8个月后，该集团垮台，民主制恢复。克里蒂亚和卡尔米德被处死。

神被说成是人类为了服务于社会控制目的而进行的聪明虚构（克里蒂亚），存在与非存在完全平等（高尔吉亚），正义被定义为不过是强者的利益而已（特拉绪马科斯），奴隶制被解释为一种惯例、而非自然法则（安提丰）。在这些新型理解的影响之下，逻各斯应运而成独霸一方的君王（*dynastes*），有权罢免较强论辩、任用较弱论辩。在逻各斯的新的概念特征中，它罢黜了传统的僭政，拥立了新创的僭政。

　　自然，这些新兴观念不可能不产生影响。当有限的民主逐渐取代僭政，当智术师运动动摇了神话-诗歌传统的根基，多元势力走到了时代的前沿。治国问题再也不是一个人说了算，而是许许多多人的事情。在许多城邦，拥有私有财产的社会精英、商人、工人、知识人和外邦侨民，代表了不可低估的政治利益。伯罗奔尼撒战后，雅典向希腊至上（Hellenic supreme）的主张投降了。随着雅典没落为几个次要城邦中的一个，它也在城邦间的政治活动中走向多元化。在经济领域，曾经自给自足的城邦经济顺应于城邦间与国家间的贸易需求。以往，财富聚集于一两个城邦，现在分配得越来越平均，若干个城邦发展为经济强国。文化也不例外，它曾经主要汇集于雅典，现在被周游列邦的智术师与书商传播到希腊的四面八方。①

　　多元化的后果包括分裂与冲突，这不足为奇。在政治方面，有几个城邦企图执掌希腊的领导权，但均以失败告终。城邦之内，要把各种宗派集团统一起来，实在是无能为力。由于每一城邦、每一集团只顾自己的利益，无视他人的利益，结果是，国内长期内耗，与别的城邦常年征战。在社会方面，贫富鸿沟越来越大，诉讼案件急剧增长。由于无法满足人们的物质与精神需求，城邦再也不能赢得大家的忠心。难怪，人们对城邦的兴趣在减

---

① Hammond，《迄至公元前322年的希腊史》，前揭，页521~532。

弱，而对个体的关注却在增长。在思想方面，人们对智识传统持怀疑态度，于是涌现了五花八门的世界观，对世界的解释众说纷纭，到头来，似乎没有什么具有普适性。① 在生活的各个领域，多元化过了头，加速了分裂的危机，使人们对惯常的政治、社会、知识权威越来越不满。由此产生了伊索克拉底的逻各斯霸权概念（hegemonic conception of logos），这个概念以他的泛希腊团结统一的远景为前提，并受到它的启发。孕育于霸权之中的逻各斯，让人们开始憧憬合作与 omonoia（志同道合）。这一憧憬可能将动荡不稳的文化引上寻求新的共识与稳定之路。我们考察的《致尼科克勒斯》的那一段话，不仅仅是逻各斯的颂歌，更代表了一种立场，这种立场反对极端多元化带来的各种后果，向往重新统一希腊。显然，当时政治与思想都处于混乱状态，逻各斯有充分理由从君权性概念转变为霸权性概念。

这两个概念孰优孰劣不在本书论述之列。这两种说法都深植于历史之中，阐述的都是修辞的功能。就智术师而言，逻各斯的首要功能是批判。在这一方面，它的运作是质疑并消解（καταλῦσαι）既定现实，从而制造危机（《海伦颂》21）。逻各斯大获成功之时，必定引发破坏现实的冲动从而创造新的可能（《海伦颂》13）。就伊索克拉底而言，逻各斯的首要功能是建设（κατασκευάσας）（《致尼科克勒斯》6）。既然它能形塑现实，它的工作就是利用共同的信仰，建设必要的制度，让人类社会紧密团结。一旦获取成功，它所阐发的必是人们最终所接受的，而且它将激发维护与稳定的动力。

本章探讨了伊索克拉底对智术师的接受。这是一种复杂的话语，既肯定又否定智术师修辞；它批判前辈但并不谴责；它宣称与同时代的智术师分道扬镳。伊索克拉底得益于智术师开创的传

---

① Wilhelm Windelband,《哲学史》(A History of Philosophy, 2 vols., trans. James H. Tufts, New York: Harper and Row, 1958, vol. 1)，页68。

统，效法他们的做法，但也只是一定程度的效法；以他们为榜样，但也绝不事事都以他们为榜样。伊索克拉底坚信，公共话语必须有益于观众的生活，所以，他抨击那些只关注悖论、琐碎之事、抽象概念的智术师、演说家和哲人。同样，那些追求狭隘目标、无视广泛（也就是社会或泛希腊）关怀的话语，他也找它们的碴。受大家欢迎的演说家是如何与大庭广众相互影响的，他们的手段他太清楚了，所以，他谴责不惜代价只为了获胜的竞赛话语，也谴责对观众毫无益处、仅仅为了取悦观众的华丽话语。

在一种社会活动、政治活动、思想活动都呈繁荣之势的文化中，伊索克拉底创立了一种修辞。该修辞从边缘出发向中心进军。在该中心，有必须建立发挥正常功能的制度的主张，有坚持协商一致与相互合作重要性的主张，有必须进行严肃修辞教育的主张，还有坚称泛希腊主义（pan-Hellenism）会带来种种好处、政治稳定会产生诸多利益的主张。这些主张为伊索克拉底的逻各斯霸权观、他的学校的开办以及书写的成长所支撑，与分裂势力相抗衡，并为亚里士多德铺筑了道路。

第五章
亚里士多德对智术师的接受

亚里士多德对智术师的接受，在某些方面，类似于柏拉图和伊索克拉底。但亚里士多德的还是有些不一样，有必要单独讨论。[1] 大体而言，亚里士多德的接受是围绕着柏拉图规划的批评轴线进行的，不过有时也会围绕伊索克拉底的轴线进行。这不足为奇，因为亚里士多德与他的老师柏拉图、教学对手伊索克拉底有着共同的文化现实与相似的社会-政治视域，因为他在柏拉图的学园里长期学习熏染，还因为他对伊索克拉底的修辞作品非常熟悉。但亚里士多德有自己的主见：他并不想阐述什么普遍形式，也不想表现什么泛希腊宣言，他要致力于编纂和整理当时若干领域的研究成果。[2] 柏拉图和伊索克拉底分别以永恒真理的标准和对时局的实用性来评价智术师的各种观念与行为实践，而亚

---

[1] 柏拉图和亚里士多德都对智术师有所描述，两个版本之间的关系如何，Carl J. Classen指出，人们动辄"以为亚里士多德一生依循一种刻板模式，一种对智术师缺乏深入思考的描绘模式，而这种模式他继承了老师柏拉图。但这种看法流于过度简化。"参《亚里士多德对智术师的描绘》(*Aristotle's Picture of the Sophists*)，收录于George B. Kerferd, ed., The Sophists and Their Legacy, Wiesbaden: Franz Steiner Verlag GMBH, 1981)，页11。

[2] 例如，他（在学生的协助下）编纂并研究了185个国家的政制，为雅典政制的编写做准备。

里士多德更多依赖于历史意义（historical significance）与逻辑准确性（logical correctness）这两项标准来评判智术师。亚里士多德赋予修辞的概念是：一个截然不同的研究领域［一门拥有自己的规则（rules）与原理（principles）的技艺］。他利用历史意义与逻辑准确性两项标准，必然导致这样的接受：因为智术师对拥有各种修辞洞见的文化宝库作出了贡献，所以他们具有历史重要性；因为智术师的逻辑推理通常有瑕疵，所以有必要矫正。

这两重分析的基础是亚里士多德的这一观点：所有的发现，要么是前人劳动成果的进一步阐述，要么是自己的独创［《论智术式辩驳》（Sophistical Refutations）183b.17~20］。据他自己承认，《修辞学》中有相当大一部分是对前人洞见的阐发："至于修辞，已经有大量资料，过去早有论述"（《论智术式辩驳》184a.10-84b.1）。另一方面，他的《论题篇》（Topics）是独立原创："至于推理（συλλογίζεσθαι），却完全没有前人作品可以援引"（《论智术式辩驳》184b.2）。这些论述表明，作为智术师的后继者，亚里士多德对那双重需求都做出了回应。由于智术师留下来的早期修辞资料中有一部分混乱不清、毫无条理，于是亚里士多德着手使其系统化（όδοποιεῖν），使其有条有理；① 由于他们实践的辩论（argument）与辩驳（refutation）并未遵循一种显明的辨证法，于是亚里士多德开始探索一种方法，用它论证任何观点时都不会说出前后矛盾的话（《论题篇》100a.18~20），② 用它捍卫任何论题时说出的话都会前后照应（《论智术式辩驳》183b.5-6）。结果便是两篇论著：《修辞学》与《论题篇》。

亚里士多德对智术师的接受与柏拉图、伊索克拉底的区别，除了表现在运用的标准与作出的评价两方面之外，还表现在接受方法上。柏拉图、伊索克拉底创作修辞作品，是为了模仿、嘲

---

① 参《修辞学》（Rhetoric）1.1.1。
② 另参《论智术式辩驳》（Sophistical Refutations）183a.37-38。

笑、反驳、超越智术师。① 亚里士多德却满足于进行理论探讨，满足于遵从他为修辞、逻辑新创立的规则，满足于根据这些规则进行评判。作为自给自足话语单位的、研究某一特别问题的讲词在亚里士多德的作品中根本找不到。在他的文本中，作为文化实践的演说早已销声匿迹，而元修辞（meta-rhetorical）论述、批判性的评论却大行其道。这样看来，亚里士多德的接受为我们展现了又一道风景线——从历史视角与新发展的逻辑立场看过去的风景线。由于亚里士多德的历史敏感性，他的接受可以说融合了柏拉图与伊索克拉底对智术师的看法。但鉴于它声称自己具有逻辑正确性，也可以说它多少也算自成一家。据此，亚里士多德的观点与两位前辈的认识既有关联，又独立不受其左右。

与柏拉图、伊索克拉底一样，亚里士多德在指称老一辈及与他同辈的智术师时，有时指名道姓，有时则把他们当成一个阶层（class），笼而统之地进行讨论。② 他通常从具体的事件中抽象出一般原则，但也把智术师当作若干特征的大综合，当作一个类型（type）来论述。所以，他的论述可以说是针对智术师共同的而非个别的特质与行为的，除非他专门提到某一位智术师。亚里士多德追随柏拉图的足迹，将智术师定义为不足为信的修辞与辩论的实践者。不过，柏拉图下定义时，有一种戏剧性的紧迫感，把下定义的行为说成是追踪狡猾野兽的冒险征程。亚里士多德下定义时却不带感情色彩，只是为了给读者一个交代，满足他们对信息的清晰性与智识的规范性（decorum）的期待。如前所述，柏拉图在寻找智术师的过程中，遭遇各种困难：由于哲学与非哲学、政治家身份与非政治家身份、修辞与非修辞之间界限模糊，

---

① 譬如，在柏拉图《申辩》《斐德若》《会饮》《墨涅克塞诺斯》里的讲词，在伊索克拉底《海伦颂》《论交换》《反智术师》里的讲词。

② 亚里士多德对第一代和第二代智术师的看法，以及他对两个群体的总体评价，参Classen，《亚里士多德对智术师的描绘》，23~24。

柏拉图一会儿找到了智术师，一会儿又弄丢了。而在亚里士多德那里，界限划得更清楚，寻找智术师就变得容易多了，下定义也更有信心。

　　亚里士多德追随伊索克拉底的足迹，试图对智术师的行为作出评价。但伊索克拉底评判的依据是他们对整个文化的影响，得出的结论是，有些智术师是有益的，有些智术师是有害的。亚里士多德评价的依据是他们对希腊思想所做的贡献，得出的结论是虽然他们促进了修辞传统的发展，使其丰富多彩，但对逻辑推理的贡献几乎为零。我们已经看见，伊索克拉底试图将智术师从哲人与演说家中分离出来；我们即将还会看见，亚里士多德试图进行类似的区分。但是，伊索克拉底作出的努力不过是为了防止人们把他也看做有害的智术师，而亚里士多德是为了确立哲学的地位——高于智术的地位。此外，伊索克拉底试图借用智术师修辞的做法，用来服务于他的异常紧迫的计划（泛希腊论），亚里士多德却要将其技术化（technologize），将其纳入一种更为全面的修辞体系之中。不管亚里士多德与两位前辈在对智术师的接受问题上有多少相似与相异之处，问题的关键在于：前4世纪后半叶，智术师似乎已经成了希腊文化知识景观中一道永恒的风景线；而且，柏拉图与伊索克拉底作出的努力，似乎并没有完整地描画出智术师的图景。智术师的历史身份与当代身份还需要补充细节，这就成了亚里士多德的使命。

　　在完成使命的过程中，亚里士多德并不像柏拉图那样着迷于智术师，也不像柏拉图那样对他们感到特别困惑。尽管他的姿态也是批评的，但并无柏拉图的敌视元素与决然排斥的元素。亚里士多德笔下的智术师与其说是这位研究者的死敌，还不如说是他的研究对象——至少乍一看来即是如此。亚里士多德将他们看作早期希腊思想史的一个部分，给予一定关注，力图克服他视为修辞缺点的东西，矫正他视为逻辑错误的东西。但是，在他的全盘计划中，在一个涵盖历史、批评、理论等广泛研究领域的计划中，智术师只是一个小角色，只是一个特殊思想现象，虽然有必要将其阐述清楚，有必要理解其意义。亚里士多德只是把他们看作希腊文化遗产的一个方面，并未像柏拉图在对话中那样赋予他们了不得的意义。对亚里士多德而言，智术师的重要性开始走下坡路。柏拉图认为，老一辈的智术师是前4世纪社会-政治混乱现象的唯一罪魁，亚里士多德并不这样看。他认为，老一辈智术师代表了人们在思想、语言中的初步探索，这些探索现在有必要重新思考、拨乱反正、进一步完善。至于第二代智术师，他们不过是继承了老一辈的事业，发扬光大其学说和行为实践。[1] 但是，就亚里士多德研究的广度与深度而言，无论是老一辈还是年轻一辈，其声望与言辞的分量都已经今非昔比。智术师曾经是希腊文化中声名显赫的知识人，到了亚里士多德的笔下，就只是众多研究条目中的一个小小条目而已。

亚里士多德对智术师的接受虽然尊重修辞传统，并致力于提出一种新的修辞概念，但这种接受的指导思想还是他自己划出的修辞与其他领域（如哲学、政治学）之间的区别。[2] 所以，在仔细考察他对智术师修辞的态度以前，首先分析这些区别就显得尤为重要。柏拉图认为，智术师模仿哲人，对此一说法，亚里士多德基本无异议，但对这一问题的表述还是略有不同：他说智术师实践的是表面智慧（apparent wisdom），并非真正智慧（real wisdom）。[3] 尽管很难确定亚里士多德的表面智慧的确

---

[1] 譬如，布里松（Bryson）表示"没有人运用丑语言"（《修辞学》3.2.13），这不过是安提西尼（Antisthenes）的名言——没有人会自相矛盾或与他人矛盾——的变体。里可弗朗（Lycophron）也说过，法律"能保障人民之间的正义要求，但并非是为了培养公民的美德与正义"（《政治学》1280b.11~13）。

[2] 在亚里士多德看来，哲学与政治学是两种吸引富人的活动领域，因富人可免于管理家务或管理奴隶的辛劳（《政治学》1255b.35~38）。

[3] 参《形而上学》1004b.15~27。另参《劝勉篇》（转下页）

切含义,① 但真正的智慧显然只有哲人才拥有、只有哲人才会实践。②在这一点上,亚里士多德与柏拉图是一致的。但是,假如他用表面智慧大体上表示修辞——那种全心全意关注表面（πρὸς δόξαν）的技艺,用真正智慧表示辩证法,那么,可以说亚里士多德与柏拉图分道扬镳了,他要重建这两个领域的关系,使一个成为另一个的参照（counterpart）。③但是,假如他用表面智慧表示谬误论辩,用真正智慧表示准确论辩,那么,亚里士多德笔下的智术师实践的修辞不应该遭到柏拉图那般嘲笑,而必须加以矫正,矫正的方法是设计一套显明的论辩规则。另一方面,亚里士多德把追求真理与付诸行动看作两种不同的目的,由此将哲人与演说家之流区别开来:"哲学可适当被称为关于真理之知识（ἐπιστήμην τῆς ἀληθείας）。理论知识之目的是真理,而实践知识之目的是行动。讲求实践者即便研究一物何为此物,其研究也非永恒原则,而是相应的、直接的用途。"（《形而上学》993b.20~24）同理,哲学关注的是"事物的实际形式"（form）,而修辞感兴趣的是事物参与这些形式的方式。"譬如,哲人追问何为非正义,演说家讲述如此这般行为者是非正义之人:前者探究僭主制度之本质,后者说明僭主之所作所为"[《问题篇》（Problems）956b.6~10]。

（接上页）(Protrepticus)，其中，亚里士多德区分了精确（exactitude）（作为一种真正的智慧形式）与模仿:"所有人中,唯有哲人模仿万千事物中最精确之事物,因其所见为本色与精确本身,而非仅模仿。"参Anton-Hermann Chroust,《亚里士多德〈劝勉篇〉重构》Aristotle: Protrepticus: A Reconstruction（Great Bend, Ind.: University of Notre Dame Press, 1964）,页20~21。

① 换言之,表面智慧具有表面性,是不是因为审视者看上去如此,还是因为提出它的人知道它不真实,还是因为它并非呈现出哲人（如亚里士多德）期望的模样,这个问题不清楚。而且,说x不等于y并不等于说x是什么。

② 关于亚里士多德对哲人之于真理与谬误的潜心思考的见解,参《形而上学》997a.14~15；关于哲人对第一原理及原因的兴趣,参《形而上学》1003b.18~19；关于哲人能把所有的主题都理论化,参《形而上学》1004a.33~34。

③ 参《修辞学》3.1.5与1.1.1。

在开明政治与修辞的分野上,亚里士多德与柏拉图也是殊途同归。柏拉图认为智术师模仿政治家,于是把修辞置于精明的政治统治(knowledgeable political rule)或政治家技艺(statesmanship)之下(《政治家》304)。亚里士多德也声称,智术师实践的修辞类似于政治学,但并非是政治学。亚里士多德知道,有些智术师把修辞与政治科学混为一谈,有些智术师则把修辞的级别定于政治科学之上[《尼各马科伦理学》(*Nicomachean Ethics*)1181a.14~15]。亚里士多德确凿无疑地提出,这两个研究领域至少在级别上是不一样的——修辞隶属于政治科学(《尼各马科伦理学》1094b.2~3)。① 至于谁应该执教立法这门科学,亚里士多德提到,在其他很多学科中,执教的都是专家和从业者,唯有政治学(包括立法)例外,"自称教授政治科学的智术师从不实它"(《尼各马科伦理学》1180b.35-81a.1)。亚里士多德坚信,要了解政治,既需要经验,又需要研究,而他发现"自称教授政治之智术师,离成功教学相差甚远。事实上,他们对该科学之本性及研究主题一无所知"(《尼各马科伦理学》1181a.12~14)。从柏拉图到亚里士多德,是从政治家技艺到政治科学的转变,是从实践到研究的转变:前一项转变明显,后一项转变不明显。但转变归转变,修辞的地位却没有变,这一点明明白白。对柏拉图和亚里士多德来说,修辞不单单有别于政治,其地位也低于政治。

还有一点,柏拉图说智术师模仿演说家,对此亚里士多德还是有不同看法。亚里士多德暗示,智术师就是演说家。② 据说他们参与各种演说活动,他们的某些做法亚里士多德暗示与他

---

① 即便如此,亚里士多德也承认,修辞并非完全与政治科学无关。恰恰相反,政治科学知识是组成修辞的一个部分:"修辞由分析科学以及政治科学中关注伦理学之一分支构成"(《修辞学》1.4.8)。

② 但是,柏拉图在《高尔吉亚》(465c)中表示,智术师与演说家似乎属于同一类人。

自己的修辞概念相一致，而有些做法他则不赞同。譬如，他支持普罗狄科斯唤起观众的注意力不让他们打盹的做法（《修辞学》3.14.9），也赞赏高尔吉亚对落在头上的鸟粪作出的自我解嘲（《修辞学》3.3.4）。*高尔吉亚提议以玩笑调侃严肃、以严肃混淆玩笑（《修辞学》3.18.7），普罗塔戈拉辨了名词的性别，从而对风格的纯洁性作出了贡献，所有这些修辞做法，亚里士多德都表示认可。但是，亚里士多德不赞同普罗塔戈拉将较弱论辩转为较强的承诺，认为人们反感这种做法理由充分（《修辞学》2.24.11）。同样，他觉得高尔吉亚的文风受诗歌影响太深，难以达到散文的目的（《修辞学》3.1.9）。

　　柏拉图对智术师的各种看法，亚里士多德既承师道，又有所偏离。除此之外，在把智术师与其他知识人［哲人、辩证者、辩论者（eristics）］加以区分的过程中，他也附和伊索克拉底对智术师的某些看法。但是，亚里士多德的论述中既没有焦躁不安的情绪，也没有怕观众将自己与声名不佳的智术师混为一谈的担心。与伊索克拉底一样，亚里士多德也承认修辞服务的目的多种多样——有些目的是善意的，有些是恶意的。这一点似乎是在支持伊索克拉底的论见——智术师与智术师并非都一样。柏拉图在说服技艺中看见的是一股彻彻底底的腐蚀势力，亚里士多德却站到了伊索克拉底一边，赞同掌握修辞技巧，不仅有利于提升自己的地位、便于用言辞为自己辩护，也便于反击修辞之不正当用

---

* 亚里士多德记述的高尔吉亚的自嘲及其对此的评说为："高尔吉亚对那只从他头上飞过时把粪便拉到他身上的燕子所说的话最优美地体现了悲剧风格，他嚷道：'真丢脸，菲罗梅拉！'对于鸟来说，这种事算不上丢脸，而对于一名年轻女子来说，这就十分丢脸了。称呼她的过去而不称呼她的现在，便是这句解嘲语的巧妙所在。"（《亚里士多德全集》第九卷，颜一、秦典华译，北京：中国人民大学出版社，页503）根据希腊神话，菲罗梅拉（Philomela）是雅典国王的女儿，后被丈夫追逐时化成了一只燕子。

途。① 与伊索克拉底一样，他也主张，有些人误用修辞这个事实并不能构成谴责修辞技艺的理由。② 除了这些共同点之外，他与伊索克拉底至少在两个重要方面存在分歧。第一，他研究智术师，不是为了给自己的思想活动寻找正当理由，也不是为了划出自己与劣等智术师之间的距离，更不是为了评估智术师对希腊文化的总体影响。恰恰相反，他在几个研究领域探索我们通称为规则（disciplinary rules）的东西，试图把一种秩序意识置于现有的思想材料之上。一旦发现了规则并对其条理化以后，他就着手确定智术师在哪些方面遵守了规则，在哪些方面违背规则。第二，伊索克拉底认为，未来的情形如何，人们不可能先知先觉（《反智术师》2；《论交换》184），亚里士多德却分庭抗礼地提出未来的情形类似于过去，也就是说，未来或多或少是可知的，只要你对过去的知识足够宽广渊博。③ 对第二个分歧点，他解释道，智术师修辞与逻辑推理不仅仅是历史资料，也是思想现象，在一定的条件下，还会一次又一次地浮现于知识视野。

正如前两章所述，如果说柏拉图排斥智术师、伊索克拉底挪用智术师，那么，亚里士多德就试图展示智术师在哪些地方犯了错误，在哪些地方或多或少不够完善。这种矫正与补充的立场与他对待大多数前辈的立场并无二致。科普（Cope）就曾指出，他"几乎从不提及前辈，除非是为了挑毛病"。④ 亚里士多德表

---

① 参《修辞学》1.1.1与1.1.12。
② 参《修辞学》1.1.13。
③ 参《修辞学》2.20.8。
④ E. M. Cope,《亚里士多德修辞学引论》（*An Introduction to Aristotle's Rhetoric*, Cambridge: MacMillan and Co., 1867），页43。在论述亚里士多德对待前辈的态度时，Cherniss在亚里士多德的著作中找到了很多参考了前辈的地方，这些地方"毫无争议地表明，通过重新阐释其显明的意义，他要把每一个可能的早期观点都纳入自己的学理之中"。参Harold Cherniss,《亚里士多德对前苏格拉底哲学的批判》（*Aristotle's Criticism of Presocratic Philosophy*, Baltimore: Johns Hopkins University Press, 1935），页339。

示,在修辞领域,智术师的过失在于他们不怎么理睬语言的规范,不怎么理睬语言的适当用法与品位;在辩论领域,他们的过失在于无视或违反正确推理的规则。① 根据亚里士多德的观点,虽然他们无视语言的适当用法、违背推理规则,但是智术师力所能及地促进了修辞技艺的发展。进一步弘扬这种技艺,自然就落到后继者的肩上了。亚里士多德本人就是后继者之一,他似乎认为,对智术师的修辞信条,既无须像柏拉图那样加以蔑视和嘲笑,也无须像伊索克拉底那样为了应对某些政治现实而选择性地加以利用。亚里士多德主张,这些信条首先有必要严肃对待,将其看作修辞传统的路标,其次是详尽分析,加以矫正。

为了表明他自己的修辞经历如何发展到现在这个状态,亚里士多德把智术师置于修辞史的开端。他承认自己受惠于他们,给予他们传统先师的礼遇。如此一来,他将自己置于一条长长的发展之链的末端,一个肩负着拓展、弘扬所继承事业的重任的位置。《论智术式辩驳》中的这段话即表明了他的思想:

> 大凡发现,不外两种,要么是继承他人劳动成果,在他人第一次详细阐发之基础上,一步步向前推进;要么是原创发明,其进展在开始甚微,但较之源自于此的后来发展,其为用大也。或许古谚说得好:万事开头最紧要,所以也最困难。因其威力巨大,规模自然极小,极不易看见。然而,开端既已发现,加以补充并发展其余当属易事。修辞创作(περὶ τοὺς ῥητορικοὺς λόγους),以及其他几乎所有技艺,概莫能外。发现修辞开端之人,迈出一小步,当今修辞技艺之硕学,继承一代代先辈逐渐推进的遗产,使之臻于完善——创立者率先,继之以提西阿斯,继之以特拉绪马科斯,再继之

---

① 当然,亚里士多德倚重于语言用法与时代趣味。至于逻辑原则问题,他自己在《分析篇》中有清晰表述。

以塞奥多洛,更有其他无数人做出无数贡献,所以,该学问具有这般广度($πλῆθος$),也就不足为奇了。

然而,所谓广度,并非表示完善或充分,而是表示(至少在这种情形中)在重新论述继承的遗产并赋予新的方向时,有广泛的资料可供选择,有多种可能可供思考。亚里士多德对他步入的这个传统有充分认识,而且似乎从智术师那里受益匪浅,于是主动肩负起发扬修辞技艺的重任,为修辞技艺作出了贡献。他的贡献大体体现于《修辞学》中,表现于对迄今为止的各种观念的重新整理以及在理论方向上的大胆迈进。当然,亚里士多德的论述,除了表现得新颖之外,还旁征博引,引文涉及荷马、悲剧诗人、智术师、演说家。这些引文表明,他的修辞见解深植于先辈和同辈们的话语实践的土壤中,显得合情合理。[①] 亚里士多

[①] 经亚里士多德之手概览与综述的修辞传统,显然在已遗失的 $Συναγωγὴ\ Τεχνῶν$ 中更为清楚。西塞罗曾经确切地提到过这部著作:"亚里士多德把论述修辞技艺的古代作家汇编为一册,直接追溯到创始人与发明者提西阿斯(Tisias);他用心良苦,根据名字找出每一位作家的信条并记录在案,一丝不苟地解释那些难以理解的篇章。由于他语言简洁而富有魅力,他远远胜过修辞的发明者们。现在没有人愿意通过原作了解他们的主张;想理解他们的人,都诉诸于亚里士多德,他成了给人们带来方便的评论者。所以,亚里士多德发表了自己的和前辈们的见解。从这部作品中,我们既熟悉了他的观点,也熟悉了那些人的观点。"参Jonathan Barnes, ed.,《亚里士多德全集》(第一卷)(*The Complete Works of Aristotle*, 2 vols., Princeton University Press, 1984),页2430。

至于亚里士多德如何改变了修辞传统,参Friedrich Solsmen,《古代修辞中的亚里士多德传统》(*The Aristotelian Tradition in Ancient Rhetoric*),收录于Keith V. Erickson, ed., Aristotle: *The Classical Heritage of Rhetoric* (Metuchen, N. J.: Scarecrow Press, Inc., 1974),页278~309。

亚里士多德从实用层面转向理论层面,其产生的影响,E. M. Cope有过这样的论述:"智术师学派支持修辞的纯粹实用性。亚里士多德的这一转变,在某种程度上削弱了技艺的成分,把注意力放在了理论和方法上。简而言之,它趋向于更加科学地对待该学科。"《亚里士多德修辞学引论》(*An Introduction to Aristotle's Rhetoric*),页34。在Cope的看法上,我们可加一点:亚里士多德注重修辞的理论与方法,也把修辞的功能从说服转变为了解或发现说服的现有手段($οὐ\ τὸ\ πεῖσαι\ ἔργον$ (转下页)

德就智术师修辞不吐不快的言论,并非囿于那本久负盛名的修辞专著,还出现在其他作品中,包括《论题篇》(尤其是第九卷即《智术师辩驳篇》)、《伦理学》(Ethics)、《政治学》(Politics)、《诗学》(Poetics)。① 他对个别智术师的评论也是同样情况:他们不仅仅出现在《修辞学》中,而且,也像柏拉图与伊索克拉底对智术师的评论一样,遍及全部作品。所以,要想理解亚里士多德对智术师修辞的接受,就必须考察亚里士多德的全部作品。

把亚里士多德以上评论综合起来考量则表明,在他的思想中,智术师对话语技艺的贡献,无论多么微不足道,无论多么不充分,都必须得到重视,因为他们至少促进了后来的思想者和实践者进一步发展这门技艺,形成自己的理解。即便他们的见解对后继者来说显得有些怪异或浮泛,智术师都不应该被蔑视。因为早期的探索难免存在问题,② 因为后来者通常是这些探索的受益者,对待最早作出贡献的人的适当态度就是感恩:

> 可与之分享见解者,我们当心怀感激;仅表达浮泛观点者,我们也当心怀感念。表达浮泛观点者也有所贡献。他们以其先导,形成我们的思想经验。若无提莫修斯(Timotheus),我们不会拥有这许多音乐;但若无弗利尼

(接上页)αὐτῆς, ἀλλὰ τὸ ἰδεῖν τὰ ὑπάρχοντα πιϑανά)(《修辞学》1.1.14)。

① 至于《修辞学》与《诗学》之间的关系,参Friedrich Solmsen,《引言》(Introduction),载于Aristotle: Rhetoric and Poetics, trans. W. Rhys Roberts and Igram Bywater(New York: Modern Library, 1954),页11~14。有关《修辞学》《伦理学》《政治学》之间的关系,参Christopher L. Johnstone,《亚里士多德三部曲:伦理学、修辞学、政治学,以及对道德真理之寻求》(An Aristotelian Trilogy: Ethics, Rhetoric, and Politics, and the Search for Moral Truth),载于Philosophy and Rhetoric 13(Winter 1980),页1~24。

② 另参《形而上学》993a.15:亚里士多德指出"因幼稚与刚起步,最早之哲学实际上对所有学科皆含糊其词"。

斯（Phrynis），则不可能有提莫修斯。同样道理也适合于对现实进行理论概括者（τῶν περὶ τῆς ἀληείας ἀποφηναμένων）：从他们某些人身上，我们增长了见识，他们也同样受益于其他人。（《形而上学》993b.12～19）

对这段话中两个地方稍加改变（合乎情理的改变），即可看出亚里士多德对待智术师的态度的端倪：先把"对现实进行理论概括者"换成"在修辞中有所作为者"，再把弗利尼斯与提莫修斯之逻辑拓展为："若无智术师，我们不会拥有这许多修辞；但若无智术师，则不可能有亚里士多德。"鉴于智术师属于最早的修辞从业者和修辞执教者，他们最初的言论被赋予对后来者（包括亚里士多德）产生了潜移默化的影响的殊荣。但是，作为早期修辞总揽者的亚里士多德，他看上去具有历史意义的东西，对作为话语批评者的亚里士多德来说，却成了劣等品。饶有趣味的是，使智术师的观点既有价值又是劣等品的是同一个原因——先导性。对亚里士多德来说，先导的诸般发现，本质上几乎都是暂时的、不完备的、不充分的。随后的发现（如亚里士多德自己的发现）则更确定、更完备、更充分。亚里士多德模式的思想发展趋势为：后继者普遍要比先行者更光辉、更出色、更优秀。换言之，一种观念、一种行为越是接近目的（telos），它就越好。许多传统的修辞历史学家普遍把亚里士多德《修辞学》看作该技艺从前版本的完善版，原因盖出于此。

越过亚里士多德表达的对智术师修辞的感念之情，我们会发现那个遥远而不带个人感情色彩的话语，它来自于一个决意要描述智术师思想和行为、表面上看起来客观公正的历史学者。历史学者的话语还得到一位科学者（的确是一位知者）的话语的补充。科学者的新奇发现之所以被激发，就是为了矫正智术师扭曲的行为规则，就是为了肯定真实之于表象的优越性。譬如，在《修辞学》中，亚里士多德指出，智术师使说服的技艺颠倒错乱，原因在于他们过分依赖那些非本质的特征（προσϑῆκαι 或 τὰ ἔξω τοῦ πράγματος）。智术师写作各种技艺手册，强调的是极度的情感诉求、个人外表、演讲中的文体技巧，但忽略了说服主体（σῶμα）的三段论推理（《修辞学》1.1.3）。再者，他们研究修辞也不讲究方法，也就是说，没有把修辞当作一门有自身原理与规则的技艺。因为他们的主要兴趣在于实际事物、在于成功说服，他们教授的修辞缺乏系统性，不是依赖这门技艺本身，而是只看它能产生的各种结果（《论智术式辩驳》184a）。事实上，他们主要关注的是修辞无数的特殊性，殊不知所有特殊性的总和不等于这门技艺本身的实质。

同样的历史/批判论调也出现在亚里士多德对智术师在推理领域的研究与实践的讨论中。一般说来，亚里士多德指责智术师偏爱谬论逻辑（fallacious logic），拿一些毫不相关的论点玩杂耍（τοῖς ἀλλοτρίοις λόγοις）[《优台谟伦理学》（*Eudemian Ethics*）1218b.23]。① 就像伊索克拉底一样，亚里士多德也注意到，智术师的辩论受其对悖论（paradox）的爱好的驱使。在谈到因人们对何为有美德的行为持有共同看法而给智术师造成难题时，亚里士多德说道："智术师欲陷论敌于悖论圈套，以显自己聪明过人。一旦得逞，由此产生的推理之链即被打上死结。思维受到束缚，但既不愿停滞不前，因其不能赞同得出的结论；也无法继续前行，因其解不开辩论死结。"为了阐明这一观点，亚里士多德提到了一个耳熟能详的智术师论题，该论题试图证明"愚蠢与不自制结合等于美德。辩论如下：有人愚蠢且不能自制，因其不能自制，他以为该做之事他不去做，却做与之相反之事。他以为好事是坏事且不该去做，所以，他将做好事而非坏

---

① 另参《论智术式辩驳》169b.21～25。

事"（《尼各马科伦理学》1146a.22~30）。亚里士多德长篇大论地论述了自制与不自制的特征，从而驳斥这一论题（《尼各马科伦理学》1146b.8-1152a）。

智术师的辩论除了具有悖论特征之外，还经常与普遍的看法相左，譬如"并非一切存在物皆生成而来或永恒不灭"（《论题篇》104b.25~26）。亚里士多德对该命题的前一点进行了反驳："一切生成之物从某物生成，由某物生成；由其形式与之毫无二致之某物生成。"在该论题（该论题为实现胜于潜能的更大论述之一部分）的基础上，他推衍道："从未从事建筑者，不大能成建造师；从未弹过竖琴者，不大能成竖琴师。学竖琴之人须弹琴方能学艺，其他技艺概莫能外。智术师之狡辩由此发轫：不懂某门学问者，所从事之事将是本门学问之目标，原因盖出于学习者不懂本门学问。"亚里士多德对智术师的这一狡辩加以反驳，他说道："既然正被生成之事物内已有某物生成……或许学习者也必定掌握那门学问的某种知识。"（《形而上学》1049b.28-1050a.1）亚里士多德还反驳了智术师的其他几项论题，这里无须一一列举。鉴于我们的目的，这里以管窥豹，只是为了表明，在他所有的反驳中，有一点是相同的：只要涉及逻辑推理的适当方法，智术师通常站不住脚。

至此，我们已经看到，亚里士多德对智术师的接受，既类似于也区别于柏拉图与伊索克拉底。我们还看到，亚里士多德认为智术师值得认真对待，一来因其在修辞上的早期发现，二来因其所犯的逻辑推理错误。亚里士多德深信，对他们的发现要感恩，但对他们的错误也要矫正，所以，他试图改变修辞传统的方向，矫正智术师的逻辑错误。为此他寻找有望将修辞与逻辑带上正途从而健康发展的规则。本章随后的篇幅中，笔者将论述亚里士多德对智术师的描述，这样的描述表明他们比哲人低一等。笔者还将讨论亚里士多德的《修辞学》，该论著既批判又保存了智术师修辞。笔者将阐明，亚里士多德的说服模式是对智术师修辞做法的批判，同时又保全了智术师修辞。此外，笔者还将表明，亚里士多德的三种修辞分类——政治修辞、法庭修辞、典礼修辞，分别融入了环境逻辑、竞赛伦理和表演美学，使智术师修辞得以流传下来。

亚里士多德对智术师的描绘

　　亚里士多德对智术师的描述平淡乏味，只有几个定义，若干处提到他们的认识论主张、修辞实践、推理方法、进取精神、动机以及五花八门的这类事项。大图景上的这些元素虽然多多少少具有内在关联性，但色彩不够鲜明。智术师本身是大放异彩的人，但这些元素却不能给人留下深刻印象。另一方面，这些元素却以显著的具体性和清晰性界定出识别智术师及其行为的参数。在对智术师和智术的定义中，也通过这些定义，亚里士多德将智术师与其他知识人区别开来，也把智术与其他容易混淆的技艺区别开来。第三章和第四章已经表明，公众通常将修辞、智术、辩证法混为一谈，分不清谁是智术师，谁是哲人，不知道谁是好智术师，谁是坏智术师。即便如此，也很难说亚里士多德的评说就是为了结束人们对智术的混淆。虽然这样的目的也不可排除，但亚里士多德作出评论的动机似乎是维护哲学的主导地位。亚里士多德毕竟将自己看作哲人，他一定要弥补、修正智术师的方法。

　　首先，亚里士多德指出，智术师、辩证家（dialecticians）类似于哲人，但事实上又不同于哲人。他们之间的主要差别好比外观与真实的差距：智术师表面上和哲人一样有智慧；他们和辩证家所讨论的问题与哲人的也一样。用亚里士多德的话来说，"辩证家与智术师外表同于哲人，因智术仅在表面上为智慧

（σοφία），还因辩证家讨论所有问题，而存在（Being）是共同话题。"在进一步将智术师、辩证家与哲人加以区分时，亚里士多德说道："智术与辩证法所关注之问题与哲学属同一类型，但哲学与前者之分野在于能力，与后者之分野在于人生观。哲学力图理解之事，辩证法只当练习；智术看上去是哲学，其实不然。"（《形而上学》1004b.17~27）

柏拉图区分外观与实在、真实与虚假，亚里士多德将其照搬过来，重申一番，这似乎毫无疑问。所以，亚里士多德认为，智术师的行为也许看上去具有哲人行为的所有特征——他们的智慧看起来像哲学，听起来也像哲学；但实际上，智术师的智慧与哲人的智慧完全是两个天地，尽管经验不足的思想者难以区分。智术师的行为中，大家比较熟悉的是他们的辩驳活动。在批判性的你来我往的讨论中，智术师就像辩证家一样，斟酌交谈者的主张，但斟酌的结果却是对他们驳斥一通，以此炫耀自己的专长，炫耀自己在辩论上技高一筹。但是，智术师式的辩驳的最大问题在于，它们仅停留于表面，不真实。在《论智术式辩驳》的开篇（164a.23-b.27），亚里士多德将外观与真实之区别看作一个事实，然后用于辩驳：

显然，有些推理实为推理，有些似为推理，其实不然。其他领域因真假难辨发生这种事情，论证领域也莫能例外。有些人体质甚好，有些则虚有其表，全凭修饰打扮、华服装扮，如部族歌队队员。有些人实为漂亮，有些则靠装扮而显为漂亮。……推理、辩驳与此同理，时真，时假，因人缺乏经验而留下真实印象。

亚里士多德划出了智术与哲学的另一区别：哲学的专门领域研究"作为存在的存在"（Being qua Being）的属性，智术,就像辩证法一样,"研究存在事物的属性,而非作为存在之事物的属性……也非作为存在之存在本身的属性"(《形而上学》1061b.8~9)。换言之,哲学研究实体与本质,智术则研究表面与偶然(the incidental)。亚里士多德认为,哲人的目标是研究"在其本质自然中之实在整体"(《形而上学》1005b.6~7),①智术师与哲人不同,智术师思考的是偶然(the accidental)(τὸ συμβεβηκός),偶然"事实上仅是一名称而已"。智术师讨论的并非实在本身(或者说,讨论的不是存在之物的必然性),而是非存在之物的非必然性。所以,亚里士多德最后说道:"柏拉图让智术讨论非存在之物,自有道理,因智术师讨论偶然或许比其他任何人都更多。"②因为偶然与事物的本质没有必然联系,亚里士多德将其看作"颇近于非存在之物"(《形而上学》1026b.15~22)。③他大体上表示,如果某事物既非一直发生,也非时常发生,如果它是偶然的,超出了必然王国的范畴,可视之为好像根本没有发生。也可将其视为具有误导性质,因为它仅停留于事物的表面,而本质只有到核心才能发现。④

亚里士多德参照智术师对外观的兴趣、对偶然的关注给他们下定义,除此之外,还就其目的进行论述。亚里士多德认为,智术师的目的将他们与辩证家相区别,但不能与修辞家相区别。他指出,在修辞领域,以合理辩论(κατὰ τὴν ἐπιστήμην)为依归的演讲者与以道义目的(κατὰ τὴν προαίρεσιν)为依归的演讲者毫无

---

① 另参《形而上学》993b.20~24,997a.14~15,1003b.18~19,1004a.33~34。

② 另参《形而上学》1064b.27~29。

③ 亚里士多德对偶然的定义,参《形而上学》1025a.14以下。

④ 对亚里士多德《修辞学》中表面与核心概念的讨论,参John Poulakos,《亚里士多德受于智术师的恩惠》(Aristotle's Indebtedness to Sophists),收录于David Zarefsky, Malcolm O. Sillars, and Jack Rhodes, eds., Argument in Transition: Proceedings of the Third Summer Conference on Argumentation (Annandale, Va.: Speech Communication Association, 1983),页27~42。

差别。然而,"辩证法中,道义目的造就智术师,而辩证家,其论辩不在于道义而在于能力"(《修辞学》1.1.14)。①《论智术式辩驳》(171b.7~8)也对智术师与辩证家进行了区分,但这一次是就实在-外观之二分法进行论证:"以特殊事件来审视一般原理者为辩证家,而仅仅根据外观来审视一般原理者为智术师。"又一次,智术师所能做到的最好情形看来就是辩证家。

亚里士多德一再表示,"智术仅为表面智慧而非真正智慧,智术师凭借表面智慧而非真正智慧赚取金钱"。而真正有智慧的人尽力"避免就其知识之话题进行谬误辩论,(培养)能力揭露运用谬误辩论者"。有智慧的人(哲人),如果愿意的话,也可利用自己的知识赚取金钱,但哲人通常不在乎金钱。②他在乎的是用正确的理由证明自己的主张以及从其他理由中发现正确理由。但亚里士多德也说道,"欲扮演智术师者,须找出已提及之论证(或示以理由或反驳),此于他们实有价值,因拥有该能力(示以理由之能力、反驳之能力)会让他们显有智慧,此乃智术师真正动机。"(《论智术式辩驳》165a.22~32)

显然,亚里士多德笔下有智慧的人,并不满足于仅仅给出证据证明自己的主张,他会极力揭露表面上有智慧者(智术师)的表面性。如前一章所述,这正是伊索克拉底极力所做之事,但伊索克拉底认为自己多次失败;这也是亚里士多德本人在几部论著(尤其是《论智术式辩驳》)中试图做到之事。但亚里士多德

---

① 《修辞学》的译者 J. H. Freese 在解释这一段话时说道(页14):"智术的本质在于道德目的——对谬误辩论的别有居心的(deliberate)运用。在辩证法中,辩证家若想运用谬误辩论是不乏运用能力的;如果他别有居心,他就被称为智术师。"

有能力的运用与别有居心(proairesis)的运用,这之间的分野亚里士多德做了更多的评论,参《论题篇》(Topics)126a.30-26b.3;《尼各马科伦理学》(Nicomachean Ethics)1127b.15;《修辞学》1.13.10。

② 亚里士多德讲了一个泰勒斯(Thales)的故事。泰勒斯运用天文学知识预测橄榄将获大丰收,由此赚了一大笔钱,这"证明只要哲人愿意,要变富有并非难事,但富有与否,哲人不在乎"(《政治学》1259a.6~19)。

并未说自己之于智术师胜出一筹,而伊索克拉底则明确表示自己优越于智术师。亚里士多德首先制定出一套推理方法(如《分析篇》与《论题篇》),然后指出智术师在哪些方面不符合推理要求。① 在此问题上,他也许比伊索克拉底更明智。但要严丝合缝地区分真正推理者与表面推理者,就连亚里士多德也力不从心。因为真正有智慧的思想者被期望去做的所有事情,智术师完全可以表现出做得很认真的样子。反之,所谓有智慧的思想者,我们总觉得他实践的只是改头换面的表面智慧。此外,亚里士多德还说:"没有任何事物可阻止某人接受非事实而不接受真实。"(《论题篇》161a.31)。如此一来,可以说亚里士多德躲进了某个实在之地盘中,他认为该实在之地盘优越于智术师的地盘。

在这个亚里士多德式的实在中,如何推理、如何辩驳都经过了周详的设计(没有前后不一、没有自相矛盾),推理过程和辩驳过程完全按部就班。② 而智术运用的那种推理或辩驳不仅仅停留在问题的表面,而且与问题毫不相干:"我说的智术师式推理与反驳,不仅指似是而非的推理或辩驳,也指那些虽然真实但与所论问题仅表面相关而实际并非相关的推理或辩驳。"③换言之,智术用来讨论的通常都是不相干的事情——与当下主题毫不相关的事情。④ 这样一来,智术或许能成功驳倒对手,但并不能"确定他是否无知"。亚里士多德认为,一种问答式的程序会引起无知者的兴趣,有助于暴露他们的无知。然而,

---

① Classen(《亚里士多德对智术师的描绘》,页14)对此这样说道:"亚里士多德对驳斥智术师的谬误论证没有兴趣,更不用说嘲笑了,但他一再揭示他们犯下谬误的原因、他们犯错的根据所在。"

② 参《形而上学》1004b.15~27以及《劝勉篇》45。

③ 参《优台谟伦理学》(Eudemian Ethics)1218b.23。

④ 这一批评正好与他在《修辞学》(1.1.4)中的微词吻合。他说诉讼人经常讲一些与案件毫不相干的事情,并希望法庭采用亚喀巴古(Areopagos)的政策:将言论限制于与案件直接相关的事情上。

智术师不会把欺骗的范围局限于无知者，"即便具有科学知识者"（τòν εἰδότα），他们也试图以智术师式的论辩让其掉入陷阱（《论智术式辩驳》169b.20~29）。① 运用与偶然相关的谬误（τò συμβεβηκòς），他们通常成功地制造出已经驳倒了行家与专家的假象："他们与知识者论辩，其推理以偶然为依据；知识者，因其缺乏辨别力，或追问之下被迫让步，或并未让步却以为已然让步"（《论智术式辩驳》169b.7~10）。

亚里士多德试图尽可能清晰地确定智术师的身份和行为，这一做法导致他把智术师与另一类伪知识人——争论者（eristics）——区别开来。虽然这两类人的兴趣都在于外表，在于赢得智识上的竞赛，而且所使用的论证也相似，但争论者追求取胜（νίκη），而智术师追求显赫的声名（δόξα）。正如亚里士多德所言，"如此表现（不公正论战）者，仅以取胜为目的，一般视为好抬杠、好斗嘴（ἐριστικοὶ ἄνθρωποι καὶ φιλέριδες）；如此表现者，以获得有助于赚钱之声名为目的，则被视为经营智术。"那么，争论者与智术师之间的区别在于他们的动机："好斗嘴者（争论者）与智术师运用相同论证，却为不同缘由；相同论证，既可为智术，也可为抬杠，然立场相异。若动机为赢得胜利之外衣，即为抬杠；若动机为赢得智慧之外衣，即为智术：因智术仅有智慧的外观而无实在"（《论智术式辩驳》171b.25~34）。

亚里士多德将智术师与辩证家、哲人、争论者区别开来，然后举例说明他们的推理——他总是觉得他们的推理是错误的。他们常用的论证方法是夸大同一性原则（the principle of identity）、否定"科里斯科斯"（Koriscos）等同于"好科里斯科斯"（《优台谟伦理学》1240b.24~25）。实际上，他们认为，个体事物与其本质之间存在差别。亚里士多德驳斥这一观

---

① 由于在亚里士多德的文化中，有知识的人就是有权威的人，智术师的这种做法显然有损于认识论权威。

点，主张至少在"第一义与自存（self-subsistent）的意义上，个体事物及其本质同一。"他还说道："显然，对付智术师对该论题（个体事物及其本质同一）之反对意见，与回答苏格拉底是否等同于苏格拉底之本质，所用方法相同，因提出问题之依据无差别，圆满回答问题之手段也无差别。"（《形而上学》1032a.6~11）

智术师常用的另一种论证方法是，要求精确回答的问题，他们却说："部分是，部分不是"，"有些是，有些不是"，"在某种意义上如此，在另一意义上并非如此"。但是，有人这样回答（智术师式的回答）时，亚里士多德注意到，"听众则起哄，说他已陷入困境"（《修辞学》3.18.4）。这或许是对双重论证（dissoi logoi）的间接批评。智术师正是本着双重论证的精神，在要求唯一答案时，却给出双重的、彼此相左的答复。这或许也暗示了亚里士多德对话语双重性问题的解决方案：在任何一对彼此相左的答案中，一个总是优于另一个。值得注意的是，在讨论时间与运动时，谈及现在的意义，亚里士多德本人也运用了智术师式的论证方法："处处皆同一之'现在'，其自身在甲义上保持同一，在乙义上非也（笔者的强调）；时间流变，其标识之时间点在变（标识时间之流变是其根本功能），'现在'也永恒变异；然每一时刻，其皆履行划分过去未来之根本功能，其保持同一。"［《物理学》（*Physics*）219b.13~15]为了支撑事物保持同一性、同时也发生变异（就其各种关系而言）的论点，亚里士多德提到了智术师分辨"吕克昂之科里斯科斯与市场上之科里斯科斯"（《物理学》219b.21~22）的论证。

亚里士多德还提到智术师的另一做法，事实上他称之为"所有骗局中最具智术师特点"的（*τὸ μάλιστα σοφιστικὸν συκοφάντημα*）做法。这是提问者经常使用的方法，它"呈辩驳之显著表象，因其尚未证明一事，即直奔最后命题，且不以问题之形式，而径达总结：'那么，如此这般之事并非实情'，犹如已明证"（《论智术式辩驳》174b.9~12）。这种做法被贴上智术师的标签，是因为它不遵循适当的程序（以陈述代替提问），还因为它没有达到证据确凿的标准。

揭露了智术师的推理弱点以后，亚里士多德下一步审视的是智术师自称拥有并教授的知识。据他的估计，智术师可以说只是偶然地拥有知识（κατὰ τὸ συμβεβηκὸς）：事物真正的因果关系与必然性——构成知识的两大因素，一般而言智术师一概不知。"当我们以为自己了然（i）产生事实之原因乃事实之原因、（ii）事实不可能呈另一模样，这时，我们才以为拥有该事物之绝对知识（与智术师的偶然知识截然不同）。"[《后分析篇》（*Posterior Analytics*）71b.9~12]然而，这种概念化的知识智术师完全不懂，因为他们相信知道就是拥有知识（τὸ ἐπίστασθαι τὸ ἐπιστήμην ἔχειν）（《后分析篇》71b.23）。据此，只要本原（starting point）的前提被普遍接受而且真实，他们就以为拥有某个事物的知识。对此，亚里士多德表示反对，"本原并非被普遍接受之事，或被普遍接受之事并非本原。本原首先在证明所涉及的属（genus）上是真实的；并非每一真实的事实都为既定之属所特有"（《后分析篇》74b.24~25）。亚里士多德注意到，因为智术师的知识是可疑的，他们提前索要学费，否则，"无人愿为其拥有之知识付费"（《尼各马科伦理学》1164a.32）。智术师这样收取学费，但普罗塔戈拉是一个例外，他"让学生估价其知识，然后照价收费"（《尼各马科伦理学》1164a.25~27）。这样一来，即便他没有兑现承诺，没有履行这笔教育交易中自己的职责，学生也不好抱怨。

最后，亚里士多德批判智术师运用语言不当。① 他们反

---

① 对亚里士多德语言观的进一步论述，参Richard McKeon，《亚里士多德的语言概念与语言艺术》（*Aristotle's Conception of Language and*（转下页）

驳对手、制造错误假象的种种企图，都免不了运用语言的欺骗手段（linguistic fallacies）——"含混（ὁμωνυμία）、歧义（ἀμφιβολία）、合并（σύνθεσις）、拆分（διαίρεσις）、重音（προσῳδία）、表达形式（σχῆμα λέξεως）"（《论智术式辩驳》165b.25~27）。通过这些欺骗性的语言手段，智术师达到了目的，让听众觉得他们反驳了对手，蒙骗了那些不熟悉名称作用的人（τῶν ὀνομάτων τῆς δυνάμεως）（《论智术式辩驳》165a.17）。事实上，智术师不仅利用了语言的可塑性，也利用了语言的不充分性——并非每一个事物都有各自的名称："名称与语汇有限，事物之数目无限，同一表达法、单一名称，须用以表示若干事物。"（《论智术式辩驳》165a.11~14）亚里士多德表示，如果说理解就是确切地知道在诸多事物中究竟所指是哪一个，智术师通常运用表示不止一个事物的名称与表达法来扰乱交谈者的理解。在这一方面，亚里士多德指出，智术师经常运用同音异义词（homonyms）（《修辞学》3.2.7；《论智术式辩驳》165b.30-66a.6）。亚里士多德讨论了依赖于语言的六种欺骗手段（fallacies），逐一给出例证，并且提出克服方法——运用"论证所依赖的方法的对立面"（《论智术式辩驳》179a.11~13）。

具体而言，亚里士多德不赞同智术师布里松（Bryson）[*]的看法。布里松认为，"不存在丑的语言这一说，因任你用何言辞表达某事物，其意义皆一样"。亚里士多德反驳道：

> 不实之言。甲词语描摹某事物，或比乙词语更准确，更接近，该事物呈现眼前也更详尽。而且，两个不同字眼描画某事物，角度也就不同。因此，甲词语定比乙词语更美或

（接上页）the Arts of Language），载于Classical Philosophy, 41, no. 4（October 1946），页193~206；42（January 1947），页21~50。

[*] 布里松（Bryson of Heraclea），约公元前5世纪古希腊数学家、智术师。

更丑。两词语皆可表示美之事物或丑之事物,非仅表示事物之美或丑,至少表美或丑时有程度之别。(《修辞学》3.2.13)

本小节中,作为哲人及逻辑家的亚里士多德声称,智术师主要关注的是外观,不关注真实。他们感兴趣的主要问题不是必然,也不是特征,而是偶然。他们的知识概念是错误的,许多话语都包含了语言的欺骗手段与逻辑的谬误。他们讨论话题时不是直指本质,而是东拉西扯。他们感兴趣的只是表面的反驳,根本没有确凿证据,很少为自己的主张出具理由。此外,他们热衷于悖论,导致违背常理的狡辩,导致无视语言的正确(proper)用法。

从智术师式修辞到亚里士多德式修辞

本章至此已经考察了亚里士多德对智术师及其话语实践所作的历史/批判评述。亚里士多德的评述呈现出两幅图景:一幅图景把智术师描画为修辞传统的开拓者、为修辞作出了重要贡献的人;另一幅图景将其刻画为哲学的伪装者,但只要深入研究其论证行为的逻辑结构,就能揭露其虚伪性。这两幅图景背后的情绪,在亚里士多德的《修辞学》中得到了进一步表达,给予了特别关注。《修辞学》一书旨在提出一种新的、更佳的修辞版本并为所有修辞行为提供理论依据。那么,为了更完整地把握亚里士多德对智术师的理解,我们将把注意力转向《修辞学》,看他是如何论述智术师的。我们将会发现,在《修辞学》中,亚里士多德不仅批判智术师修辞,也完好保存了智术师修辞,并使其流传下来。

《修辞学》被众多评论人盛赞为"古代修辞中最令人景仰的

丰碑"，①"若干世纪以来影响力巨大"的论著，②"虽前辈、后学数不胜数却独树一帜、鹤立鸡群；是本学科中最有哲学内涵（或科学内涵）之著作"。③《修辞学》赢得了人们普遍的、毫不吝啬的赞誉，但至于它与智术师传统的关系如何，就出现了争执。有些评论者说，亚里士多德的论著代表了一种摆脱智术师的尝试。譬如，库伯（Cooper）认为，《修辞学》"绝对没有受到希腊智术师传统的影响"。④ 格里马尔迪（Grimaldi）指出，亚里士多德付出的努力就是要"把修辞从智术师的蛊惑术中解放出来，那是一种对人的情感（或非理性）的低级诉求的蛊惑术；光大修辞，使其成为一门远比蛊惑术适合于理性者的思想的学科"。⑤ 但有人表示这些说法站不住脚。譬如，肯尼迪（Kennedy）说道，《修辞学》"在很大程度上借鉴了智术师修辞"，⑥ 因为亚里士多德"对现行惯例的本质越来越感兴趣，无意于为当下生活强加一种理想秩序"。⑦ 同样，索姆森（Solmsen）的观点是：《修辞学》的某些章节中，亚里士多德"几乎无异于支持（智术的或其他的）专家们为自己的利益而'运用'的那些历史悠久的手段"。⑧ 对《修辞学》的两种不同态度不难解释：有些评论者只着眼于亚里士多德对传统的敏感性，有些则只看见他致力于革新。但如前所示，亚里士多德既受

---

① George Kennedy，《希腊的说服技艺》，前揭，页81。
② Lane Cooper，《亚里士多德的〈修辞术〉》（Aristotle's Rhetoric），载于 Quarterly Journal of Speech, 21（February 1935），页11。
③ Rhy Roberts，《希腊修辞与文化能力批评》（Greek Rhetoric and Literacy Criticism，New York：Longmans, Green, and Co., 1928），页18。
④ Cooper，《亚里士多德的〈修辞术〉》，前揭，页15。
⑤ William M. A. Grimaldi，《亚里士多德修辞哲学研究》（Studies in the Philosophy of Aristotle's Rhetoric，Wiesbaden：Franz Steiner Verlag GMBH, 1972），页19。
⑥ George Kennedy，《希腊的说服技艺》，前揭，页81。
⑦ 同上，页85。
⑧ Solmsen，《引言》，前揭，页xxi。

惠于智术师，也批判智术师；既承认他们对修辞术的贡献，也指出他们的缺陷。

亚里士多德对待前辈（包括智术师）的批判态度，反映于《修辞学》的开篇几行："以往编纂修辞'技艺'者仅涉及该技艺之一小部分"，这一小部分从技术层面来讲不够完好（ἔντεχνον），而且也并非以该技艺的本质（σῶμα）为根基。编纂者们讨论的不过是附属（προσθῆκαι），不在严格意义的学科（τὰ ἔξω τοῦ πράγματος）范围内。亚里士多德继续说道，这些修辞家没有意识到，修辞中唯一具有艺术内涵的是说服方式（πίστεις）；而且，他们只字不提修辞推论（enthymeme）——说服方式的真正实质（substance）（σῶμα）（《修辞学》1.1.3）。这样的开场白标举了两大目标：第一，明确论著即将论述一项必要之事，即将填补一项空白；第二，让读者拭目以待：随后的内容将关注以修辞推论为中心的说服方式。但是，虽说《修辞学》的确没有辜负读者的期望，但也并非完全达到了他们的期望。现有文本的某些地方似乎与他最初宣称的计划有偏差，其论述的某些问题[如情感呼求、措辞风格（style）、表演方式（delivery）]恰好超出了他自己界定的修辞之正当范围。于是，他的观点——前辈们仅停留于修辞的表面没有抓住修辞的核心、他们的教学只是在外围转悠根本没有进入核心——只会让那些对他的开场白较真的读者茫然不知所措。[①]

亚里士多德详细阐述了说服方式（modes of persuasion），指出说服成功有赖于品格（ethos）（演说所展现的演说家的道德品质）、心境（pathos）（演说所引起的听众的情感状态）、逻各斯（logos）（表明何为真实或何为表面上真实的演说本身）（《修辞学》1.2.4～6）。通过论述这些说服方式，亚里士

---

① 但Grimaldi认为，《修辞学》是一个前后一致的文本，其一致性缘于修辞推理（enthymeme）的观念。

多德把他对智术师推理（logos）的抨击进行到底，不仅如此，他还添加了两个新元素——品格和心境，从而拓宽了他对智术师修辞行为的批判视域。亚里士多德把逻各斯理解为推理或证据，这两种意义已经讨论，那么，以下的论述将聚焦于其他两种方式。至于逻各斯，这里只需提一点，它是三种方式中唯一既参与哲学又参与修辞的方式；其他两种方式仅属于修辞。亚里士多德在讨论逻各斯的修辞意义时说，逻各斯由两个元素构成——修辞推论（enthymeme）与例证。哲人书写修辞，我们或许可以想象他如何解释这两个元素：运用辩证法中的对应元素——三段论与归纳法——进行解释（《修辞学》1.1.11；2.8~11）。

因为品格（ethos）表现于演说家的演说中，因为一个人的品质反映于他的言语中，因为文如其人，所以，被认为不诚实、不像话、自私的人往往都不能说服听众。显然，这里有个假设，即言语和品质密切相关。这一假设伊索克拉底在《致尼科克勒斯》（7）中讲得清楚明晰，他说："把话讲得妥妥当当，这种能力是理解正确的最可靠标志；真实、合法、合理的话语是一颗善良、忠诚灵魂的外在形象。"这种假设的背面自然与其刚好相反：把话讲得乱糟糟即表明理解不当；不真实、不合法、不合理的话语则是一颗邪恶、不忠的灵魂的外在形象。反过来说，这种假设表示，一颗邪恶、不忠的灵魂（亚里士多德的不良品格）自然会表现于不真实、不合法、不合理的言语中。

亚里士多德强调品格，认为三种模式中品格最具说服力（κυριωτάτην ἔχει πίστιν τὸ ἦθος）（《修辞学》1.2.4）。这种强调对那些普遍被认为是不值得信任、无知、搞两面派的人，也就是那些品格有问题的人，似乎对他们的修辞实践构成了障碍。大家应该还记得，大多数人正是这样看待智术师的。如前所述，他们来自外邦，游走各地，对某些要求专门知识的问题一无所知，而且违背诺言尽人皆知，这些原因导致他们被看作不值得信任的人。从公众对他们的这种认知到对他们的修辞不屑一顾，仅一步之遥。智术师的品格令人怀疑，其修辞的价值也就可想而知。反过来说，如果他们声名不好，原因即在于他们的修辞殊非所望。如果我们可以从亚里士多德对普罗塔戈拉的评论（人们厌恶他许下的将较弱论证转化为较强论证的承诺）（《修辞学》2.24.11）进行归纳，智术师的声名遭到败坏，他们一点也不冤（δικαίως）；落得那样的声名，他们活该。

所幸的是，亚里士多德主张品格是慢慢培养的，而非一成不变。对某一位演说家下判断，应该立足于具体的演讲，而不是只看他此前的一般信誉（διὰ τὸν λόγον, ἀλλὰ μὴ διὰ τὸ προδεδοξάσθαι ποιόν τινα εἶναι τὸν λέγοντα）（《修辞学》1.2.4）。换言之，聆听一场演讲时，不用去关心演讲者的声誉如何。任何演讲者演讲时，都应该不带偏见地聆听。即便如此，演讲者心里一定清楚，观众在接受和评判他时，他的声名的确起着重要作用。尽管亚里士多德有自己的理论立场，但他实际上为他那个时代的智术师设置了一道不小的障碍：恢复声名。但是，如果坏声名无法完全摒弃，那恢复实际上也就不可能；如果坏声名可以完全摒弃，智术师就在被要求实践亚里士多德版本的修辞。

有关智术师的各种叙述中，大多把他们说成是气势恢宏的演讲者和成功的说服者，这一事实使讨论智术师声名之事变得更为复杂。如果相信这些叙述，我们就可以得出这一结论：观众愿意悬置怀疑，或智术师以自己的表演克服了不好的声名，或坏声名不一定会妨碍某人的说服能力。用亚里士多德的话来说，智术师之所以取得成功，至少有部分原因在于他们驾驭语言的能力，他们凭借语言给听众留下诚实、理性、友好的印象。换言之，由于他们灵巧的语言技能，他们能让自己达到修辞品格的三要素——φρόνησις καὶ ἀρετὴ καὶ εὔνοια（明智、美德与善意）（《修辞学》2.1.5）。这样说来，智术师实践的与亚里士多德提倡的相差不远。唯一的差别在于亚里士多德认为品格先于语言并反映于语言之中，智术师认为品格就是创造语言。① 尽管亚里士多德努力建构一种将各智术师类型排斥在外的修辞理论，他总归摆脱不了这样一种观念：是演讲决定着观众对演讲者品格的看法，并非品格决定观众对演讲的接受。为此，他做出让步："不仅必须考虑如何使演讲具有证明力与说服力，而且演讲者也必须表现出某种品格"（《修辞学》2.1.2）。这一让步幅度不小，因为它承认（即便是不露声色），在修辞之中，是一个好人不如表现为好人重要；或者说，除非一再表现出自己是好人，否则，你的修辞事业肯定失败。修辞领域，是好人还远远不够；你还必须建立起你是好人的外观。然而，建立这样的外观主要仰仗语言之功。我们已经看见，语言不仅能表现存在之事物，还能表现非存在之事物。在此问题上，智术师真还不那么容易为人所不齿。

这样一来，语言可将一个无知、无德、以自我为中心的演说家表现为知识渊博、讲求道德、无私利他的人。巧舌如簧的演说家，讲起话来就能粉饰自己的真正品格；反之，笨嘴笨舌的演讲者可能无法真实地表现自己的品格。前者，语言有负于听众；后者，语言有负于讲话人。亚里士多德对这种情形岂能不明，但除了信心之外他别无解决方案："真实的事物与更好的事物，就其本质，几乎总是更易于相信"（《修辞学》1.1.12）——这就是他的信心。在亚里士多德的世界中，演说家真正的品格，无论善良还是邪恶，迟早都会表现出来，迟早都会显出本色。

说服的第二种方式——心境，也是一个疑难问题，但其疑难原因与品格不一样。首先，在开篇，亚里士多德抨击前辈，说他

---

① 亚里士多德指出，他的有些前辈认为演说家的价值（ἐπιείκεια）对说服毫无贡献（《修辞学》1.1.4）。沿着这一思路，我们发现，智术师现存的几篇演讲稿都没有提到演说家的品格问题。但高尔吉亚的《帕拉墨得斯》似乎支持亚里士多德对品格的特别关注。譬如帕拉墨得斯在15~16、29~30、30等处的呼求。

们的许多精力都用来研究如何引起诸如偏见、怜悯、愤怒等情绪（《修辞学》1.1.4和9）。以亚里士多德之见，之所以要反对强调情感诉求，是因为情感诉求不属于修辞领域。确切地说，强调的应该是问题本身，而外在于问题本身的所有事物都无须理会。所以，就法庭修辞而言，"诉讼人只需证明事实如此或并非如此，事情发生或没有发生"（《修辞学》1.1.6）。同样，在政治修辞中，"证明措施推荐者之陈述是否真实，是为唯一必做之事"（《修辞学》1.1.10）。情感诉求必然会影响法官的判断，这比它并非属于严格修辞领域更为糟糕。亚里士多德承认，人们的心态影响决定："伴随爱或恨、愤怒或温和之转变，判断也相应变化；事物会显得全然不同，或多少有别。被指控者即将被判决，若某人对其怀有友爱之意，则会以为此人无罪或过错轻微；但假如憎恨此人，判决则截然相反"（《修辞学》2.1.4）。承认归承认，亚里士多德还是坚持认为，作出判决时，尤其是关涉法律，必须头脑冷静，充分理智。为此目的，诉讼人不能偏离案件事实。这些事实"重要或否，公正或否……留待审判官本人决定，与诉讼人无关，无须此辈示于审判官"（《修辞学》1.1.6）。

亚里士多德反对演讲者经常操纵听众情绪的做法，但似乎与之矛盾的是，他本人也主张"演讲者须懂得如何让判断者处于某种心境之中"（τὸν κριτὴν κατασκευάζειν）（《修辞学》2.1.2）。他之所以提出这样的主张，是因为一旦涉及修辞说服，听众对待演讲者本人的态度至关重要（《修辞学》2.1.3）。事实上，听众的态度是如此重要，以至于他认为有必要用《修辞学》里整十卷的篇幅来论述情绪问题。至此，我们不禁要问：情绪在修辞话语中的作用，难道亚里士多德持双重态度？如果说情感诉求不属于严格的修辞范畴，如果说情感诉求搅乱了听众的判断，他为何花如此多的时间和篇幅讨论其本质、目的以及理据？他对智术师的批判究竟在哪里？智术师对修辞中激情诉求的见解，亚里士多德在此基础上是否有推陈出新？或者说，他仅仅是在重复智术师的观点吗？最后一个问题：会否存在一种完全不带情感成分的语言？

回答这些问题之前，不妨回想一下，远在亚里士多德撰写《修辞学》之前，高尔吉亚就曾详尽地论述了逻各斯对听众情绪的影响。《海伦颂》中，高尔吉亚说道，一旦听众被演说家的言辞迷惑、蛊惑，他们就失去了理性判断能力，表现出不理性的方面。根据这种观点，情感与理性对立，强烈情感迫使人表现得如同发疯一般。除了高尔吉亚的观点以外，亚里士多德不可能不知道特拉绪马科斯表达于论述心境的著作《论怜悯》（*Eleoi*）中的招数（《修辞学》3.1.7）；他一定也知道柏拉图对特拉绪马科斯的看法，柏拉图说特拉绪马科斯是情绪煽动的专家："要说哀婉动人的演讲，以唤起对老人和穷人的怜悯，那位加尔西顿（Chalcedon）大人物的招数可以说游刃有余。他简直就是一个天才，能激起民众愤怒，而当民众被煽动起来以后，他又能用他的咒语使他们的情绪平息下去；在设计与破除任何理由的诽谤方面，他的才华无人能及。"（《斐德若》267c-d）

这两位智术师的观点都表明，要做一名演说家就必须知道，某些话语使群情激动，某些话语会使激情归于平静。一个成功的演说家就是一个懂得如何操控语言的人，能使观众产生一种易于接受某种讯息的情绪。其次，高尔吉亚赋予言语、特拉绪马科斯赋予演讲者以特权，却任凭观众遭受两股不可抗拒的强大力量的摆布。但亚里士多德试图将情感置于理智的约束之下，把情感转化为一个认知问题。他说，人们产生这样的情感是有原因的；理解了这些原因，他们就能理性地看待自己的情绪，理性地看待试图煽动或安抚他们的演说家的修辞。在这方面，福腾博（Fortenbaugh）的观点一点不错：

亚里士多德提出了一种情感观,该观念表明认知必须参与情感反应。……情感绝不会与理性为敌,情感顺从理性。正是这个原因,演说家在陈述理由充分的论证时,才有可能调动和平息情绪。……亚里士多德的一大功绩就是指出了情感反应中会发生判断,并把"通过听众"的说服提升到与"通过证明"的说服同等的地位。①

亚里士多德让情感从属于理性,可以说是对智术师的批判,但他也保留了他们的看法,即情感反应在修辞说服中发挥着重要作用。

即便如此,在论述演讲时,他依然坚持演讲者的语言必须具有完美的理性,演讲者努力做的事情仅仅是证明他的观点:"就权力而言,演讲者须力避引起观众痛苦或愉悦。因正义在于仅凭事实辩论,外在于证明之一切皆属多余"(《修辞学》3.1.5)。根据这条思路,诸如措辞风格、演讲台风、表演方式等元素,本来也许是必须的,但因其旨在迷惑听众,就成了修辞行为的附属品。为了支撑这一主张,亚里士多德在《修辞学》中说了一句最难以令人信服的话:没有人会用绚丽风格或戏剧演出的方式来讲授几何学(3.1.6)。所以,重视华丽风格与表演成分就是置理性证明之语言于不顾。

如前所述,亚里士多德的说服方式,至少在一定程度上构成了对智术师修辞的批判。在亚里士多德看来,智术师修辞无视演说的逻辑完整性,忽视说服中演讲者品格的作用,他们所关心的主要是如何操控听众的情绪,因为该修辞将听众情绪视为非理

---

① William W. Fortenbaugh,《亚里士多德的〈修辞学〉论情感》(*Aristotle's Rhetoric on Emotions*),载于 Archiv fur Geschichte der Philosophie 52(1970),页64。(译按)福腾博(1936—),美国古典学者,专著有《亚里士多德论情感》(*Aristotle on Emotion*, 1975)。

性的力量。但亚里士多德的批判也就到此为止，因为他最终还是承认三种方式均为语言功能。① 也就是说，言语能给人留下证据充分的印象，能建立个人的良好形象，能在听众中激起要想的情绪。但这样承认就等于保护了他所批判的事物。鉴于亚里士多德解释的是如何成功说服，鉴于智术师在修辞实践中获得了成功，智术师实践的修辞一定与亚里士多德规定的修辞有亲缘关系。亚里士多德不仅引用了智术师的例子来解释他提出的几项原则，而且——因为如他所言，这个世界并非完美——把智术师实践中的环境逻辑也融入了《修辞学》的话语中，那么，他反而保护了智术师修辞。这一点在对修辞的分类中更加显明。

亚里士多德把修辞话语划分为三种类型：政治修辞（deliberative rhetoric）、法庭修辞（forensic rhetoric）、典礼修辞（epideictic rhetoric）。这种划分是基于他对听众的认识：听众有三类——批评者、法官与观众（《修辞学》1.3.1~3）。但是有三类听众的说法就是承认（即便是默认）人们经常光顾修辞发生的典型场所——公民大会、法庭、节庆，从而习得了做公共演讲听众的窍门。设定人类的这些习俗或多或少保持不变，也设定要求某种特殊修辞的局势也经常出现，亚里士多德的三类修辞就不只是修辞话语抽象分类体系中的三个范畴，而是对智术师早前认识的重复：修辞形塑人们对环境的反应，也被人们对环境的反应所形塑（政治修辞）；人们卷入符号竞赛（法庭修辞）；参与言辞表演（典礼修辞）。但亚里士多德也并非始终与智术师为伍。环境、竞赛、表演的确形塑了修辞，但也把修辞变成了一个开放式命题，一个偶然的问题，可以随性进行，也可以素常进行。但是，如果修辞被赋予技艺（techne）的概念，并被系统性地论证，那么，所针对的观众显然起着决定性作用，而观众又意

---

① 然而在《论智术式辩驳》（165b.23~24）中，他表示辩谬的两种方式中，有一种方式与辩驳语言无关。

味着修辞发生的场所和修辞服务的目的。由此，公民大会及召集起来议事的人群所要求的修辞，与法庭及济济一堂施行裁决的人群所期待的修辞就有所区别，与节庆及会聚庆祝的人群所期盼的修辞更有区别。如此一来，演说家就有必要超越旨在取悦观众的智术，即令人陶醉的语言、引人入胜的言辞、机巧聪明的用语，因为这些智术置公共场所的正规要求于不顾。掌握自己实践的修辞的固有论题就成了演说家的本分。具体而言，政治型演说家必须知道政治议事的主要论题（方式方法、战争与和平、疆土防卫、进口出口、立法问题）（《修辞学》1.6.7~13），了解幸福的构成成分、掌握人们对权宜政府、健全政府、令人愉快的政府以及各种不同形式的政府之普遍看法（1.4-8）。推而广之，法庭型演说家应该熟悉不公正行为背后的动机、做出不公正之事的人的心理状态以及遭受不公正待遇的受害者的情绪（1.10.2）；典礼型演说家应该熟知美德与邪恶、高尚与可耻（1.9）。尽管各有其特殊性，但大凡演说家，都应该兼顾动机的两个主要因素——必要性和享受愉悦的愿望。这是因为，所有修辞话语都具有连续体之特征，而这两个因素可以说构成了该连续体之两极。政治修辞接近于必要性，因为人们受某些情势的驱使，势在必行。典礼型修辞接近愉悦，因为人们聆听修辞是为了享受演说家修辞表演所带来的娱乐和消遣。至于法庭修辞，介于必要性与愉悦之间。法庭修辞之所以必要，是因为社会必须裁决人们之间的冲突，执行正义；它之所以令人愉快，是因为审判通常就像一场比赛，陪审员参与其中，"听得津津有味"（《修辞学》1.1.10）。

　　亚里士多德认为，随性地追随社会大潮，或者迎合公民面对的具体社会和政治问题，是不够的；对待每一次修辞言说，都像智术师那样视之为暂时的和唯一的现象，也是不够的——这显然与智术思维方式分庭抗礼。论述问题时的论题性（topicality）和典型性（typicality）才是演说家需要做的。我们已经提到三种类型的修辞的内在论题，表明了修辞的论题性。至于修辞的典型性，它在于议事、裁决、庆祝一类的事情反反复复发生这样一个事实。城邦中的生活要求人们不断地议事、裁决、庆祝。修辞家就应该关注这些重复出现的情境的典型特征。掌握了这些特征，他们就能明确地对付各种场合与各种状况，就能预防面对某些状况就慌里慌张、处于某种情境就奇谈怪论，而那正是遇到前所未有之事时的典型表现。换言之，一个在理论上准备充分的演说家能将某一案例置于较大语境中，置于有助于该案例产生意义的语境中。与之相反的是，只看见案例的唯一性与特殊性的演说家却可能缠绕于纷繁的细节，致使传递的信息难以理解。

无论演说家对某一案例采取何种进路，公共修辞都与慎思（deliberation）相关。亚里士多德在论述听众和话语类型时解释道，公民大会成员慎思与未来有关的事务，法庭的法官慎思过去的事情，观众慎思演讲者的修辞能力。在这三种情境中，人们都要慎重思考（deliberate），因为某些事物"有可能引发两种方式"（ἐνδέχεσθαι ἀμφοτέρως ἔχειν）（《修辞学》1.2.12）。[①] 在这种观点中，也通过这种观点，亚里士多德可以说（至少在一定程度上）赞成普罗塔戈拉双重论证（dissoi logoi）学理所包含的话语双重性。假如某件事情既可这般，也可那般，假如只能二选一，那么就必须对两个方案进行权衡——这就是慎思的实质。但假如在"有可能引发两种方式"的事物中，我们把语言也纳入其中，就可得出这样的结论：人们慎重考虑的不仅仅有语言表现的事物，还有事物得以表现的语言，即语言是否得体、合适、清晰、生动、丰富、直白、典雅、有力，如此等等。亚里士多德对某些事物双重性的论述，可以说印证了普罗狄科斯阐释于《十字

---

① 另参《解释篇》（*On Interpretation*）19a.17~39。

路口的赫拉克利斯》里的权衡之多重困难。假如被指明达到目标至少有两种途径，你就必须决定何去何从。同理，在法庭修辞与典礼修辞中，如果选项被缩小到两个——有罪或无罪，值得表扬或应受谴责，你就必须选择一项，放弃一项。但是，假如人们权衡的是修辞类型，假如人们必须权衡的也包括语言，那么，思考活动必定相当于做一道选择题——在至少两项中作选择。但是，在两项或多项中选择一项，其实就是选择一种语言表达方式而放弃其他语言表达方式。

对亚里士多德来说，一般而言，人们聆听演说家的演讲，是因为有助于慎重思考他们还没有建立起系统规则的事物（《修辞学》1.2.12）。如果当前的情势是必然的结果或者具有常规特征，演说家对其特征早有了解，他就可以推荐一些合情合理的行动方针，一些延续过去的行动方针；但是，如果当前的情势属于偶然或无先例可援，演说家则没有路线可循。这里有一点至少值得注意：亚里士多德在论述慎思时，仅涉及必然发生的或经常发生的情况（由此划分出修辞类型）。其他的情况都归于偶然范畴（τὸ συμβεβηκὸς），一个因其具有无限性而不可系统讨论的范畴。据此，他将自己限定于人们加以慎思的最常见、最重要的主题，限定于凡是演说家都必须掌握的那些主题。智术师却相反，他们断言演说家演说之潜能不可限量。①

为了配合自己的思想取向，亚里士多德重复智术师修辞，这个事实并非意味着他赞成智术师修辞话语的标准［机遇、游戏性、可能性（possibility）］。他制定了自己的评判标准：得体（propriety）、优越性（superiority）、现实性（actuality）。在亚里士多德，修辞与其说是一个开洛式的良机问题，还不如说在逻辑规则、语言运用的公共规范、习俗与观众的本性等元素制约

---

① 高尔吉亚和希庇阿斯（Hippias）声称，他们可以对任何话题发表演说（82A.1a；26与86A.8）。

之下得体表现的问题。那么，演说家的本分在于演说那些适合于公民大会、法庭、节庆及其观众的得体之事。在这些场合该讲什么话，最大的帮助来自于先例，也就是他人在类似情境中的演说。其次，修辞的目的不是游戏而是获胜。这就是说，演说家应该如此讲话，以至于被评判为胜过对手。这里唯一的指导原则是讲真实之事，不仅仅因为真实之事往往胜过不真实之事（$φύσει\ εἶναι\ κρείττω\ τἀληθῆ\ καὶ\ τὰ\ δίκαια\ τῶν\ ἐναντίων$），而且还因为真实之事更容易证明，更容易让人相信（$εὐσυλλογιστότερα\ καὶ\ πιθανώτερα$）（《修辞学》1.2.12）。最后，与其说修辞关注的是某事的可能性（尽管可能性的确会随着一条一般论证线路进入修辞慎思）（《修辞学》2.19），还不如说它更关注事实基础。在演说家冒险表现未来之种种可能之前，他必须考察事物目前与过去的状况。换言之，表达可能性之最好的向导就是现实性。

契合于修辞领域的现实性，其重要特征为或然性（probability），或者说看起来有理（plausible）（$εἰκός$）。如果说亚里士多德的线路与智术师的线路在某一点相交了，那就是或然性，他们都将其视为公共话语意义不确定性的解决方案，视为人们行动的偶然性的解决方案。因为在修辞领域，真实并非总能得到，只能退而求其次——或然性。在这一点上，亚里士多德的评论继续沿着他有关慎思的思路（人们慎思是因为某些事物有可能引发两种方式）（《修辞学》1.2.12）："我们对其做决定之多数事物……皆表现为两种可能性（$ἐνδέχεται\ καὶ\ ἄλλως\ ἔχειν$）。慎思、探究我们的行动，发现皆有偶然性质；几无一行动由必然所致"（《修辞学》1.2.14）。因此，作决定时，不看总是发生、或必然发生、或随机发生之事，要看普遍发生或经常发生之事。这就是或然性的领域，其总部可以说就坐落于现实性中。对亚里士多德来说，"一或然之事即一大致发生之事（$ἐπὶ\ τὸ\ πολύ$），并非如人定义为任一事物——只要不在呈两种可能性之事物之列的任一事物"(《修辞学》1.2.15)。

　　但是，假如人们必须慎重思考如何行动，假如他们如何行动既不取决于必然性，也不取决于随机性，那么，或然性如何帮助演说家提倡某种行动方略，或促使人们做出某种判断？如前所述，亚里士多德对三种修辞类型的见解是基于这样一种认识：要求修辞演讲的某些场合会反复出现，即便这些场合这一次与下一次有所不同，但变化也不会超出规律性参数的范围。换言之，假如社会-政治世界出现了变化，变化也不会超出限度。这些社会-政治现象的限度之所以得以形成，是因为这些现象反复出现并且有规律可循。演说家只要明白了这一点，他就会明白修辞的或然性。更确切地说，演说家明白，大多数人在一定的条件下可能有一定的行为方式。要懂得或然性，就要对人性有广泛的了解，对过去类似事件有敏锐的观察力。推而广之，立足于或然性的修辞话语取决于历史知识，历史知识构成了预知某一问题的结果的基础。简而言之，或然性要求与现实性的某些方面达成协议，从这些方面出发去规划或预知未来。

　　总而言之，亚里士多德的修辞产生于、并且也支持社会-政治世界的规律性和可靠性、人的种种境况于其中的反复出现、以及情感的认知性质。而且，该修辞承认语言的潜力：捍卫自我完善的潜力、基于对必然性与愉悦的考量来提建议的潜力、基于以有益与便利为轴心的幸福理论而提供选择的潜力。再者，亚里士多德的修辞承认语言的可塑性，但坚持认为演说家有责任努力使其明晰、得当，有责任依据案例的事实证明提出的主张，不去理睬不相干的问题。除了每个案例的事实之外，演说家还应该考虑更大的事实，即语言的规范用法、思维的可接受模式、行动的既定限制因素。这是一种试图驯服偶然的修辞，它根据或然性作出分类，并为政治稳定、社会凝聚力以及思想秩序提供蓝图。

　　亚里士多德的修辞呈现出这般面貌，是有充分理由的。就像智术师一样，亚里士多德不是雅典本地的知识人，他周游四方，从家乡斯塔基拉（Stageira）来到位于雅典的柏拉图学园，到小亚细亚从事教学与研究，到马其顿做年轻的亚历山大大帝的老师，再回到雅典创办吕克昂学园（Lyceum），最后自我流放到凯尔吉斯（Chalkis）度过余生，以避免雅典人再次犯下反哲学的罪孽。但亚里士多德也不同于智术师：智术师在旅行途中，尽力就现有的资源对付着讨生活，而亚里士多德无论走到哪里，似乎都会运用同样的观察与分析方法。可以说，他以一种差不多固定不变的姿态——科学家、分析者、分类者的姿态——面对周遭环境。他像智术师一样博学多才，其众多论著表明，在政治学、伦理学、物理学、形而上学、逻辑、修辞、自然现象、生物、几何等方面，他都学识渊博。但与智术师不同的是，智术师一路走一路实践修辞，缺乏系统性，而亚里士多德却把修辞变成了一个不寻常的研究领域，研究焦点可以说在于理论的基础结构，其说服方式（品格、逻各斯、心境）即是明证。如果说这个焦点有一个目的的话，目的一定就是让修辞较少依赖于变幻莫测的偶然。再者，可以说，他将智术师修辞的文化脉动（竞赛、表演、环境）转换成了相应的修辞类型（法庭修辞、典礼修辞、政治修辞）。对这种转变的一种解释就是：自己建立的修辞类型比起现实事件与客观环境更容易控制。最后，可以说，他远离了智术师的表演取向，向理论靠拢。对这种转变的一个解释仍然是：理论的结果比起表演的结果更容易预知。

　　亚里士多德的公民身份和广泛旅行可以看作偶然事件，他的博学多才也可归因于他天生好奇而聪颖，但他对修辞的见地却是时代特征所造就。本章伊始就曾指出，亚里士多德对智术师的接受类似于柏拉图和伊索克拉底，原因之一即在于，亚里士多德和他们一样，都处于一个社会-政治动荡、保守、内敛的时期。耶格尔对这一时期有这样的评述：

正是在这一时期，自我开始从生活的客观面（objective side）解放出来，因为它比以往任何时候都更加清醒地感觉到，单凭外界的创造，已经无法得到满足。生活的隐幽面（private side）不再参与闹哄哄的行动，退居到安静角落，让自己享受自由自在。个人的隐幽面也觉醒了，它关起门来，谢绝不速之客。亚里士多德总是以绝对的客观形式把自己呈现给外界，但这种形式已经是建立在自我行为与外化行为的有意识分离基础之上了。①

亚里士多德的作品中，充其量用作例证的演说实践，已经被画上了休止符号。只要我们想到这里，就会发现，亚里士多德的内敛比柏拉图和伊索克拉底都更显著。在亚里士多德的引领下，智术师修辞、一度超凡绝伦的公共活动，变成了一个研究对象。在《修辞学》中，修辞传统就剩下一些黯然失色的选段，用以证明（甚至是从反面证明）亚里士多德的某一原理或归纳结果。智术师曾经是卡利亚斯（Callias）一类杰出公民家里的尊贵客人，现在亚里士多德仅用作举例的资料，以便阐明新的学理。即便如此，亚里士多德也像伊索克拉底一样，似乎也很赞赏修辞在形塑一种文化的思维方面所发挥的重要作用。他自己的《修辞学》试图将一种分类体系强加于说服的技艺，这个事实表明他更加关注 *taxis*（秩序）与 *nomos*（法律），这是他对智术师话语实践的特征——混乱无序、无法无天——的两种回应。

---

① 参Werner Jaeger，《亚里士多德思想发展史中的基本点》（*Aristotle*: *Fundamentals of the History of his Development*, trans. Richard Robinson, Oxford: Clarendon Press, 1934），页321。

结　语

　　至此，本书已将那些无数次来到雅典以及其他城邦的智术师的特征，归纳为游走四方的知识人、游牧式的修理匠、四海为家的思想者。同时，本书还从城邦的崛起、中产阶级的出现以及从少数人的贵族政治向多数人的民主政治的转变等角度，探讨了他们的话语实践。考察他们的社会-文化困境与其智识构想之间的关系，我们发现了一种修辞，它产生于环境逻辑、竞赛伦理、表演美学。我们还触及了其他几个方面，从中可见，修辞既产生于机遇、游戏性和可能性，也以这几个概念为轴心。关于柏拉图、伊索克拉底和亚里士多德是如何接受这种修辞的，我们也进行了论述。

　　本书始终认为，智术师的修辞离不开他们的社会地位、所处的政治环境或时代的文化气候。换言之，他们的修辞被周遭世界所形塑，反过来又形塑周遭世界。这种观点也适用于智术师修辞所引起的三大接受。柏拉图、伊索克拉底和亚里士多德就智术师问题不吐不快的言论，在很大程度是对诸般事件形成的特殊事态的回应。人们认为，发生那些事件，责任就在智术师，或者说他们起着推波助澜的作用，虽然他们仅仅是一帮个体主义的知识人，对客居城邦的公民传统和政治事务保持着距离。要言之，三种接受之所以如此这般，必定有充分理由。因此，本书的目的有二：首先描述智术师修辞的面貌，其次解释它在前4世纪遭到排斥、限制或陷入危险的缘由。基于前面已经进行的阐述与解释，我们将对智术师修辞的特色以及对该修辞的批判性接受再赘言几句。

过去，要了解智术师修辞的意义，我们动辄请出哲学史家。但是，尽人皆知，哲学史家瞧不起修辞，其研究成果大多不尽如人意。其实，哲学史们的成果基本上是在重申古代哲人们从道德论和认识论角度对修辞做出的批判。他们中的大多数人深谙柏拉图和亚里士多德的思想路子，但与两位先哲不同的是，他们把修辞看作对立于哲学的他者，公然表现出对其毫无兴趣。所以，在他们眼里，智术师修辞要么是庸俗之人没事找事，可以纯粹置之不理；要么令人厌恶，有碍体统与理性。这样一来，仰仗这些厌恶修辞的人（对自己的先入之见他们心里跟明镜似的），是根本不可能准确理解修辞的。另一方面，有些人阐释修辞，不过是给自己的姿态寻找一个借口，若诉诸于这样的研究者，同样失之明智（这一点已在前面明示）。由此可见，这是一片充斥着敌对情绪与自我辩白的水域，要想横渡水域抵达彼岸，就只有逆水行舟，挑战历史学家们肆意强加在修辞身上的种种要求。这就是我们的倾向，这就是我们顺应现在与过去之辩证关系而作出的努力。以下我们将概陈前词，以把论证进一步向前推进。

智术师修辞认为，话语的世界里并非只有一种单一的、真正的逻各斯——一种等待人们去发现的、不同于其对应表面的逻各斯。它认为话语世界里存在双重论证（dissoi logoi）——人们不断论争的语言产物。换言之，任何修辞事件都只关涉一个双面问题（two-sided issue）的某一单面，都只是对立言说（counter-utterance）缺场的言说。只要与一场单面话语（one-sided discourse）相对峙，智术师修辞就会拿出一个他者，一个没有被言说的另一面，实际上就是要把一种看似即将获胜的话语拖入又一场论争中，一场胜负难料的论争中。在这层意义上，智术师修辞是对抗性的，以它的对手的话来说，它是诡辩的、争吵不休的、争强好斗的。即便对峙的是一场通常以二元对立的形式出现的双面话语，智术师修辞也不会站在任何一方。它以第三方立场的姿态退至一旁。在这层意义上，智术师修辞是第三选择修辞，以批评家的话来说，它难以捉摸、诡计多端、爱耍滑头。但是，这两层意义的目的都是暂时取代或压倒已经言说的话语，并非将其永久淘汰。若将其永久淘汰，那就有悖于他们能把较弱论辩转为较强论辩的承诺。那也就无异于否定了他们的话语处于永恒流变、循环往复之中的信念。

　　但是，有人或许会问，智术师修辞的这个特点，是不是也是柏拉图、伊索克拉底和亚里士多德修辞的特点？柏拉图在各篇对话中不曾以对立方式呈现话语的两面性吗？难道他本人不反对智术师的思想路子吗？伊索克拉底和亚里士多德对智术师的言语也不曾有过某种程度的反驳？他们创造的修辞难道不是掺和修辞（hybrid rhetorics）？不是第三选择修辞？既不属于智术师传统也不属于柏拉图传统？所有这些问题的答案，在一定程度上全都是肯定的。但是，智术师修辞与其他三种修辞之间存在一项重要区别。智术师修辞没有终点（no end-point），其他三人的修辞都有终点。柏拉图的修辞终结于抵达真理，伊索克拉底的修辞终结于圆满实现政治大一统，亚里士多德的修辞终结于找到说服的可能手段或完成目的方案（teleological scheme）中的内在设计。柏拉图反对智术师，用意在于指明道路，以便找到真理和与真理相伴的沉默。所以，苏格拉底与智术师展开了一场场依据辩证法而设计的对话，对话不是为了交换意见，也不是为了相互学习，而是为了消灭或矫正智术师的无思想性（thoughtlessness）。所以，柏拉图的意图在于辩证、彻底地颠覆智术师的修辞做法和修辞观念，让他们成为这场真理寻求竞赛（他们被安排与苏格拉底对阵的竞赛)的失败者。假如对话者与苏格拉底英雄所见略同,那么这场辩证性的讨论可能毫无意义。对柏拉图来说,对话只有在一方有知识、另一方无知识的时候才有意义。至于伊索克拉底与亚里士多德,他们俩对智术师的批判是智术师与柏拉图这两个极端相互让步、相互妥协的复杂过程的产物。但他们的批判也是抵达某一点就戛然而止:伊索克拉底止于社会-政治和谐,亚里士多德止于思想的有序性。简而言之,哲人趋向、推动或欢迎终结、完满、达至顶点。而对智术师来说,没有真理,没有统一,没有telos(目的)。面对某一命题,智术师以挑战相迎。对他们来说,修辞竞争永远不会终结。一句话,我们的这番区分是站得住脚的,因为哲人清楚阐明立场,智术师则只提出对立的立场(op-positions)。

190　　对立言说和第三选择是大家还不熟悉的表达方式,还不属于因熟悉而适当的、过去的表达方式。智术师修辞正是这样一种表达方式,因为它千方百计地使言辞新奇、见解新颖、思想独特。[1] 它以出人意料的言语（παραδοξολογίας）[2] 介入话语世界,其策略可谓高明,虽然这种话语不会巩固既有的语言行为规范反而会打乱其现有秩序。作为一种介入性话语(interventional discourse),它打破了传统智慧的若干方面,扰乱了已被接受的传统的判断力。其出发点与其说是观众普遍持有的观点,还不如说是对语言本身具有悖论性的认识。[3] 正因为语言本身具有悖论

---

[1] 譬如,菲洛斯特拉托斯(Philostratus)记述了高尔吉亚对普罗狄科斯的嘲笑:"讲的话都过时了,都是陈词滥调"（ἕωλά τε καὶ πολλάκις εἰρημένα）(82A.24)。另参色诺芬记述的希庇阿斯与苏格拉底的谈话(86A.14.5-7)。

[2] 参82A.1.2。

[3] 对智术师之于语言的悖论性运用颇有见地的讨论,参Roger Moss,《智术的案例》(The Case for Sophistry),载于Brian Vickers, ed. Rhetoric Revalued (Binghamton, N.Y.: Center for Medieval and Early Renaissance Studies, 1982),页207~224。

性，它才有能力否定语言结构（linguistic constructs）的某一传统中的肯定成分，或肯定其已被否定的成分。① 这正是它高度重视标新立异的原因所在。智术师修辞的对手们普遍将其说成稀奇古怪、荒诞不羁、离经叛道，原因盖出于此。

对智术师修辞来说，当下是一幅画卷，不断展现出全新的画面，以往的表达方式已显得力不从心，根本表达不了新的图画。无论何时，那些典型的言辞都没有必要说，及时的言论（timely utterances）才有必要。及时的言论将当时的场景看作史无前例，所以要求不断地调整、改变、重组。这样的言辞自然是利用机缘以便把新的发现表现出来，自然是以新的语汇展现自己（不过，另一种语汇——传统和习俗的语汇，会对其大加限制和阻挠）。既然智术师修辞利用并创造出情境性机遇（situational opportunities），那么可以说它具有非历史性（ahistorical）。对智术师来说，从以往的经验中积聚起来的语言智慧根本没有什么分量，没有任何内在价值，或者说，与当下并无必然关联。曾经所信奉之事，今天未必还会信奉，将来也未必不加质疑。出于对当下的考虑，智术师修辞也关注过去，但即便这时，其兴趣也仅仅在于举证说明过去是如何抛弃更早的过去的。同时，它也关注未来，但仅当权当未来以尚未得到表述的种种可能性的方式出现。

总而言之，智术师修辞把看上去必要的（也就是事实）说成没有必要（也就是不合事实）。该修辞指出，既已确立的事物秩序并不代表先验真理得到了体现，它所反映的不过是人们的选择，只是人们已经遗忘了他们曾经作过选择。在这层意义上，修辞给我们的启示是：如果说某个秩序完全合情合理，其合理性并

---

① 譬如归于普罗塔戈拉名下的著名悖论"人不可能矛盾"（οὐκ ἔστιν ἀντιλέγειν）。参 H. D. Rankin，《人不可能矛盾》（Ouk Estin Antilegein），载于 George B. Kerferd, ed., The Sophists and Their Legacy (Wiesbaden: Franz Steiner Verlag GMBH, 1981)，页 25~37。

非是固有的或恒久的。秩序的合理性能维持多久，就看继承人对创造出秩序的各种选择能肯定多久。现有秩序随时都有改变的可能。事实上，它必须改变，因为千变万化的人类经历每向前迈进一步，都要求更新选择、重组排列。要言之，其他修辞以为理所当然的事物，智术师修辞必提出异议，也就是说，它质疑已被接受的语言、习惯性看法、传统思维模式。因此，智术师修辞的姿态是怀疑的，它把两歧性和不稳定性引入既有秩序之中。

但是，由于一种秩序总要千方百计使自身永垂不朽，由于它知道毁灭发端于怀疑，它就给那些挑战者贴上标签，扣上符号的帽子，说他们是智术师、骗子、禽兽、偏激的怀疑论者、唱反调的人、捣乱分子、革命党人，不一而足；把挑战者的话语说成是草率的、虚无的、主观的、不严肃的、亵渎神灵的、道德败坏的、装模作样的、虚假的、本身无力也让听众萎靡不振的（也就是"兮敦"）。这样做就是要消灭可能导致其灭亡的种种对立事物。由于既有秩序拥有权威与传统势力（宣扬片面性话语的复杂机器），拥有推行自己意志的种种手段，它总是站在具有相对优势的位置实施掌控（也就是"凯力敦"）。即便如此，它志在消弭智术师修辞使其化为乌有，或者干脆挪用智术之名——这种种努力，反而证明了它的恐惧，因为它深知，逻各斯这种媒介，若以某种面目出现，即可解释秩序存在的合理性，若以另一种面目出现，就会取代或推翻现有秩序。逻各斯的功能果真如此的话，审查制度不过就是一种偏好——某些种类的演讲受到青睐，另外一些报之以厌恶。

凡是自称为不可动摇、固如磐石的说辞，智术师修辞就向它们掀起符号之战（symbolic war）。因为认识到言语对人类的影响力，认识到语言的自我指称性（self-referentiality），[①] 它试

---

① 譬如82B.11.8–14和82B.3.84。

图利用言语的新用法（通常是将异质的元素奇妙地加以组合或干脆颠倒以往的用法），来解构或破坏所谓的世界真实，或关于世界的真实。① 为此目的，智术师修辞戏弄话语权威的推理过程，② 嘲讽其无能，③ 揭露其种种矛盾，取笑其一本正经。④ 已有的、已被接受的言说，它跃跃欲试要将其改变，所以它与话语事实或不可能实现的理想作战，试图激发大家对可实现的种种可能性的向往。

虽然智术师修辞是机遇性的、游戏性的，拿可能性做文章，但它通常也能获得适当、较强和事实性的地位。如果真正实现了这样的转变，它不会急于去粉饰和巩固新获得的地位。恰恰相反，它会开始新一轮抨击，抨击对象不是别的，正是自己以往的话语。对于智术师修辞来说，任何修辞活动都并非牢不可破，⑤ 自己的也不例外。基于这种认识，它不会永远坚持任何立场，包括自己陈述的立场。正因为如此，它被人谴责为反复无常、不可靠、难以捉摸。换言之，它拿出的并非是一种一劳永逸的、比已采用或实践的要高明的选择。它通过自身实践的样板，仅仅提供了表现人类经验的若干语言途径而已。沿着这些途径得到的理解，也只是暂时的、昙花一现的，终归是一次性的。

随着我们的视线从智术师转向柏拉图，再转向伊索克拉底，

---

① 据说，高尔吉亚把波斯王薛西斯（Xerxes）称为"波斯人的宙斯"，把秃鹰说成"活坟墓"（82b.5a）。

② 参Gorgias，《论非存在或论自然》（On Non-being or On Nature）（82B.3），有些评论者将其解读为对帕默尼德的爱利亚式推理的戏仿。

③ 譬如柏拉图《高尔吉亚》中卡里克勒斯对待苏格拉底的态度。

④ 譬如，据说高尔吉亚说过这样的话："严肃的对立面是用大笑来击败，大笑的对立面则是用严肃来击败。"（82B.12）对这句残篇的讨论，参Victor J. Vitanza,《高尔吉亚论严肃/大笑之残篇有何深意？》（What's "at Stake" in the Gorgian Fragment on Seriousness/Laughter？）载于Pre/text 10，1~2（1989），页107~114。

⑤ 譬如，高尔吉亚曾说："在大多数问题上，大多数人拿意见当灵魂的顾问。但是，意见是滑头，靠不住，所以，运用意见的人虽然成功了，但成功也靠不住，会溜走。"（82B.11.11）

最后转向亚里士多德，我们发现，修辞最初表现的突出特征是，环境对它具有决定作用，竞赛对它产生驱动作用，并且注重美学取悦功能。后来，它的特征凸显为：发挥提升伦理道德的作用，在社会-政治中体现实用性，并要具备完善的理论框架。我们还看到，发生这些改变的背景中有两个恒定但又焦虑不安的因素：其一，社会-政治舞台上因时局而出现的出乎意料的紧急情况；其二，在这个舞台上生存下去并取得话语成功的意志。如果说这些变化与恒定因素弥漫于希腊的修辞体验，希腊人的天才并非在于他们有能力表述四种不同的修辞观，也不在于从一种修辞观发展为另一种修辞观的内在原则。他们的天才在于他们有能力以多元手段对付变动不拘的时局。这样一来，每一种修辞观都想一统天下的企图就被其他三种的主张所消解。换言之，智术师修辞产生于特定环境中，深受竞赛文化和表演美学的影响，对它的三种接受就是对它进行质询的三种尝试。这三种接受是沿着三条不同的线路进行的，即伦理性、实用性和理论性的路线。假如最初的修辞是柏拉图的修辞，它也要回答从美学性、实用性和理论性视角提出的问题。之所以出现这种情形，原因不仅仅在于不同时代呼唤不同修辞，更在于修辞本身是一种多形态艺术（polymorphic art），具有许多特征与功能。

193　　尽管三种接受互有区别，但或多或少都表现出一种共同的偏向——宁要一不要多。有一个方法可以解释这种偏向单元不要多元的现象：那就是参考使他们的言说成为可能的各项条件。就算社会-政治因素表现于某种文化的修辞之中，柏拉图的普遍主义（universalism）、伊索克拉底的泛希腊主义（pan-Hellenism）、亚里士多德的发展主义（developmentalism）也以不同的方式指向松散的城邦联盟的不可行性，因为每个城邦都只沿着自己的特定方向前行，根本不顾及整个大局。因此，智术的三种接受都认为，希腊文化缺乏步调一致的精神，难以自我保全，难以造福大众。据此，它们赞美协商一致（这要求人们克制、顺从和律己），对那些宁要合作不要竞争、要求人们服从普遍的法律和伦理、宁要知识不要意见、宁要对话不要争论、宁要内省不要表演———一句话，宁要寡头政治不要民主政治———的社会-政治格局，它们都给予肯定。①

但是，这远非任意的或纯粹的偏向。有些阅读了那个时代的苦难历程，也阅读了柏拉图、伊索克拉底、亚里士多德的评论者，竟然进入一个历史的真空，发现学说自身让一种观念对抗另一种观念。但我们却认为，一种更合情理的解释是：三位哲人都把智术看作一种玩不起的奢侈品而加以排斥，因为伯罗奔尼撒战后是一段百废待兴的时代。这样说来，伯利克里时代，虽然繁荣昌盛、热情高昂，但毕竟华年早逝。接踵而至的是一段内敛、沉稳的时期。其间，智术师修辞所表达的那种极为过度的冲动，受到旨在挽救文化于无度的保守法令的压制。两千三百年后，尼采在《悲剧的诞生》（*The Birth of Tragedy*）中表示，每一出悲剧中，阿波罗每一次都必定战胜狄奥尼索斯。②假设有一部剧名叫《修辞的诞生》，如果我们让智术师扮演酒神狄奥尼索斯似的精灵，让柏拉图、伊索克拉底、亚里士多德扮演阿波罗似的正义力量，最后我们肯定会说：尼采说得太对了。

---

① 但是，请看亚里士多德对苏格拉底的批判："苏格拉底陷于错误之根源，在于其根本前提（城邦之完美大一统）不正确。诚然，某意义上，家庭或城邦应整齐划一，但无须一概整齐划一。伴随大一统之深入，某意义上，国家将不复为一国家；而另一意义上，虽国家继续存在，但距离消亡为时不远，因而也是一劣等国家，好比变和声为单调、变韵律为单音步。虽国家是一多面体，然应经教育建立一伙伴关系与大一统关系。打算引入一教育体制并以为该体制有益于城邦善德之哲人，竟然以为可用上述手段规治社会，而不依靠积习、文教（φιλοσοφία）与法律，好比立法者在斯巴达与克利特建立共餐制，让财产归为集体。怪哉！"（《政治学》1263b.30—64a.1）

② 参Peter Sloterdijk,《舞台上的思想者：尼采的唯物主义》（*Thinker on Stage: Nietzsche's Materialism*, trans. Jamie Owen Daniel. Minnneapolis: University of Minnesota Press, 1989）。

即便如此，前4世纪哲人们一再重申阿波罗一般的远见卓识，也很难说就彻底消灭了前5世纪的智术师学说。但这一远见卓识成就了重读智术师学说并评价这些学说对母体文化所作贡献的三种视角。从这些视角看过去，普罗狄科斯笔下的赫拉克利斯会轻易作出决定：美德是更好甚至唯一的选择。同理，普罗塔戈拉的双重论证观念也可以保留，但首先必须达成一致意见，明确哪一种是真正的论证，哪一种是伪论证或表面性论证。高尔吉亚的海伦要为自己的行为承担一定责任，或者为这些行为辩护——拿伊索克拉底的话来说：她之所以那样做，是为了鼓动希腊人团结起来，一致抗击野蛮人的进犯。对人这个主体，现在有了新的要求：道义上庄重得体、智识上合情合理、社会-政治生活中有责任感。在这般要求的威压下，竞赛的伦理势必受到谴责，因为真理无可辩驳，适当与否不言自明，理性不可否认。同样，表演美学也会遭到摒弃，因为事物的真实性不在舞台上，而是炮制并展示于书页上。最后，环境逻辑也得屈从于连贯逻辑和非矛盾逻辑——用来评出两项或多项选择中那唯一正确或真实的选项的两种逻辑。

在柏拉图和亚里士多德逐渐形成对智术师修辞的接受的过程中，他们从言说（legein）和矛盾言说（antilegein）走向了辩证法（dialegesthai）。柏拉图在多篇对话中展示了运用中的辩证法，而亚里士多德将辩证法定义为：修辞可以说与辩证法类似，在修辞中有辩证法的伙伴（ἀντίστροφος）。但是，无论是对柏拉图还是对亚里士多德，在那些观察角度与兴趣都各不相同、争执起来互不相让的对话者中，辩证法没有起到说服大家相互合作的作用。智术师在柏拉图那里遭到惨败，因为他们的说服策略不关注如何提升公民的道德水平。而在亚里士多德的作品中，三段论与归纳法取代了迷人的语言，取代了对情感的诉求，成为以证据进行说服的修辞的规范。无论是在致使智术师惨败的柏拉图对话中，还是在亚里士多德的理论框架中，辩证法都不是以合作的形式出现的，而是以压倒无知或非理智的他者的形式出现的。伊索克拉底不同于柏拉图，也不同于亚里士多德，他不走辩证法之路。伊索克拉底虽然深受前辈修辞传统的浸染，但他选择的修辞对许多人来说是一种经过变革的修辞。但是，如前所示，他的修辞变革标准源自于分崩离析的政治和他的泛希腊联盟构想。

　　柏拉图、伊索克拉底和亚里士多德这三位智识掌门人，领导着致力于重新阐发希腊美好生活的三座教育机构。他们试图捉拿并驯服那头怪兽——智术师，试图把流浪的游牧者召集起来，对他们进行正规培训。但智术师惯用两歧性和悖论，善于装模作样、夸大其词，对别人解读适当话语行为时与传统挂钩的做法不以为然——凡此种种，哲人们该如何对抗呢？他们何以树立这样的典范：知识人既要为城邦谋福利，还要针对个体灵魂做引导工作？由于游方智术师及其成功史无前例，大家根本不知道用什么招数擒拿他们，以什么方法理解他们。智术师善于抓住机会标新立异，他们深知该文化乐意去发现那未知的未来——只要你揭示未来的方式是闻所未闻的，所以善于利用这种文化心理。一旦与这帮知识人交上手，诗的灵感、宗教迷信，诸如此类的文化工具就显得大而无当了。而且，哲人们似乎还抱有这样的想法：智术师的修辞实践热过头了，该回火降温了，或者该适可而止了。我们已经看见，哲人们试图驱逐智术师，以此肃清文化中的杂质。如果事实果真如此，那么，哲人被说成是与保守政治有牵连［波普尔（Popper）］，而智术师被看作开明的（哈维洛克）或激进的（尼采）精灵，来到城邦就是要把人民从功能不全或捉襟见肘的文化习俗的约束中解放出来，也就是要根除前苏格拉底时代的道德、科学、哲学的所有前提条件——这种种看法，也就不足为奇了。

　　如前所述，柏拉图、伊索克拉底、亚里士多德正在与时代的问题搏击，这些问题包括城邦之间战火不断，各阶层相互斗争，法律、政治和教育都在实行改革。这些问题的中心是逻各斯问题以及逻各斯如何动员大家行动起来。三位哲人都关注修辞的各种表现形式及其后果。他们观察修辞的讲授方式或理解方式，将修辞看作一种无处不在、无时不在的行为，尽量宽容那些不可避免的语言两歧性，尽量认同修辞与演说家及其受众之间的关系，让自己习惯那些两歧性给社会和当前的政治制度带来的种种麻烦。也就是说，他们努力稳定言辞的不稳定性，进而稳定社会-政治格局中的不稳定因素。如果他们能证明世界由秩序、逻辑和历史的各项原理所支配，他们就能阐明这样的观点：修辞应该反映并坚守这些原理，否则，灾难就可能接踵而至。三位哲人收集到的用来说明那些原理的证据正好支撑他们的立场，这也不足为奇。

这就是哲人们反对智术师修辞的公案。正是由于这桩公案，在后代子孙的眼里，哲人是大获全胜的那一方。但是，正如前面所讲，如果哲人们的接受的确有道理，那也是当时麻烦的社会-政治环境的权重所造成的：他们三人都认为必须采取行动重新建立秩序观念，恢复对城邦与公民之间的依存关系的信心。哲人们心里想着这项当务之急，当然要排斥智术师修辞，因为在他们眼里，它有点像一位堕落的文化卫士：由于过度维护自由，它导致荒淫无度、混乱无序；它导致故弄玄虚，大耍两歧性，于是有疑问的更有疑问，混淆的更混淆；它也助长了危及集体生存与功能发挥的个人野心。换了卫士以后，哲人们虽能容忍修辞，但有一项条件：修辞必须受哲人督导者（philosopher-overseer）的监督。哲人督导者必须确保玩家不是游戏新规则，而是依循新规则而游戏。在他们倡议的寡头政体中，思想受到严厉审查；你可以追求修辞的及时性，但条件是要接受有知识者（knower）的管束。有知识者要维持、拥护并执行正当行为规范版本中的若干标准。同样，修辞可能性也能得到表现，但有一项附加条款：表现时必须符合逻辑完整、社会-政治统一、社会稳定、有集体责任感等条件，还须符合社会、政治领域中对人性之规律性的认识。

在前4世纪哲人们的学说中，我们发现，出于恐惧、厌恶、愤慨等情绪，他们不仅从务实立场也从理想立场来表述变革。这些表述具有自以为大彻大悟的特点，它们好像在说："为了挚爱的希腊！考虑我们的方案吧！按我们的要求去做。"不难想象，作出这样的要求，事先肯定要进行铺垫。其实，柏拉图、伊索克拉底、亚里士多德就像普罗塔戈拉所讲的神话中的那位宙斯（《普罗塔戈拉》322a–d）。宙斯把政治技艺、正义观念、尊重他人的观念赠予人类，以便他们彼此相帮、和谐共处。三位巨头出于同样理由把《王制》《泛希腊集会演说辞》《政治家》赠予新一代知识人。不仅如此，他们还将《法义》《论交换》《伦理学》这三部话语送给他们，目的是要他们永远站在正确的美德一边。他们还奉献出《智术师》《反智术师》、《论智术式辩驳》，以帮助民众辨别哪些东西该从思想中驱逐出去，如果他们不想继续在愚蠢道路上行走的话。这最后一项贡献不过是早期寻找替罪羊仪式的翻版，因为早期人类举行这个仪式也是为了清除社会中的杂质，恢复社会精神健康。

虽然该牺牲的都牺牲了，前4世纪的知识人还是摆脱不了智术师的洞见。柏拉图、伊索克拉底、亚里士多德公开与智术师较量，而势在必行的政治改革的需要所给出的假设，对他们三人有利。因此，如果说他们的确赢得了后学的推崇，并不是因为他们的煌煌学说，而是因为他们全面论述了一大堆伤脑筋的问题，并提出纪律严明的拨乱反正方案。假如在动荡时期，知识人拿不定注意就转身历史寻求帮助，假如这是理所当然之事，那么，后世学人发现柏拉图、伊索克拉底、亚里士多德饶有趣味，并非因为他们的思想具有永恒价值，而是因为后学也要寻找办法解决自己的麻烦、实现自己的抱负。换言之，追根溯源，前4世纪的哲人吸引后世思想者的眼球，是因为他们的思想与后学的时代有关联性。如果他们是后辈不断受到启迪的源泉，那只能说明一点：政治分裂、社会矛盾、法制与教育改革等问题一直都存在。后辈采纳了哲人们的学说，似乎并非因为它们比智术师的学说更系统或更全面，而是因为后辈们也需要一个对付自己困境的起点。

但是，前4世纪的哲学学说中，也有不那么讨人喜欢的一面。在柏拉图的书页中，那个时代的普通人会读到对自己的这般刻画：他们大多愚昧无知，不守规矩，所以注定沉沦。他们通过各种方式被告知，除非选择柏拉图版本的社会-政治改革，否则就得不到救赎（神的干预除外）。大家已然了解，修辞再也不是一件可以纯粹享受其乐趣的行为，你必须考虑它对你的影响，进而考虑对国家福祉的影响。修辞是一帮肆无忌惮的演说者调制的毒药，目的是用语言麻痹人民大众和轻信的年轻人。在伊索克拉底创作的演讲词中，人们还会读到，过去的好时光多么辉煌灿烂，当今的思维方式和行为方式多么卑劣不堪。他们被长篇大论地告知，特洛伊战争和希波战争的宝贵启示就是政治团结。这一课要一再地讲，一再地学，一再地重温。亚里士多德的论著也起着教学的功能。譬如，他的《修辞学》与《诗学》奉劝听众和观众离开演讲表演和戏剧表演，回家阅读修辞和戏剧论著。不仅如此，哲人们的论著还奉劝读者远离公开竞赛，去开始一项合作性的交流，但不是和同胞公民，而是和他们各自派别产生的文本的作者交流。三位哲人传达给公众的信息皆是：智术党派已经完蛋，一个新的重组时代即将来临。

故事到此为止。对后世的旁观者来说，前4世纪这一课的启示已经很清楚：想智术师所想、为智术师所为，是危险的、不适当的；智术招致危险；浑浑噩噩的论见导致灾难；肆无忌惮的言论引起事态失控；口无遮拦煽动犯罪。这一课的启示虽然清楚明了，而且拥有众多追随者，但它从来没能彻底将智术赶出心智世界。两千两百年以来,人们不辞辛劳,一定要将智术赶出西方思想的神圣殿堂,但是,驱除工作仍未见效,大家还须继续努力!这或许是因为无论philosophy(哲学)这个名称享有多少特权,多么让人景仰,它依然带着sophistry(智术)的词头"sophi-";也可能是因为"流失品质者必保留些许流失之物"吧(亚里士多德《形而上学》1010a.18)。

诚然,前4世纪的哲人们是正确的,但也不是完全正确。毕竟,健全的社会-政治架构是不能建立在智术师的学说及实践基础上的。一个国家要正常运转,智术师承诺或送来的那点安定和克制是不够的。但是,价值本身不可能孑孓独立,安定与克制两者也不可能站立稳当。如果要问社会中的比例原则意味着什么,答案就是它意味着安定与克制必须与对立面——不安定与自由自在——并存。哲人们是正确的,但只限于他们把努力的目标定在调节过度的不安定和不负责任的自由放任的时候;哲人们也是错误的,这也只限于他们试图排挤智术师学说的时候。排挤的后果——在后世比在古代更复杂更明显,可以说就是产生了一个奴性的、沉默的民族,这个民族的奴性和沉默将民主变成了一个笑柄。在这一方面,亚里士多德说对了一半:"所有人开始皆惊诧于事物竟然这般模样。"(《形而上学》,1.2.15)他没有说的另一半是:有些人一开始就发现事物因何这般模样并且想弄清楚它们因何不是那般模样。

归根结底,在前4世纪,智术似乎是一种根本享受不起的昂贵奢侈品。除了思想变革以外,社会-政治变革任务艰巨。在这项大任面前,那些相信可能性有无限多的人们,现在却要回过头来接受苛严的、严加限制的新条件。伴随着这项大任的出现,人们认识到:在必须重新组织公共生活的同时,还要建立一种双重解释:智术是一个多面性问题(a multifaceted problem),而哲学却是一个大一统的解决方案(a unitary solution)。鉴于智术教导演说家把话语这一威武之师朝着民众压过去，而民众对迷人的修辞完全没有抵抗力，只有拜倒臣服的份儿，所以，哲学的解决方案就是要创造一种挫败演说家的话语，一种预防智术流毒在民众中蔓延的话语，一种沿着种种理性真实的条条直线重新培养公民鉴赏力的话语。如果说修辞的语言玩的是含糊其词，如果说问题就出在这里，那么，哲学的解决方案就是要设计一种新的语言游戏，一种可以重设语言费尔泼赖（fair play）规则的游戏，一种可以质询修辞游戏的游戏。换言之，这种解决方案完全离开了语言，指向非物质的本质（immaterial essence，柏拉图），指向历史的或固有的实在（historical or immanent realities，伊索克拉底），指向形式性的现实（formal actualities，亚里士多德）。如果智术师成功地让大家以为世界是由若干相互矛盾的外观构成，那么哲学就要炮制一个永远可做历史教材的案例，一个解释位于该世界内核之真理的案例。由此推衍开去，处于较强的知觉（perception）必然遭到诟病，为新兴的较强者所替代，这就是概念（conception）。简而言之，人的各种官能必然被证明是靠不住的、不完备的，不可凭借它们来理解世界；而心智（mental intelligence）才是更优的选择。

事实上，那个双重命题（智术是一个多面性问题而哲学却是一个大一统的解决方案）企图将修辞文化置于哲学文化之下。这种居高临下的关系不难建立，哲学只需把自己的那套承诺与智术的承诺放在一起：当修辞承诺应对具体事件时，哲学承诺拿出一般原则解释大多数，甚至所有发生的事情；当修辞拿出的解决办法只具有暂时性时，哲学承诺拿出永恒真理；当修辞只能讨论事物的影响的时候，哲学承诺彻底理解它们产生的缘由。简而言之，哲学承诺的是一种通过观念进行的控制感（a sense of ideational control），承诺的是恒定不变带来安全、长久稳定带来的安宁。在一个变革不断、结果却不尽如人意的时代，哲学的承诺不会没有吸引力。即便这些承诺来得太晚，拯救不了希腊，但在随后的若干世纪（包括今天）却一再赢得支持者。但是，在刚过去的几十年中，人们又在回避哲人们的承诺，把目光投向了智术师的承诺。至于为什么会这样，这已经是另一个研究的主题了。

参考文献

Adams, Charles D. "Recent Views on the Political Influence of Isocrates." *Classical Philology* 7 (1912): 340~350.

Adkins, Arthur W. H. "ἀρετή, τέχνη, Democracy and Sophists: *Protagoras* 316b–328d." *Journal of Hellenic Studies* 93 (1973): 3~12.

―――. "Form and Content in Gorgias' *Helen* and *Palamedes*: Rhetoric, Philosophy, Inconsistency and Invalid Argument in Some Greek Thinkers." In *Essays in Ancient Greek Philosophy*, ed. John P. Anton and Anthony Preus. Vol. 2. Albany: State University of New York Press, 1983.

Albury, William. "Hunting the Sophist." *Apeiron* 5 (1971): 1~12.

Ardley, Gavin. "The Role of Play in the *Philosophy* of Plato." Philosophy 32 (1967): 226~244.

Aristotle. *The Art of Rhetoric*. Trans. J. H. Freese. Cambridge, Mass.: Harvard University Press, 1982.

―――. *Politics*. Trans. H. Rackham. Cambridge, Mass.: Harvard University Press, 1977.

_____. *Nicomachean Ethics*. Trans. H. Rackham. Cambridge, Mass Harvard University Press, 1968.

_____. *Eudemian Ethics*. Trans. H. Rackham. Cambridge, Mass: Harvard University Press, 1981.

_____. *Metaphysics*. Trans. H. Tredennick. Cambridge, Mass: Harvard University Press, 1980.

_____. *On Sophistical Refutations*. Trans. E.S. Forster. Cambridge, Mass: Harvard University Press, 1978.

_____. *The Poetics*. Trans. W. Hamilton Fyfe. Cambridge, Mass: Harvard University Press, 1991.

_____. *On Interpretation*. Trans. H. P. Cooke. Cambridge, Mass: Harvard University Press, 1973.

_____. *Physics*. Trans. P. H. Wicksteed and F.M. Cornford. Harvard University Press, 1980.

_____. *Rhetoric and Poetics*. Trans. Rhys Roberts and Ingram Bywater. New York: Modern Library, 1954.

_____. *Topics*. Trans. E.S. Forster. Cambridge, Mass: Harvard University Press, 1976.

_____. *Minor works*. Trans. W. S. Hett. Cambridge, Mass: Harvard University Press, 1980.

Astrene, Thomas. "An Analysis of Thrasymachus' True Definition of Rhetoric." *Dialogue* 20 (April 1978): 57~63.

Backman, Mark. *Sophistication: Rhetoric and the Rise of Self-Confuciousness*. New York: Ox Bow Press, 1991.

Baldry, H.C. *The Greek Tragic Theater*. New York: W. W. Norton & Co., 1971.

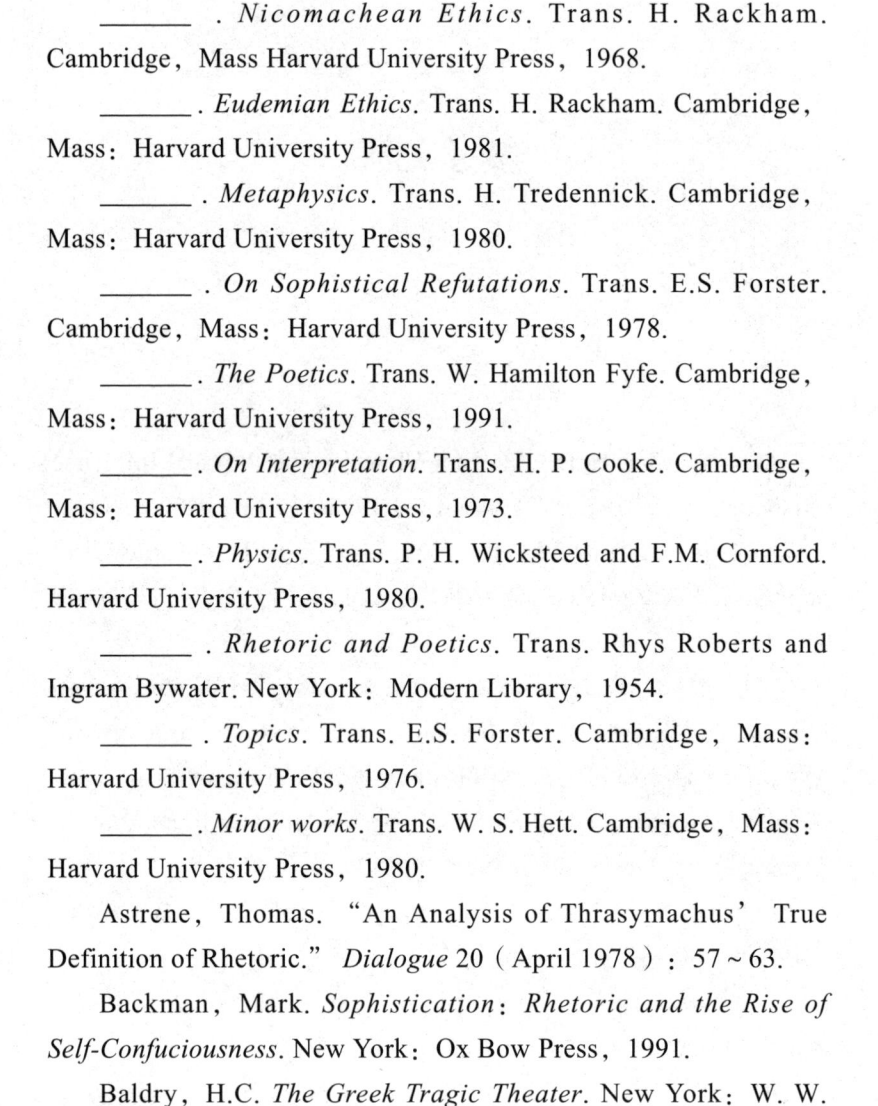

Baldwin, Charles S. *Medieval Rhetoric and Poetic*. New York: MacMillan, 1928.

Barnes, Johnathan. *The Complete Works of Aristotle*. 2 vols. Princeton: Princeton University Press, 1984.

Barrett, Harold. *The Sophists: Rhetoric, Democracy, and Plato's Idea of Sophistry*. Novato, Calif.: Chandler & Sharp Publishers, 1987.

Beck, Frederick A.G. *Greek Education*. London: Methuen & Co., 1962.

Bestor, Thomas Wheaton. "Plato on Language and Falsehood." *Southwestern Journal of Philosophy* 9 (Fall 1978): 23~37.

Biesecker, Susan. "Rhetorical Discourse and the Constitution of the Subject: Prodicus' Choice of Heracles." *Argumentation* 5 (1991): 159~169.

Blank, David L. "Socratics Versus Sophists on Payment for Teaching." *Classical Antiquity* 4 (1985): 1~49.

Blass, Fredericus. *Antiphontis Orationes et Fragmenta*. Lipsiae: Aedibus B.G.Teubneri, 1892.

Bondeson, William. "Plato's Sophist and the Significance of Truth-Value Statements." *Apeiron* 8 (1972): 41~47.

Brake, Robert J. "Pedants, Professors and the Law of the Excluded Middle: On Sophists and Sophistry." *Central States Speech Journal* 20 (Summer 1969): 122~129.

Brown, Hazel L. *Extemporary Speech in Antiquity*. Menasha, Wis.: George Banta publishing Co., 1914.

Brownstein, Oscar L. "Plato's *Phaedrus*: Dialectic as the Genuine Art of Speaking." *Quarterly Journal of Speech* 51 (December 1965): 392~398.

Bury, J. B., A. Cook, and F.E. Adcock, eds. *The

Cambridge Ancient History. Vol. 5. New York: Macmillan Co., 1927.

Butcher, S. H. *Some Aspects of the Greek Genius*. London: MacMillan and Co., 1893.

Butler, William Archer. *Lectures on the History of Ancient Philosophy*. London: MacMillan and Co., 1874.

Buxton, R. G. A. *Persuasion in Greek Tragedy*. Cambridge: Cambridge University Press, 1982.

Calogero, Guido. "Gorgias and the Socratic Principle *Nemo Sua Sponte Peccat*." *Journal of Hellenic Studies* 77 (1957): 12~17.

Carse, James P. *Finite and Infinite Games: A Vision of Life as Play and Possibility*. New York: Ballantine Books, 1986.

De Certeau, Michel. *The Practice of Everyday Life*. Trans. Steven F. Rendall. Berkeley: University of California Press, 1984.

Cherniss, Harold. *Aristle's Criticism of Presocratic Philosophy*. Baltimore: Johns Hopkins University Press, 1935.

Chroust, Anton-Hermann. "Aristotle's Earliest 'Course of Lectures on Rhetoric,'" *L'Antiquite Classique* 33 (1964): 58~72.

———. *Aristotle Protrepticus: A Reconstruction*. Great Bend, Ind.: University of Notre Dame Press, 1964.

Classen, Carl J. *Sophistik*. Darmstadt: Wissenschaftliche Buchgesellschaft, 1976.

———. "Aristotle's Picture of the Sophists." In *The Sophists and Their Legacy*, ed. George B. Kerferd, 7~24. Wiesbaden: Franz Steiner Verlag GMBH, 1981.

Cole, Thomas A. *The Origins of Rhetoric in Ancient Greece*.

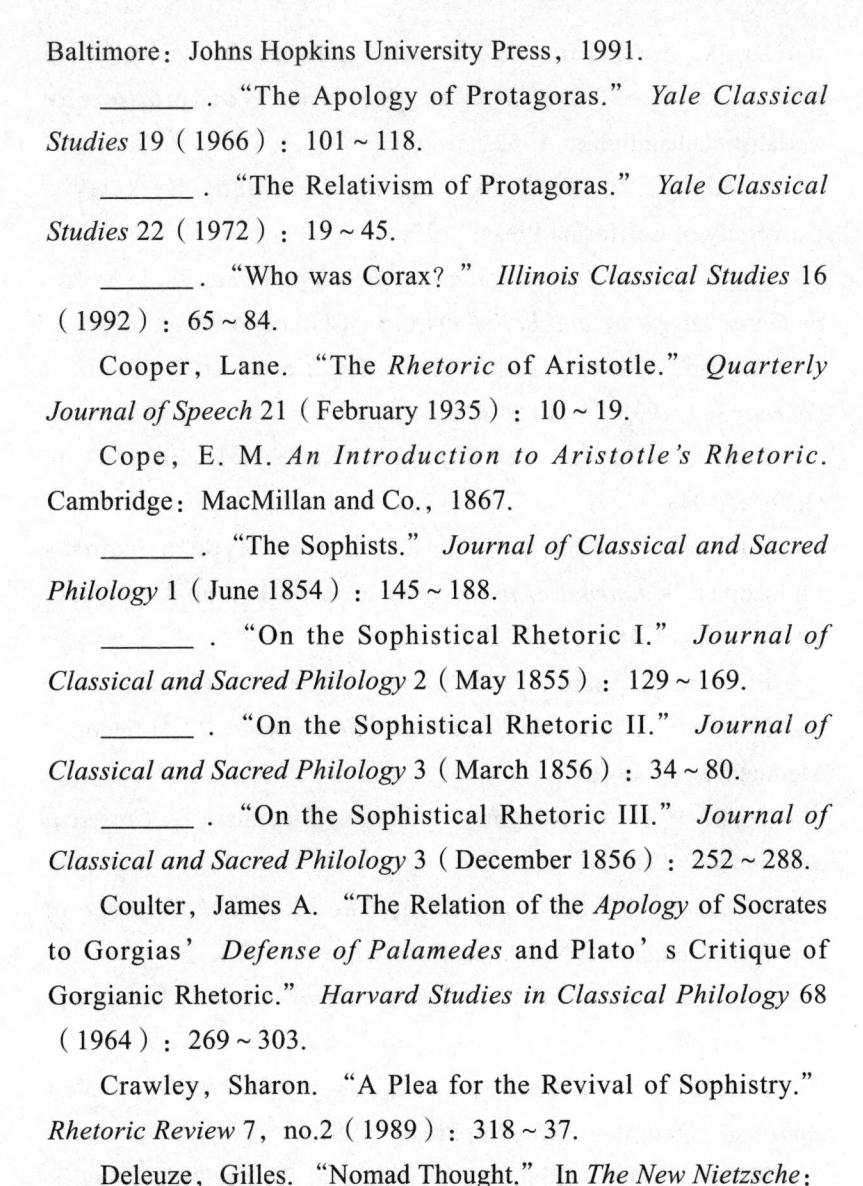

Baltimore: Johns Hopkins University Press, 1991.

──── . "The Apology of Protagoras." *Yale Classical Studies* 19 (1966): 101~118.

──── . "The Relativism of Protagoras." *Yale Classical Studies* 22 (1972): 19~45.

──── . "Who was Corax?" *Illinois Classical Studies* 16 (1992): 65~84.

Cooper, Lane. "The *Rhetoric* of Aristotle." *Quarterly Journal of Speech* 21 (February 1935): 10~19.

Cope, E. M. *An Introduction to Aristotle's Rhetoric.* Cambridge: MacMillan and Co., 1867.

──── . "The Sophists." *Journal of Classical and Sacred Philology* 1 (June 1854): 145~188.

──── . "On the Sophistical Rhetoric I." *Journal of Classical and Sacred Philology* 2 (May 1855): 129~169.

──── . "On the Sophistical Rhetoric II." *Journal of Classical and Sacred Philology* 3 (March 1856): 34~80.

──── . "On the Sophistical Rhetoric III." *Journal of Classical and Sacred Philology* 3 (December 1856): 252~288.

Coulter, James A. "The Relation of the *Apology* of Socrates to Gorgias' *Defense of Palamedes* and Plato's Critique of Gorgianic Rhetoric." *Harvard Studies in Classical Philology* 68 (1964): 269~303.

Crawley, Sharon. "A Plea for the Revival of Sophistry." *Rhetoric Review* 7, no.2 (1989): 318~37.

Deleuze, Gilles. "Nomad Thought." In *The New Nietzsche: Contemporary Styles of Interpretation*, ed. David B.Allison. Cambridge, Mass: MIT Press, 1988.

Diels, Hermann, and Walther Kranz. *Die Fragmente der Vorsokratiker*. 3 vols. Berlin: Weidmannsche Verlagsbuchhandlung, 1952.

Dodds, E.R. *The Greeks and the Irrational*. Berkeley: University of California Press, 1951.

———. *The Ancient Concept of Progress and Other Essays on Greek Literature and Belief*. Oxford: Clarendon Press, 1973.

Duncan, Thomas S. "Gorgias' Theories of Art." *Classical Journal* 33 (1938): 402~413.

Dupreel, Eugene. *Les Sophistes*. Neuchatel: Editions du Grifon, 1948.

Edelstein, Ludwig. "The Function of Myth in Plato's Philosophy." *Journal of the History of Ideas* 10, no.4 (October 1949): 463~481.

Ehrenberg, Victor. *From Solon to Socrates: Greek History and Civilization during the Sixth and Fifth Centuries B.C.* London: Methuen & Co., 1970.

Epps, P. H. "Protagoras' Famous Statement." *Classical Journal* 59 (1964): 223~226.

Erickson, Keith V. *Aristotle: The Classical Heritage of Rhetoric*. Metuchen, N.J.: Scarecrow Press, 1974.

Field, G. C. *Plato and His Contemporaries*. London: Methuen, 1930.

Fineley, Sir Moses I. *The Legacy of Greece: A New Appraisal*. Oxford: Clarendon Press, 1981.

Fisher, John. "Plato on Writing and Doing Philosophy." *Journal of the History of Ideas* 27 (April-June 1966): 163~172.

Fortenbaugh, William W. "Aristotle's Rhetoric on

Emotions." *Archiv fur Geschichte der Philosophie* 52（1970）：40～70.

Freeman, Kenneth J., and M.J. Rendall. *Schools of Hellas: An Essay on the Practice and Theory of Ancient Greek Education from 600 to 300 B. C.* New York: Kennikat Press, 1969.

Fuks, A. "Isocrates and the Social-Economic Situation in Greece." *Ancient Society* 3（1972）：17～44.

Garner, Richard. *Law and Society in Classical Athens.* London: Croom Helm, 1987.

Gerhard, W.A. "Plato's Theory of Dialectic." *New Scholasticism* 21（1947）：192～211.

Gillespie, C.M. "The Truth of Protagoras." *Mind* 19（1910）：470～492.

Glidden, David K. "Protagorean Relativism and Physis." *Phronesis* 22（1977）：209～227.

Greene, William C. "The Spoken and the Written Word." *Harvard Studies in Classical Philology* 60（1951）：23～59.

Grimaldi, William M. A. *Studies in the Philosophy of Aristotle's Rhetoric.* Wiesbaden: Franz Steiner Verlag GMBH, 1972.

Griswold, Charles. "Style and Philosophy: The Case of Plato's Dialogues." *Monist* 63（January 1980）：530～546.

Grote, George. *A History of Greece From the Earliest Period to the Close of the Generation Contemporary with Alexander the Great.* 12 vols. London: John Murray, 1888.

Guthrie, W. K. C. *The Sophists.* Cambridge: Cambridge University Press, 1971.

Hagdopoulos, Demetrius. "Thrasymachus and Legalism."

Phronesis 18（1973）：204~208.

Hamilton, Edith, and Huntington Cairns, eds. *Collected Dialogues of Plato*. Princeton: Princeton University Press, 1973.

Hammond, Nicolas G. L. *A History of Greece to 322 B.C.* Oxford: Clarendon Press, 1963.

Harlap, Samuel. "Thrasymachus' Justice." *Political Theory* 7（August 1979）：347~370.

Havelock, Eric A. *Preface to Plato*. Cambridge, Mass: Harvard University Press, 1982.

_____ . *The Liberal Temper in Greek Politics*. London: Jonathan Cape, 1957.

_____ . *The Muse Learns to Write*. New Haven: Yale University Press, 1986.

_____ . *The Literate Revolution and Its Cultural Consequences*. Princeton: Princeton University Press, 1982.

Hegel, G. F. *Lectures on the History of Philosophy*. 4 vols. Trans. E.S Haldane. New York: Humanities Press, 1963.

Heilbrunn, Gunther. "Isocrates on Rhetoric and Power." *Hermes* 103, no. 2（1975）：154~178.

Holland, R. F. "On Making Sense of a Philosophical Fragment." *Classical Quarterly* 6（1956）：215~220.

Hudson-Williams, H. LL. "Political Speeches in Athens." *Classical Quarterly* 1（1951）：68~73.

Hyland, Drew. " Why Plato Wrote Dialogues." *Philosophy and Rhetoric* 1（1968）：38~50.

Isocrates. Isocrates. 3 Vols. Trans. George Norlin and LaRue Van Hook. Cambridge, Mass: Harvard University Press, 1968.

Jaeger, Werner. *Aristotle: Fundamentals of the History of*

His Development. Trans. Richard Robinson. Oxford: Clarendon Press, 1934.

_____. *Paideia: The Ideals of Greek Culture*. 3 vols. Trans. Gilbert Highet. New York: Oxford University Press, 1970.

Jarratt, Susan C. *Rereading the Sophists: Classical Rhetoric Refigured*. Carbondale, Ill.: Southern Illinois University Press, 1991.

Jarratt, James. *The Educational Theories of the Sophists*. New York: Columbia University Teacher's College Press, 1969.

Jauss, Hans Robert. *Toward an Aesthetic of Reception*. Minneapolis: University of Minnesota Press, 1982.

Jebb, R. C. *The Attic Orators*. 2 vols. London: Macmillan, 1893.

Johnson, E. "Isocrates' Methods of Teaching." *American Journal of Philology* 80 (1953): 25~36.

Johnson, W. R. "Isocrates Flowering: The Rhetoric of Augustine." *Philosophy and Rhetoric* 9, no.4 (1976): 217~231.

Johnstone, Christopher L. "An Aristotelian Trilogy: Ethics, Rhetoric, Politics, and the Search for Moral Truth." *Philosophy and rhetoric* 13 (Winter 1980): 1~24.

Jowett, Benjamin. *The dialogues of Plato*. New York: Random House, 1937.

Kelley, William G. "Rhetoric as Seduction." *Philosophy and Rhetoric* 6, no. 2 (Spring 1973): 69~80.

Kennedy, George A. "Isocrates' *Encomium of Helen*: A Panhellenic Document." *Transactions and Proceedings of the American Philological Association* 89 (1958): 77~83.

_____. "The Earliest Rhetorical Handbooks." *American*

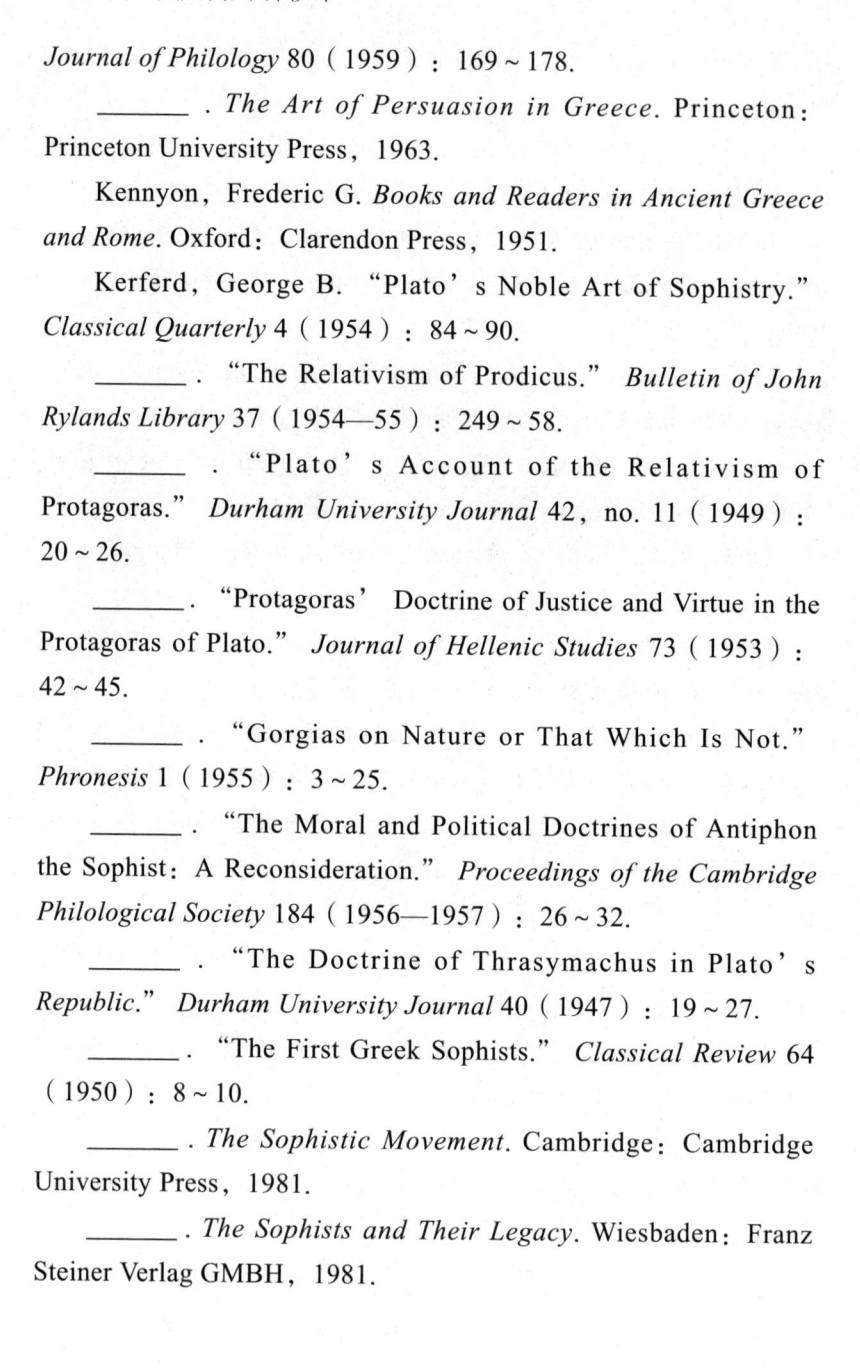

Journal of Philology 80（1959）：169~178.

―――――. *The Art of Persuasion in Greece*. Princeton：Princeton University Press, 1963.

Kennyon, Frederic G. *Books and Readers in Ancient Greece and Rome*. Oxford：Clarendon Press, 1951.

Kerferd, George B. "Plato's Noble Art of Sophistry." *Classical Quarterly* 4（1954）：84~90.

―――――. "The Relativism of Prodicus." *Bulletin of John Rylands Library* 37（1954—55）：249~58.

―――――. "Plato's Account of the Relativism of Protagoras." *Durham University Journal* 42, no. 11（1949）：20~26.

―――――. "Protagoras' Doctrine of Justice and Virtue in the Protagoras of Plato." *Journal of Hellenic Studies* 73（1953）：42~45.

―――――. "Gorgias on Nature or That Which Is Not." *Phronesis* 1（1955）：3~25.

―――――. "The Moral and Political Doctrines of Antiphon the Sophist：A Reconsideration." *Proceedings of the Cambridge Philological Society* 184（1956—1957）：26~32.

―――――. "The Doctrine of Thrasymachus in Plato's Republic." *Durham University Journal* 40（1947）：19~27.

―――――. "The First Greek Sophists." *Classical Review* 64（1950）：8~10.

―――――. *The Sophistic Movement*. Cambridge：Cambridge University Press, 1981.

―――――. *The Sophists and Their Legacy*. Wiesbaden：Franz Steiner Verlag GMBH, 1981.

Krentz, Arthur A. "Dramatic Form and Philosophical Content in Plato's Dialogues." *Philosophy and Literature* 7, no. 1 (Spring 1983): 32~47.

Laistner, M.L.W. "The Influence of Isocrates' Political Doctrines on Fourth Century Men of Affairs." *Classical World* 23 (1930): 129~131.

Lang, Berel. "Presentation and Representation in Plato's Dialogues." *Philosophical Forum* 4 (Winter 1972—1973): 224~240.

Lentz, Tony M. "Writing as Sophistry: From Preservation to Persuasion." *Quarterly Journal of Speech* 68, no.1 (February 1982): 60~68.

————. *Orality and Literacy in Hellenic Greece*. Carbondale, Ill.: Southern Illinois University Press, 1989.

Levi, Adolfo. "The Ethical and Social Thought of Protagoras." *Mindf* (1940): 284~302.

————. "The Man-Measure Principle: Its Meaning and Applications." *Philosophy* 15 (1940): 147~167.

Lewes, George Henry. *The Biographical History of Philosophy From Its Origin in Greece Down to the Present Day*. New York: D. Appleton and Co., 1857.

Lienhard, Joseph T. "A Note on the Meaning of Pistis in Aristotle's Rhetoric." *American Journal of Philology* 87 (1966): 446-54.

Loenen, Dirk. *Protagoras and the Greek Community*. Amsterdam: N.V. Noord-Hollandsche Uitgevers Maatschappij, 1949.

Loreaux, Nicole. *The Invention of Athens: The Funeral*

Oration in the Classical City. Trans. Alan Sheridan. Cambridge, Mass.: Harvard University Press, 1986.

MacDowell, Douglas M. *The Law in Classical Athens*. Ithaca, N.Y.: Cornell University Press, 1986.

Maguire, Joseph P. "Thrasymachus Or Plato?" *Phronesis* 16 (1971): 142~163.

―――. "Protagoras Or Plato?" *Phronesis* 18 (1973): 115~138.

―――. "Protagoras Or Plato? Ⅱ." *Phronesis* 22 (1977): 103~122.

Marrou, Henri I. *A History of Education in Antiquity*. Trans. George Lamb. New York: Sheed and Ward, 1956.

McKeon, Richard. "Aristotle's Conception of Language and the Arts of Language." *Classical Philology* 41, no. 4 (October 1946): 193~206; and 42 (January 1947): 21~50.

Merlan, Philip. "Isocrates, Aristotle, and Alexander the Great." *Historica* 3 (1954—1955): 60~81.

Milne, Marjorie J. *A Study in Alcidamas and His Relation to Contemporary Sophistic*. Philadelphia: Westbrook Publishing Co., 1924.

Moore, J. M. *Aristotle and Xenophon on Democracy and Oligarchy*. Berkeley: University of California Press, 1975.

Morrison, J. S. "The Place of Protagoras in Athenian Public Life (460~415 B.C.)." *Classical Quarterly* 35 (1941): 1~16.

―――. "Antiphon." *Proceedings of the Cambridge Philological Society* 187 (1961): 49~58.

―――. "The Truth of Antiphon." *Phronesis* 8 (1963): 35~49.

Mortley, R. J. "Plato and the Sophistic Heritage of Protagoras." *Eranos* 67（1969）：25～32.

Moss, Roger. "The Case for Sophistry." In *Rhetoric Revalued*, ed. Brian Vickers, 207～224. Binghampton, N.Y.: Center for Medieval and Early Renaissance Studies, 1982.

Moulton, Carroll. "Antiphon the Sophist *On Truth*." *Transactions and Proceedings of the American Philological Association* 103（1972）：329～336.

Mulgan, R. G. "Lycophron and Greek Theories of Social Contract." *Journal of the History of Ideas* 40, no. 1（1979）：121～128.

Murphy, Charles T. "Aristophanes and the Art of Rhetoric." *Harvard Studies in Classical Philology* 49（1938）：69～113.

Navarre, Octave. *Essai sur la Rhétorique Grecque avant Aristote*. Paris: Librairie Hachette et Cie, 1900.

Nehamas, Alexander. "Eristic, Antilogic, Sophistic, Dialectic: Plato's Demarcation of Philosophy from Sophistry." *History of Philosophy Quarterly* 7, no. 1（January 1990）：3～16.

Neserius, Philip George. "Isocrates' Political and Social Ideas." *International Journal of Ethics* 43（1932）：307～328.

Nestle, Wilhelm. *Von Mythos zum logos*. Aalen: Scientia Verlag, 1966.

Nietzsche, Friedrich. "Homer's Contest." In *Early Greek Philosophy and Other Essays*, trans. Maximillian A. Mugge. New York: Gordon Press, 1974.

―――. *The Gay Science*. Trans. Walter Kaufmann. New York: Random House, 1974.

―――. "Nietzsche Contra Wagner." In *The Portable*

Nietzsche, trans. Walter Kaufmann. New York: Viking Press, 1971.

———. *The Will to Power*. Trans. Walter Kaufmann and R. J. Hollingdale. New York: Vintage Books, 1968.

Ong, Walter. *Orality and Literacy.* New York: Methuen, 1982.

———. *The Presence of the Word*. New Haven: Yale University Press, 1967.

Oscanyan, Frederick S. "On Six Definitions of the Sophist: Sophist 221c–231e." *Philosophical Forum* 4（1973）: 241~259.

Parker, Robert. "Greek States and Greek Oracles." In *CRUX: Essays in Greek History Presented to G. E. M. de ste. Croix*, ed. P. A. Cartledge and F. D. Harvey. London: Duckworth and Co., 1985.

Partee, Morriss Henry. "Plato on the Rhetoric of Poetry." *Journal of Aesthetics Art Criticism* 33（Winter 1974）: 203~212.

Perleman, S. "Panhellenism, the Polis and Imperialism." *Historia* 15（1976）: 1~30.

Pfeiffer, Rudolf. *History of Classical Scholarship*. Oxford: Clarendon Press, 1968.

Picard, Charles. "Representations Antiques de l' Apologue dit de Prodicos." *Comptes Rendues de l'Academie des Inscriptions et Belles Lettres.* Paris: Librairies C. Klincksieck, 1951.

———. "Nouvelles Remarques sur l' Apologue dit de Prodicos: Heracles entre le Vice et la Virtu." *Revue Archeologique* 42（1953）: 10~41.

Plato. *Statesman*, *Philebus*. Trans. H. N. Fowler. Cambridge, Mass.: Harvard University Press, 1925.

. *Lysis*, *Symposium*, *Gorgias*. Trans. W. R. M. Lamb. Cambridge, Mass.: Harvard University Press, 1975.

　　　　　. *Euthyphro*, *Apology*, *Crito*, *Phaedo*, *Phaedrus*. Trans. H. N. Fowler. Cambridge, Mass.: Harvard University Press, 1933.

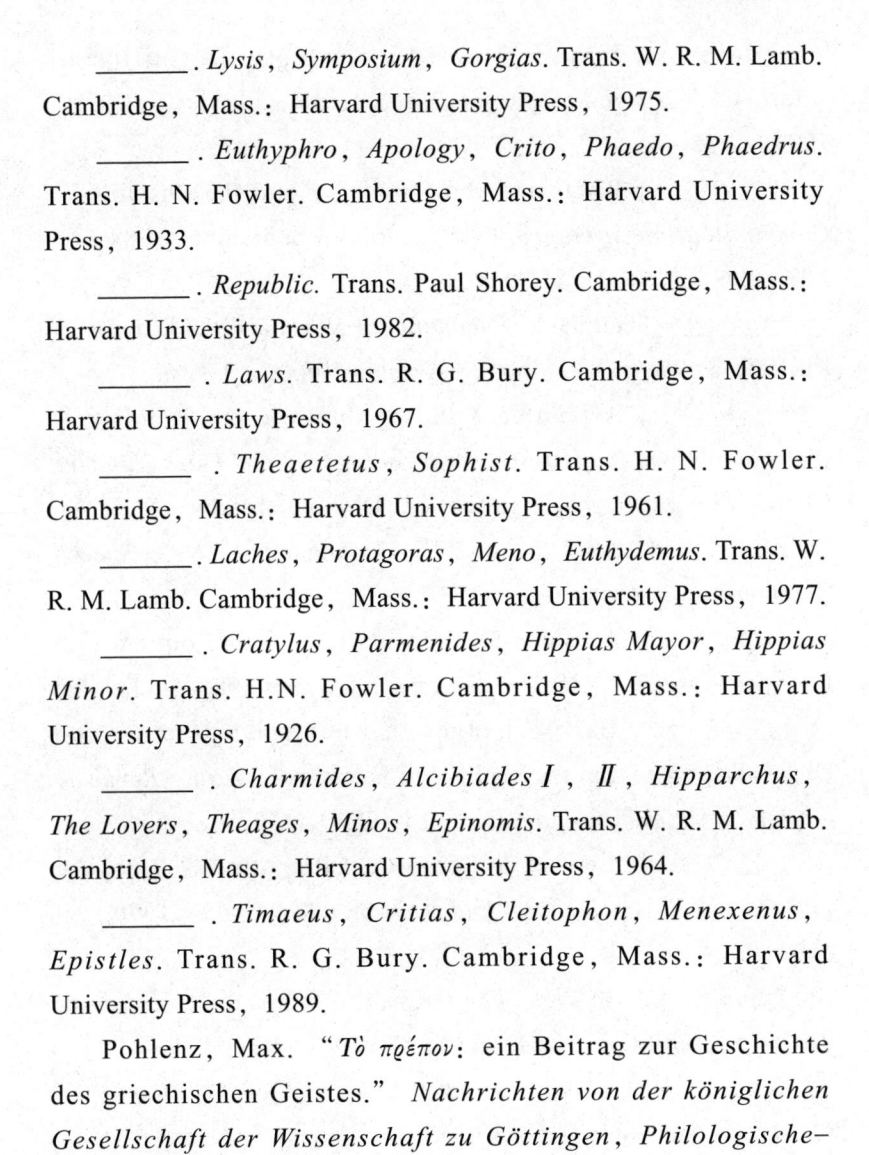

　　　　　. *Republic*. Trans. Paul Shorey. Cambridge, Mass.: Harvard University Press, 1982.

　　　　　. *Laws*. Trans. R. G. Bury. Cambridge, Mass.: Harvard University Press, 1967.

　　　　　. *Theaetetus*, *Sophist*. Trans. H. N. Fowler. Cambridge, Mass.: Harvard University Press, 1961.

　　　　　. *Laches*, *Protagoras*, *Meno*, *Euthydemus*. Trans. W. R. M. Lamb. Cambridge, Mass.: Harvard University Press, 1977.

　　　　　. *Cratylus*, *Parmenides*, *Hippias Mayor*, *Hippias Minor*. Trans. H.N. Fowler. Cambridge, Mass.: Harvard University Press, 1926.

　　　　　. *Charmides*, *Alcibiades I*, *II*, *Hipparchus*, *The Lovers*, *Theages*, *Minos*, *Epinomis*. Trans. W. R. M. Lamb. Cambridge, Mass.: Harvard University Press, 1964.

　　　　　. *Timaeus*, *Critias*, *Cleitophon*, *Menexenus*, *Epistles*. Trans. R. G. Bury. Cambridge, Mass.: Harvard University Press, 1989.

　　Pohlenz, Max. "Τὸ πρέπον: ein Beitrag zur Geschichte des griechischen Geistes." *Nachrichten von der königlichen Gesellschaft der Wissenschaft zu Göttingen*, *Philologische-historische Klasse* (1933): 53~92.

　　Popper, Sir Karl R. *The Open Society and Its Enemies*. Vol. 1. Princeton: Princeton University Press, 1971.

Poulakos, John. "Toward a Sophistic Definition of Rhetoric." *Philosophy and Rhetoric* 16, no. 1 (February 1983) : 35~48.

―――. "Rhetoric, the Sophists, and the Possible." *Communication Monographs* 51, no. 3 (September 1984) : 215~226.

―――. "Gorgias' *Encomium to Helen* and the Defense of Rhetoric." *Rhetorica* 1, no. 2 (Autumn 1983) : 1~16.

―――. "Aristotle's Indebtedness to the Sophists." In *Argument in Transition: Proceedings of the Third Summer Conference on Argumentation*, ed. David Zarefsky, Malcolm O. Sillars, and Jack Rhodes, 27~43. Annandale, Va.: Speech Communication Association, 1983.

―――. "Argument, Practicality, and Eloquence in Isocrates' *Helen*." *Rhetorica* 4, no. 1 (Winter 1986) : 1~19.

―――. "Early Changes in Rhetorical Practice and Understanding: From the Sophists to Isocrates." *Texte: Revue de Critique et de Théorie Litteraire* 8/9 (1989) : 307~324.

―――. "Interpreting Sophistical Rhetoric: A Response to Schiappa." *Philosophy and Rhetoric* 23, no. 3 (1990) : 218~228.

Quimby, Rollin W. "The Growth of Plato's Perception of Rhetoric." *Philosophy and Rhetoric* 7 (1974) : 71~79.

Rankin, H. D. *Sophists, Socratics and Cynics*. Totowa, N. J.: Barnes and Noble Books, 1983.

Reimer, Milton K. "The Subjectivism of the Sophists: A Problem of Identity." *Journal of Thought* 13 (January 1978) : 50~54.

Rendall, Steven. "Dialogue, Philosophy and Rhetoric: The Example of Plato's *Gorgias*." *Philosophy and Rhetoric* 10, no. 3 (Summer 1977): 165~179.

Ritter Michelle R. "In Search of the Real Protagoras." *Dialogue* 23 (April 1981): 58~65.

Robinson, Rachel Sargent. *Sources for the History of Greek Athletics*. Chicago: Ares Publishers, 1955.

de Romilly, Jacqueline. *Magic and Rhetoric in Ancient Greece*. Cambridge, Mass.: Harvard University Press, 1975.

Roseman, Norman. "Protagoras and the Foundations of His Educational Thought." *Pedagogica Historica* 11 (1971): 75~89.

Rosenmeyer, Thomas G. "Gorgias, Aeschylus, and Apate." *American Journal of Philology* 76 (1955): 225~260.

Said, Edward W. Beginnings: Invention and Method. Baltimore: Johns Hopkins University Press, 1975.

Saunders, Trevor J. "Antiphon the Sophist on Natural Laws." Proceedings of the Aristotelian Society 78 (1977—1978): 215~236.

Schiller, F. C. S. Studies in Humanism. London: MacMillan and Co., 1912.

Sears, Lorenzo. The History of Oratory from the Age of Pericles to the Present Time. Chicago: Scott Foresman. 1897.

Seeskin, Kenneth. "Is the Apology of Socrates a Parody?" *Philosophy and Literature* 6, nos. 1~2 (1982): 94~105.

Segal, Charles P. "Gorgias and the Psychology of the Logos." *Harvard Studies in Classical Philology* 66 (1962): 99~155.

Sesonske, Alexander. "To Make the Weaker Argument Defeat the Stronger." *Journal of the Philosophy of History* 6, no. 3 (July 1968): 217~232.

Sheeks, Wayne. "Isocrates, Plato, and Xenophon Against the Sophists." *Personalist* 56 (1975): 250~253.

Sidgwick, Henry. "The Sophists." *Journal of Philology* 4 (1872): 288~307.

―――. "The Sophists-II." *Journal of philology* 5 (1874): 66~80.

Sloterdijk, Peter. *Thinker on Stage: Nietzsche's Materialism.* Trans. Jamie Owen Daniel. Minneapolis: University of Minnesota Press, 1989.

Smith, Bromley. "Prodicus of Ceos: The Sire of Synonymy." *Quarterly Journal of Speech Education* 6 (1920): 51~68.

Solmsen, Friedrich. "The Aristotelian Tradition in Ancient Rhetoric." *American Journal of Philology* 62 (1941): 35~50.

―――. *Intellectual Experiments in the Greek Enlightenment.* Princeton: Princeton University Press, 1975.

Sprague, Rosamond K. *The Older Sophists.* Columbia, S. C.: University of South Carolina Press, 1972.

Stewart, M. A., and R. K. Sprague, "Plato's Sophistry I and II." *Aristotelian Society Proceedings* 51 (1977): 21~44 and 45~61.

Struever, Nancy. *The Language of History in the Renaissance.* Princeton: Princeton University Press, 1970.

Tarrant, Dorothy. "Plato as Dramatist." *Journal of Hellenic Studies* 75 (1955): 82~89.

Thomson, George. *Aeschylus and Athens: A Study in the social Origins of Drama*. London: Lawrence & Wishart, 1980.

Thucydides. *History of the Peloponnesian War*. 4 vols. Trans. C. F. Smith. Cambridge, Mass.: Harvard University Press, 1969.

Untersteiner, Mario. *The Sophists*. Trans. Kathleen Freeman. New York: Philosophical Library, 1954.

Van Hook, LaRue. "Alcidamas versus Isocrates: The Spoken versus the Written Word." *Classical Weekly* 12 (1919): 89~94.

Vatai, Frank L. *Intellectuals in Politics in the Greek World*. London: Croom Helm, 1984.

Vernant, Jean-Pierre, and Pierre Vidal Naquet. *Myth and Tragedy in Ancient Greece*. Trans. Janet Lloyd. New York: Zone Books, 1990.

Vickers, Brian. *Rhetoric Revalued*. Binghampton, N. Y.: Center for Medieval and Early Renaissance Studies, 1982.

―――. *In Defense of Rhetoric*. Oxford: Clarendon Press, 1988.

Vollgraff, W. *L' Oraison Funébre de Gorgias*. Leiden: E. J. Brill, 1952.

Weaver, Richard. *The Ethics of Rhetoric*. Chicago: Henry Regnery, 1953.

Walden, John W.H. *The Universities of Ancient Greece*. New York: Charles Scribner's Sons, 1909.

Welles, Bradford. "Isocrates' View of History." In *Classical Tradition: Literary and Historical Studies in Honor of Harry Caplan*, ed. L. Wallach, 3~25. Ithaca, N.Y.: Cornell University Press, 1966.

White, Eric C. *Kaironomia: On the Will-to-Invent*. Ithaca, N.Y.: Cornell University Press, 1987.

Wilcox, Stanley. "The Scope of Early Rhetorical Instruction." *Harvard Studies in Classical Philology* 53 (1942): 121~155.

――――. "Isocrates' Genera of Prose." *American Journal of Philology* 64 (1943): 427~431.

――――. "Criticisms of Isocrates and His Philosophy." *Transactions and Proceedings of the American Philological Association* 74 (1943): 113~133.

――――. "Isocrates' Fellow Rhetoricians." *American Journal of Philology* 66 (1945): 171~186.

Wilkerson, K. E. "From Hero to Citizen: Persuasion in Early Greece." *Philosophy and Rhetoric* 15, no. 2 (Spring 1972): 104~125.

Windelband, Wilhelm. *A History of Philosophy*. 2 vols. Trans. James H. Tufts. New York: Harper and Row, 1958.

Xenophon. *Memorabilia*. Trans. E. C. Marchant. New York: G. P. Putnam's Sons, 1923.

译名对照表

Abdera 阿布德拉
active life and contemplative life 行动生活与沉思生活
Against the Sophists 《反智术师》
agon 斗争
ahistorical 非历史性
Alcidamas 阿尔西达玛
ambiguity 两歧性
Antidosis 《论交换》
anti-intellectualism 反智识主义
antilegein 矛盾言说
Antiphon 安提丰
Anytus 阿尼图斯
Argives 阿尔戈斯人
Argos 阿尔戈斯
aristocracy of intelligence 讲求理智的贵族政体
Being qua Being 作为存在的存在
being-in-the-world 在世
Biesecker 比泽克

bricoleur　修理匠

Busiris　《布西里斯》

calculus of power-relations　权力-关系之算计

Callias　卡利亚斯

Callicles　卡里克勒斯

Ceos　凯奥斯

Chalcedon　加尔西顿

Chalkis　凯尔吉斯

class　阶层

Cleisthenes　克莱斯蒂尼

Cleon　克里昂

Cooper　库伯

Cope　科普

Corax　科拉克斯

cosmopolitanism　世界主义

counselor to their soul　心灵顾问

counter-utterance　对立言说

Critias　克里蒂亚

cross-questioning　反诘问

cultural terrain　文化地形

de Certeau　德塞托

decorum　规范性

Deleuze　德勒兹

deliberation　慎思

deliberative rhetoric　政治修辞

delivery　表演方式

Demon　达蒙

descriptive account　描述性的解释

developmentalism 发展主义
dialegesthai 辩证法
Dionysius of Halicarnassus 哈利卡纳苏的狄奥尼修斯
Dionysodorus 迪奥尼索多洛
Dionysus 狄俄尼索斯
disciplinary rules 规则
discursive encounters 话语相遇
dissoi logoi 双重论证
Echo 厄科
Eleatic 爱利亚
Eleoi 《论怜悯》
Elis 伊利斯
Encomium of Helen 《海伦颂》
enthymeme 修辞推论
Ephialtes 厄菲阿尔特
epideictic rhetoric 典礼修辞
epitaphioi 或 *epitaphioi* 葬礼演说
eristic 辩论
eristics 辩论者
ethos 品格
Evagoras 《埃瓦戈拉斯》
eventfulness 多变故性
extralinguistic postulates 语言外公理
fair play 费尔泼赖
fallacies 欺骗手段
figures of competition and combat 战斗英雄
figures of speech 辞格
flow of discourse 话语流

forensic rhetoric　法庭修辞
formal actualities　形式性的现实
Fortenbaugh　福腾博
Gelon　格隆
genus　属
Gorgias　高尔吉亚
Grimaldi　格里马尔迪
Grote　格罗特
Guthrie　格思理
Havelock　哈夫洛克
Helen　海伦
Heracles at the Crossroads　《十字路口的赫拉克利斯》
Heracles　赫拉克利斯
Hermes　赫耳墨斯
hetton-kreitton　兮敦-凯力敦（较弱-较强）
Hieron　希厄龙
Hippias　希庇阿斯
Hippocrates　希波克拉底
homonyms　同音异义词
hybrid rhetorical style　杂合修辞风格
hybrid rhetorics　杂合修辞
hyperintellectual acrobats　超智的杂技演员
hyperinteriorization　高度内在化
idea　理式
ideational project　观念化工程
immaterial essence　非物质的本质
impact　影响
in vacuo　于真空

intellectualism 智识主义
interventional discourse 介入性话语
introspection 内观
Irwin 欧文
Isocratean 伊索克拉底的
Jaeger 耶格尔
Just Argument 正义论辩
Kairos 开洛（时机）
Kennedy 肯尼迪
Kerferd 柯费尔德
king–philosopher 王者哲人
Koriscos 科里斯科斯
Kracauer 克拉考尔
Laches 《拉克斯》
languageless entities 非语言实体
legein 言说
Leontini 莱昂蒂尼
Leontinian 林地尼人
linguistic constructs 语言结构
linguistic fallacies 语言的欺骗手段
linguistic images 语言意象
logocracy 逻各斯政治
logophobia 言语恐怖症
Lyceum 吕克昂学园
Lycophron 吕可弗朗
Lysias 吕西阿斯
Melissus 麦里梭
mental intelligence 心智

Messagetes　美莎吉特人
meta-rhetorical　元修辞
minimalist approach　极端简约的进路
mixed appraisal　混式评价
mob rule　群氓原则
modes of persuasion　说明方式
Narcissus　那喀索斯
negative standing　负面形象
nomad　游牧者
nonbeing　非存在
non-kairotic　非时机性的
objective side　客观面
Odysseus　奥德修斯
On the Constitution　《论政制》
On the Peace　《论和平》
On Truth or Reputations　《论真理或辩驳》
one-sided discourse　单面话语
opportunity　机遇
op-positions　对立立场
Orator　演说家
otherness　他者
Palamedes　帕拉墨得斯
Panathenaicus　《泛雅典娜节演说辞》
Panegyricus　《泛希腊集会演说辞》
pan-Hellenism　泛希腊主义
Paris　帕里斯
pathos　心境
perception　知觉

Peri ton Sophiston 《论智术师》
Pheidias 菲迪亚斯
Pheidippedes 斐狄庇得斯
philosopher-king 哲人王
philosopher-overseer 哲人督导者
Philostratus 菲洛斯特拉托斯
Phrynis 弗利尼斯
Pindar 品达
playfulness 游戏性
Poetics 《诗学》
politics of ideas 理式的政治
Polus 波卢斯
polymorphic art 多形态艺术
polyvocal world 多音世界
Popper 波普尔
positive standing 正面形象
prepon-aprepes 贝利贲-艾贝利贲（适当-不适当）
pre-Socratics 前苏格拉底
private side 隐幽面
probability 或然性
process of tradition 传统过程
Prodicus 普罗狄科斯
Prometheus 普罗米修斯
propre 专属的
Protagoras 普罗塔戈拉
Protean 普罗透斯般
R. F. Holland 贺兰德
resident aliens 外邦侨民

Rhetoric　《修辞学》
rhetorical event　修辞事件
rhetorical exhibition　修辞展示
Richard Garner　理查德·加纳
self-referential entities　自我指涉的实体
self-referentiality　自我指称性
self-subsistent　自存
sense of ideational control　意念性控制观
situational opportunities　情境性机遇
socially formative function　社会形构功能
Solmsen　索姆森
Sophistical Refutations　《论智术式辩驳》
Stageira　斯塔基拉
starting point　本原
Staters　斯塔特
symbolic contests　符号性竞赛
symbolic war　符号之战
teleological scheme　目的方案
telos　目的
tetralogical compositions　四联剧
the past-as-it-was　过去本身
the principle of identity　同一性原则
the spirit of lawlessness　无法无天的风气
the Word　言辞
Theages　《泰阿戈斯》
theatrical event　戏剧事件
theatrocracy of taste　讲求趣味的剧场政体
Thebans　底比斯人

Thebes 底比斯
Theodorus 塞奥多洛
Theognis 忒奥格尼斯
thoughtlessness 无思想性
Thrasymachus 《特拉绪马科斯》
timeless history 永恒性历史观
timely utterances 及时的言论
Timotheus 提莫修斯
Tisias 提西阿斯
To Demonicus 《致德莫尼科斯》
To Nicocles 《致尼科克勒斯》
To Philip 《致菲利普》
Topics 《论题篇》
topoi 话题
tradition of civic eloquence 公民口才的传统
universalism 普遍主义
univocal world 单音世界
Unjust Argument 非正义论辩
Untersteiner 翁特斯泰纳
verbal exhibitionism 言辞表演主义
Vickers 维克斯
Weaver 韦弗
William Archer Butler 威廉·阿彻·巴特勒

索引

Abdera, 24
actual. *See* actuality
actuality, 67–71
Adcock, 48 n. 20
Aeschylus, 42
agonistics. *See* competition(s); contest(s)
Alcibiades, 109 n. 28, 111 n. 46
Alcidamas, 27, 63–64, 73 n. 21, 147 n. 79
Alcmaeon, 144 n. 23
Alexander the Great, 49 n. 40
aliens, 16–17
Allison, 49 n. 35
Amphipolis, 146 n. 51
Anaxagoras, 122
Antigone, 112 n. 55
Antiphon, 24, 26, 42, 48 n. 27, 48 n. 29, 90, 109 n. 27, 113, 141
Antisthenes, 183 n. 7
Anytus, 80
Apollo, 193
appropriateness. *See prepon*, proper
aprepes, 60–63, 134; *see also prepon*
Argos, 138
aristocracy, 12–15
Aristophanes, 19, 22, 42
Aristotle, 4, 9, 13, 28, 32, 38, 43, 45, 46 n. 7, 47 n. 12, 47 n. 16, 48 n. 32, 48 n. 34, 49 n. 38, 49 n. 40, 49 n. 46, 77; on victory, 36; on epideictic rhetoric and delivery, 41, 148 n. 79; his reception of the sophists, 150–83; compared to Plato and Isocrates, 150–6; distinguishing sophists from philosophers, 153, 161–65; distinguishing orators from philosophers, 154; comparing political science with rhetoric, 154; distinguishing sophists from dialecticians and eristics, 161–65; on the beginnings of rhetoric, 156–57; attitude towards the sophists, 157–60; his portrayal of the sophists, 161–68
Athena, 120
Athens, 12, 16–17, 24, 51 n. 70, 51 n. 71, 132, 138, 141, 146 n. 51

Baldry, 50 n. 63, 51 n. 70
Baldwin, 143 n. 2
Barnes, 184 n. 20
Barrett, 108 n. 25
Bayonas, 49 n. 42
Biesecker, 59, 72 n. 16
Blass, 73 n. 21
bricoleur, 25, 28–31
Brown, 73 n. 21
Bryson, 183 n. 7
Bury, 48 n. 20
Butcher, 147 n. 78
Butler, 39–40, 52 n. 73

Cairns, 112 n. 52
Callicles, 26, 28, 49 n. 45, 81, 83, 90,

102, 106–7 n. 6, 107 n. 11, 108 n. 24, 200 n. 8
Calogero, 112 n. 49
Carse, 73 n. 23
Cartledge, 46 n. 5
Ceos, 24
de Certeau, 25, 28–32, 49 n. 35, 49 n. 47, 50 n. 55, 50 n. 56
Chalkis, 181
Cherniss, 184 n. 18
Chroust, 183 n. 9
Cicero, 184 n. 20
circumstances, 46; logic of, 4, 56; of the sophists, 11–32; and principles, 98–99
Classen, 147 n. 74, 183 n. 1, 183 n. 6, 185 n. 30
Cleisthenes, 12
Cleon, 44–45, 124
Cole, 46 n. 6, 47 n. 8
commonplaces, 18, 31
competition(s), 32–39, 46; ethic of, 4, 56, 97; see also contest(s)
contest(s), 65–66; see also competition(s)
Cook, 48 n. 20
Cooper, 169, 186 n. 37, 186 n. 39
Cope, 156, 184 n. 18, 185 n. 20
Corax, 133
cosmopolitanism, 17
Coulter, 111 n. 49
Crete, 201 n. 11
Critias, 26, 29, 42, 109 n. 27, 141
Crito, 108 n. 24
Cyprus, 49 n. 40

Damon, 122
Deleuze, 25–27, 49 n. 35, 49 n. 36, 49 n. 37, 49 n. 39
democracy, 12–15
Demonicus, 121
Demos, 110 n. 43
despot, 49 n. 37; and nomads, 25–26

dialectic, 100
dialogue(s), 101–2, 107 n. 9; circumstances and ideas in, 102; competition and cooperation in, 102–3; resemblance to theatrical drama, 103; opposition between form and content, 103; similarities to and differences from sophistical rhetoric, 103–4
Diels, 4
Diogenes Laertius, 9
Dionysius, 49 n. 40; of Halicarnassus, 70
Dionysodorus, 35, 89
Dionysus, 41, 51 n. 71, 193
display oratory, 97; see also exhibition(s)
dissoi logoi, 57–58, 101, 193
Dobson, 143 n. 2
Dodds, 56, 72 n. 10, 111 n. 44
Drama, in Athens, 51 n. 70
Dupreel, 72 n. 15
dynastes. See logos

Echo, xiii
Ehrenberg, 47 n. 14
Eleatic Stranger, 49 n. 37, 83–85, 108 n. 16, 108 n. 19, 109 n. 28, 109 n. 29
Elis, 24, 109 n. 27
Empedocles, 144 n. 23
Ephialtes, 13
Erickson, 184 n. 20
Euripides, 42, 97
Euthydemus, 35, 89
exhibition(s), 46; aesthetic of, 4, 56; see also spectacles

Field, 147 n. 69
Finley, 143 n. 2
Fortenbaugh, 175, 186 n. 47
Freeman, 147 n. 70, 147 n. 77
Freese, 185 n. 28

索引 265

Garner, 33, 36, 48 n. 21, 50 n. 62, 51 n. 68, 72 n. 12
Gelon, 140
Gorgias, 24, 29, 41–42, 45; on contests, 34–35, 47 n. 9, 47 n. 10, 48 n. 27, 50 n. 60, 66–67, 72 n. 18, 73 n. 21, 79, 87–88, 99, 102, 108 n. 23, 109 n. 27, 113, 118, 121, 141, 144 n. 5, 144 n. 10, 144 n. 22, 144 n. 23, 148 n. 84, 148 n. 86, 155, 174, 186 n. 45, 186 n. 49, 194, 200 n. 1, 200 n. 6, 200 n. 9, 200 n. 10; his view of logos, 139
Grote, 2, 40, 52 n. 75, 95, 110 n. 38
Greene, 147 n. 77
Grimaldi, 169, 186 n. 40, 186 n. 44
Guthrie, 1, 49 n. 42, 49 n. 44, 70, 72 n. 15, 73 n. 26, 73 n. 27, 95, 106 n. 2, 107 n. 8, 110 n. 33, 110 n. 42

Hamilton, 112 n. 52
Hammond, 149 n. 94, 149 n. 96
Harvey, 46 n. 5
Havelock, 1, 46 n. 6, 52 n. 72, 54–55, 70, 71 n. 1, 73 n. 26, 73 n. 28, 78–79, 95, 106 n. 3, 106 n. 4, 106 n. 5, 107 n. 8, 110 n. 33, 110 n. 40, 112 n. 51, 137, 147 n. 77, 148 n. 81, 148 n. 85, 195
Hegel, 1, 2
hegemon. *See* logos
Heilbrunn, 147 n. 75, 148 n. 90
Helen, 14, 23, 42, 46 n. 8, 66–67, 72 n. 18, 113, 140, 194
Hellenic culture, changes in, 12–16
Heracles, 13, 42, 46 n. 8, 59–60, 86, 194
Hermes, 14
hetton, 64–65, 71
Hieron, 140

Hippias, 26, 51 n. 66, 87–88, 102, 108 n. 23, 108 n. 24, 109 n. 27, 186 n. 49, 200 n. 1
Hippocrates, 79, 97, 108 n. 17, 109 n. 30
history, study of, 2–4
Holland, 54–55, 72 n. 4
Homer, 124, 157
Hydra, 82
Hyland, 112 n. 53

ideal, 67–70
ideality. *See* ideal
improper. *See aprepes*; proper
intellectual movements, 12
Irwin, 1
Isocrates, 4, 9, 28, 31–32, 46 n. 8, 49 n. 40, 49 n. 46, 51 n. 70, 72 n. 18, 97, 106, 111 n. 45; his reception of the sophists, 113–43; compared to Plato, 113, 131–32; compared to the sophists, 113–14; on sophists, orators, and philosophers, 117–31; his rhetoric and its circumstances, 131–43; his view of logos, 139

Jaeger, 1, 50 n. 65, 112 n. 52, 113, 143 n. 1, 147 n. 76, 182, 186 n. 50
Jarrett, 147 n. 72
Jauss, 5–10
Jebb, 143 n. 2, 148 n. 88
Johnstone, 185 n. 21
Jowett, 110 n. 43
Just Argument, 19–22

kairos, 61–64, 71, 73 n. 19, 134; *see also* opportunity
Kennedy, 73 n. 19, 143 n. 2, 169, 186 n. 36, 186 n. 41
Kenyon, 147 n. 77
Kerferd, 1, 46 n. 2, 49 n. 42, 73 n. 19, 112 n. 50, 183 n. 1, 200 n. 4

Kracauer, 7
Kranz, 4
kreitton, 64–65, 71
Krentz, 112 n. 53

Lentz, 73 n. 21, 147 n. 78
Leontini, 26
Lewes, 94, 110 n. 34
logos, as *dynastes* and *hegemon*, 139–42
Loreaux, 51 n. 67, 52 n. 79
Lycophron, 29, 50 n. 51, 183 n. 7
Lysias, 51 n. 67, 99, 113

MacDowell, 47 n. 15
Macedōn, 49 n. 40
Marathon, 135
Marrou, 50 n. 65, 143 n. 2
Marsyas, 109 n. 28
McKeon, 186 n. 35
Melissus, 118, 144 n. 23
Meno, 88, 109 n. 28
middle class, 15–16
Milne, 73 n. 21
Moore, 48 n. 21
Moss, 148 n. 93, 200 n. 3
Mytilene, 111 n. 47

Narcissus, xiii
Navarre, 47 n. 9
Nestle, 46 n. 4
Nicocles, 124, 132
Nietzsche, 1, 2, 40, 42, 50 n. 61, 52 n. 76, 52 n. 77, 106 n. 3, 193, 195; on contests, 33
nomad(s), 25–28, 49 n. 37
nomos, 182
Norlin, 144 n. 10, 144 n. 12

Odysseus, 14
Olympia, 34, 38
Olympic Games, 32, 34–35, 47 n. 10
Ong, 147 n. 77

opportunity, 46, 53, 56–57, 179
opportune moment, 63; *see also* opportunity
oppositions, 57
oral rhetoric, compared to written rhetoric, 136–39; *see also* spoken word
Oscanyan, 108 n. 20

Palamedes, 14, 186 n. 45
Paris, 22
Parker, 46 n. 5
Parmenides, 24, 144 n. 23, 200 n. 7
Peloponnesian Wars, 99, 105, 133, 135–36, 141
Pericles, 13, 16, 47 n. 17, 96, 109 n. 27, 109 n. 28, 132, 136
Phaedrus, 37, 79, 99
Pheidias, 120
Pheidippides, 20
Philip, 132, 146 n. 51
philosopher(s), 27, 49 n. 37
Philostratus, 9, 48 n. 30, 200 n. 1
Phrynis, 158
Picard, 72 n. 15
Pindar, 33; on athletes, 34
Plato, 1–2, 4, 9, 18–19, 28, 32, 36, 41, 43, 45, 48 n. 31, 49 n. 40, 49 n. 45, 49 n. 46, 51 n. 66, 72 n. 13, 106 n. 4; on sophists and contests, 37–38; on sophists and spectacles, 43–44; his reception of the sophists, 74–106; relationship to sophists, 74–75; in modernity, 75; reasons to take his views into account; 75–76; his depiction of the sophists, 77–79; his treatment of other characters in his dialogues, 79–80; his representations of the sophists, 80–89; defining the sophist, 82–83; his critique of sophistry, 89–94; his rejection of the

sophists, 94–96; explanations for his rejection of the sophists, 94–96; his discursive circumstances, 96–104; his call for dialectic, 100–101
playfulness, 46, 53, 56–57, 66–67, 179
Plutarch, 46
Pohlenz, 72 n. 17
Polus, 79, 83, 102, 106 n. 6
Popper, 106 n. 3, 195
possibility, 46, 53, 56–57, 67–71, 179
possible. *See* possibility
Poulakos, 72 n. 17, 73 n. 19, 73 n. 24, 185 n. 27
prepon, 60–64, 134; see also *aprepes*
pre-Socratics, xi
Prodicus, 41–42, 58–59, 83, 86, 108 n. 23, 155, 178, 194, 200 n. 1
Prometheus, 14
probability, 179–81
proper, 57, 60–63; *see also prepon*
Protagoras, 23–24, 29, 35, 50 n. 60, 51 n. 66, 57–58, 87–89, 102, 106 n. 5, 107 n. 8, 108 n. 17, 108 n. 23, 109 n. 27, 113, 118, 141, 144 n. 5, 155, 194, 196

Randall, 51 n. 71
Rankin, 200 n. 4
reception(s), of the sophists, 4
reception theory, 5–10; reservations about, 8–10
Rendall, 147 n. 70, 147 n. 77
rhetoric: as endowment and liability, xi–xiii; as instrument, xiv, 14; as successor to poetry, 13–14; and theater, 41–42; and athletics, 33–38
Rhodes, 185 n. 27
Roberts, 186 n. 38
Robinson, 50 n. 64, 51 n. 69
de Romilly, 143 n. 2, 148 n. 91

Rosenmeyer, 52 n. 78

Said, 10 n. 1
Salamis, 135
Sears, 143 n. 2
Seeskin, 112 n. 49
Segal, 52 n. 80, 73 n. 24, 148 n. 92
Sesonske, 50 n. 53
Sicilian expedition, 111 n. 47
Sillars, 185 n. 27
Simonides, 33, 35
Sloterdijk, 201 n. 12
Smith, 72 n. 15
Socrates, 27, 29, 35, 37–38, 49 n. 45, 77–81, 83, 88–90, 99, 101–2, 106 n. 5, 106 n. 6, 107 n. 11, 108 n. 17, 108 n. 24, 109 n. 28, 109 n. 30, 111 n. 46, 112 n. 54, 144 n. 10, 144 n. 13, 200 n. 1, 200 n. 8, 201 n. 11
Solmsen, 169, 184 n. 20, 185 n. 21, 186 n. 43
Solon, 122
sophistic movement, 12
sophistical rhetoric: character of, 5, 15, 18, 56–57; new possibilities of, 14–15; cultural situation of, 12; and competition, 32–39; and spectacles, 39–46; terms of, 53–71; as a rhetoric of third alternatives, 71; compared to Aristotelian rhetoric, 168–83; characteristics of, 188–92; reasons for its rejection, 193–97
Sophists: forms of adversity against, 1; assumptions about, 2–3; views on, 1; study of, 1–2, 11–12; prior scholarship on, 12; recent scholarship on, 1, 2; fragments of, 1; circumstances of, 11; cosmopolitanism of, 17; as cultural agents, 13; intellectualism of, 18; their

motto, 14; legal and social status of, 16–17; as nomads, 25–28; as bricoleurs, 28–32; reasons for their reputation, 16–18; rhetoric of, 18; dangers of their profession, 23; as itinerants, 24–25; in contrast to philosophers, 27–28, 31–32; as stylists, 52 n. 81; reading the fragments of, 53–73; how they are made to appear in Plato's dialogues, 77–79; their view of logos, 134
Sophocles, 42, 112 n. 55
Sparta, 16, 24, 138, 201 n. 11
spectacles, and sophistical rhetoric, 39–46; *see also* exhibition(s)
spoken word: in Periclean Athens, 51 n. 71; and written words, 63; *see also* oral rhetoric
Stageira, 181
stronger, 57, 64–67; *see also kreitton*
stronger argument, and weaker argument, 30, 45
Struever, 110 n. 33
Syracuse, 109 n. 27, 140

taxis, 182
Thales, 185 n. 29
Theaetetus, 49 n. 37, 83–85
Theages, 102
Thebes, 138
Theodorus, 37, 83, 157
Theognis, 15
Theseus, 46 n. 8
Thirty Tyrants, 140
Thomson, 47 n. 13
Thrasymachus, 29, 41, 69–71, 87, 107 n. 13, 112 n. 57, 141, 157, 174

Thucydides, 16, 45, 97, 149 n. 95
Thurioi, 109 n. 27
Timotheus, 145 n. 43, 158
Tisias, 157

Unjust Argument, 19–22
Untersteiner, 1, 72 n. 15, 73 n. 19, 73 n. 24, 73 n. 26

Van Hook, 73 n. 21
Vatai, 47 n. 16
Vernant, 46 n. 5, 48 n. 22
Vickers, 1, 95, 110 n. 33, 110 n. 41, 148 n. 93, 200 n. 3
Vidal-Naquet, 46 n. 5
Vice, 59–60
Virtue, 59–60, 194
Vitanza, 200 n. 9
Vollgraff, 47 n. 8, 72 n. 17, 73 n. 19

Walden, 147 n. 69
weaker, 57, 64–67; *see also hetton*
weaker argument, and stronger argument, 30, 45
Weaver, 55, 72 n. 7, 111 n. 48
White, 64, 73 n. 20, 73 n. 22
Wilkerson, 46 n. 3
Williams, 72 n. 9
Windelband, 149 n. 97

Xenophanes, 38
Xenophon, 9, 72 n. 15, 90, 200 n. 1
Xerxes, 200 n. 6

Zarefsky, 185 n. 27
Zeno, 118
Zeus, 14, 196, 200 n. 6

图书在版编目（CIP）数据

古典希腊的智术师修辞 /（美）波拉克斯著；胥瑾译. — 长春：吉林出版集团有限责任公司，2014.8
书名原文：Sophistical rhetoric in classical Greece
ISBN 978-7-5534-4813-8

Ⅰ.①古… Ⅱ.①波… ②胥… Ⅲ.①思想家 – 思想评论 – 古希腊 Ⅳ.①B502

中国版本图书馆CIP数据核字(2014)第143239号

古典希腊的智术师修辞

著　　者	[美]约翰·波拉克斯
译　　者	胥瑾
出 品 人	刘丛星
创　　意	吉林出版集团·北京汉阅传播
总 策 划	崔文辉
责任编辑	崔文辉　张春峰
装帧设计	未　氓
开　　本	650mm×950mm　1/16
印　　张	18
版　　次	2014年8月第1版
印　　次	2017年7月第2次印刷

出　　版	吉林出版集团有限责任公司
发　　行	北京吉版图书有限责任公司
地　　址	北京市西城区椿树园15-18号底商A222
	邮编：100052
电　　话	总编办：010-63109269
	发行部：010-63104979
网　　址	http://www.beijinghanyue.com/
邮　　箱	jlpg-bj@vip.sina.com
印　　刷	三河市京兰印务有限公司

ISBN 978-7-5534-4813-8　　　　定价：45.00元

版权所有　侵权必究　　投稿热线：010 - 63109462 - 1040